税金の世界史

DAYLIGHT ROBBERY

HOW TAX SHAPED OUR PAST AND WILL CHANGE OUR FUTURE

ドミニク・フリスビー 著
Dominic Frisby

中島由華 訳
Yuka Nakajima

河出書房新社

税金の世界史――目次

税金の世界史

サミュエル、イライザ、ローラ、ファーディに捧ぐ
心からの愛をこめて

第1章　日光の泥棒

課税とは、ガチョウの悲鳴をできるだけ少なく抑えつつ、羽毛をできるだけ多くむしりとることである。[1]

ジャン＝バティスト・コルベール
ルイ十四世の治世の財務総監（一六六一〜八三年）

一六九〇年代前半のことだった。王は資金を必要としていた。それはウィリアム王その人と議会そのものが招いた事態だった。民心掌握のため、人びとに忌み嫌われていた税の廃止に踏みきっていたのだ。やがて現金が足りなくなった。どうすればいいだろう？

炉はどの家にもあって、イングランドの民は一〇六六年のノルマン・コンクエストよりも前から、たいていは教会に対し、なんらかの炉税を支払っていた。当時、この税は「煙税」とか「煙突税」などと呼ばれていた。ところが一六六二年、炉は課税の対象になることが法令で定められた。家屋の価値が二〇シリング（現在の約五〇〇〇米ドル）[2]を超える場合には、ストーブ、炉、あるいは暖炉一つにつき、隔年に一シリングを納めなければならなくなった。直接税を課される条件から外れていた人びとが、突然に納税の義務を負わされた。貧民さえも逃れられなかった。税金の取り立てを委託された徴税人は、「最後の一文まで奪いとる権利を行使した」[3]。半年に一度、人びとの家にずかずかとあがりこみ、暖炉がいくつあるかかぞえ、イングランド人の尊重すべきプライバシーを侵害したのだ。なお悪いことに、炉税の起源はフランスだった。これがイングランド人に忌み嫌われ、一六八八年に名誉革命が起こるころには、彼らの大きな不満の種になっていた。

君主になって間もないウィリアムとメアリーはそこに目をつけ、民の心をすばやくつかもうとした。炉税を廃止し、「王国内のすべての炉に、両陛下の徳を称える記念碑を建立せしめた」のである。(4)

しかし、大きな問題が生じた。イングランドに侵攻し、前王ジェイムズ二世から王位を奪取したウィリアムは、その際にオランダから金を借り、装備を賄っていた。アイルランドでの紛争にも、ヨーロッパ大陸での大同盟戦争にも金がかかった。ジェイムズ二世派のスコットランド貴族たちを討伐する必要もあった。しかも、王国内ではちょっとした通貨危機が起こっていた。

これらの費用を賄うにはどうすればいいだろう?

一六九六年、解決策が見いだされた。なんと、またもや新税が導入されたのだ――「家屋、明かり取りおよび窓税」、通称「窓税」である。

徴税人は人びとの家の外から窓の数をかぞえるようになった。わざわざ屋内に踏みこむ必要はなくなった。プライバシーを侵害せずにすんだ。納税者とのやりとりも、なんらかの告知もいらなかった。窓をどこかに隠すことは不可能なので、税金逃れは容易なことではなかった。炉税のおかげで、この新税を集めるためのインフラはすでに整っていた。それに、これは公平な税であるように思われた。概して、窓の数が多ければ多いほど、それだけ住人は豊かであり、高い支払い能力を有するといえたからである。

政府によって定められた恒久法には、導入時には限時法だったものがいくつもあるが、窓税法もまたそうだった。納付金額は、当初はわずかなもので、窓数一〇窓以下の家屋一軒につき二シリングと定められていた。だが、それがだんだんと引き上げられていった。

やがて、税金逃れのため、わが家の窓を塞いでしまう人びとがあらわれた。一七一八年の時点で、窓税は政府の期待どおりには集まっていなかった。そこで打たれた手は、減税ではなく増税だった。すると、もっと思いきった方法で租税回避が行なわれるようになった。家屋は、初めから窓の数の少ないものがつくられた。なかには、あらかじめ窓の開口部がレンガで塞がれている例もあった。所有者が希望すれば、あとでレンガを取り除き、ガラスをはめることもできた。それから、全室に窓のない集合住宅もつくられた。電灯もガス灯もなかった時代には、明かりといえば獣脂ろうそく、あるいはラッシュライト（アシの茎を灯心にし、脂に浸してつくったろうそく）の煙たい炎くらいのものだった。日光も新鮮な空気も入らないとなれば、犠牲は小さくなかった。

それから、のちに医学雑誌『ランセット』によって「光に対してかかる、ばかげた税[5]」と呼ばれることになる新税が登場した。一七四六年、ジョージ二世の治世にガラス税が導入されたのである。窓税とガラス税は、ジョン・スチュアート・ミルの言う「建物の変形をもたらす要因[6]」になったとはいえ、一五〇年の長きにわたって家屋建築の拠りどころでありつづけ、イギリスおよびフランス（やはり窓税があった）の村、町、都市の外観を決定づけていた――そして、現在も当時の外観を保っている地域はいくつもある。窓税の課税最低限の水準が、建物に設けられる窓の数を決めることになった。ウィルトシャーの村人のなかには、レンガ造りの自宅にもとあった窓の絵を白と黒のペンキで描きこむ、気概ある人びともいた。一七九七年、ウィリアム・ピット政権時代に窓税がそれまでの三倍に増税されると、ある大工は、本人が議会で証言したところによれば、一本の通りに面したすべての家から依頼され、レンガ、もしくは板で窓を塞いでやったという[7]。

ガラス税は一つの産業の成長を妨げた。一八〇一年から一八五一年にかけて、イギリスの人口は一一〇〇万人から二七〇〇万人に増えた。[8] ロンドンの住人だけでも一〇〇万人から二七〇万人、すなわち一・七倍になっていた。[9] 人口の急増とともに建築ブームがやってきた。ところが、ガラス税の影響で、ガラスの生産レベルにはほとんど変化がなかった。[10]

たくさんの窓は裕福であることの象徴になった。それは小説にも描かれている。ジェーン・オースティンの『高慢と偏見』にはこうある。「美しいものを存分に見て、エリザベスは喜んだ。しかし、コリンズ氏の期待とはうらはらに、素晴らしい景色にうっとりとした気持ちになることはなかった。コリンズ氏が屋敷の正面の窓をかぞえあげたり、建築の際に窓ガラスにいくらかかかったかを話したりしても、少しも心を動かさなかった[11]」

アメリカで窓税が導入されることはなかったが、一七九八年、その可能性を懸念した人びとが暴動を起こした――フリーズの暴動である。ペンシルヴェニア州の役人の一団が直接住宅税の課税対象の調査にやってきたとき、ドイツやオランダからの入植者たちは窓税を取り立てられるものと勘違いした。彼らは武器を取って立ちあがり、暴動は州の全土に広がった。ジョン・アダムス大統領指揮下の連邦軍が出動したが、鎮圧にはほぼ二年かかった。

窓税は、実際には累進課税とはいえなかった。アダム・スミスがこう記している。「賃料一〇ポンドの田舎の住宅は、賃料五〇〇ポンドのロンドンの住宅よりも窓の数が多いことがある[12]」。田舎の家のほうがみすぼらしくとも、より多くの税金を納めなければならなかった。田舎の住人にとっては大打撃だった。とはいえ、もっとも割を食ったのは都会の貧乏人だった。彼らは大規模な共同住宅に住んでいたが、建物に窓がたくさんついていたので、納税額がどうしても高くなった。家主――窓税を実際に納める者――は経費削減のために窓を板で塞いでしまった。このため、窓税によって思いがけない、たいへん有害な結果がもたらされた。住人たちが病気にかかったのである。産業革命のころ、都市部ではたびたび伝染病――とりわけチフス、天然痘、コレラ――が流行したが、狭苦しくて湿っぽい、窓のない住まいが感染者の増加に拍車をかけた。窓税について、『ランセット』誌は「伝染病の蔓延をじかに促した」と述べた[13]。公式の科学的調査の結論によれば、「なんとしても課税を免れたい家主がいくつもの窓を塞いでしまう例はいっそう増え、病人および死者の増加のおもな要因にもなった[14]」。それでも、窓税が廃止されることはなかった。

十九世紀に入ると、抗議の声がそこかしこから上がるようになっていた。「『空気のように、なんの束縛もない』という言い回しは時代遅れになった」と、チャールズ・ディケンズも憤った。「窓に課税されるようになってから、空気も日光も、なんの束縛もないとはいえなくなった[15]」。窓税反対運動は何十年も続いた。運動家たちは反窓税の小冊子を配り、歌をうたい、演説をした。ロバート・ピール政権時代、所得税が再導入された直後の一八四五年にガラス税は廃止されたが、窓税は継続して徴収された。一八五〇年、ついに議会において窓税廃止動議が提出された。この動議の審議中、議員から「日光の泥棒だ！〔Daylight Robbery!〕」のヤジが飛んだといわれている[16]。以後、英語の「Daylight Robbery」は「ぼったくり」を意味する慣用句になった。しかし、動議は否決された。窓税がようやく廃止されたのは一八五一年、ふたたび全国的な反対運動が発生してからのことである。フランスの窓税はその七五年後に廃止されている。

窓税はあまたある税の一つにすぎず、歴史上とくべつ長く続いたわけでもなかったが、税はどのように生まれ、どのような影響をもたらすかを教えてくれるよい例である。その導入から廃止までの経過をたどれば、税の典型的なライフサイクルがわかる。

税は、資金が必要なときに設けられる。たいていは戦費を賄うためである。臨時税として設定されるが、後日にその期限が撤廃される。税は、基本的自由を侵害する。窓税の場合、日光や新鮮な空気を取りこむ権利を損なう。多くの人が税金を逃れようと躍起になるので、税は、人びとの行動や決断を歪めてしまうといえる。すると、さまざまな形で思いがけない影響があらわれる。その税の制度が複雑になるにつれ、事態はいっそう悪化する。集められた税金の多くは、無駄にされたり、納税者から同意を得られないような事業に使われたりする。しまいには、うんざりした人びとが廃止を求めてなんらかの行動を起こす――反対運動、抗議運動、さらには革命。ところが、政府は腰が重く、なかなか動こうとしない。

窓税については、良し悪しを安易に断じることはできない。窓税は、しばらくは機能したが、やがてそうではなくなった。集められた税金は、何よりも、国防という必要不可欠な事業の費用の一部となった。この税は、その他のさまざまな税と同じく、本質の部分に道徳上のジレンマを抱えていた。一方では、それは私有財産権を侵害する税であり、思いがけない、由々しい結果を引き起こした。だがもう一方では、政府のきわめて重要な機能であるともいわれる事業の費用を賄う、当時もっとも現実的な対応策でもあった。税を「必要悪」ととらえた人びとは数多く、ウィンストン・チャーチルもその一人である。[17] 彼らがそう考える理由はわれわれにもよくわかる。だが、一つ大きな疑問がある。それは、どの程度の悪が必要なのかということだ。

第2章　とんでもない状況からとんでもない解決策

世知辛いこの世では、金を使おうと思えば、まず稼がなければならない。
ジョン・ジェイムズ・カウパスウェイト、香港の財務長官
（在任期間一九六一～一九七一年）

ここからは、まったく異なる話をしよう。

香港は、かつては将来性があるようには見えなかった。そこにあるのは、南シナ海に流れこむ珠江《しゅこう》の河口の岩場の多い島々と、一握りの孤立した岩々くらいのものだった。利用価値はほとんどなかった。鉱物も石油も出ない。地面に岩がごろごろしており、農耕向きの土地ではなかった。だが、比較的大きな島の一つと大陸に挟まれた海は水深が深く、こういう欠点を補っていた。それは広々とした天然の良港だった。

十六世紀、ポルトガルの探検家たちはこの地に交易場を築き、中国と取引を行なったが、明朝が孤立主義をとったため、往来がなくなった。十八世紀になって、イギリスの商人たちがこの海域の島々を再発見した。十九世紀のアヘン戦争でイギリスに占領された香港は、第二次世界大戦までイギリス領でありつづけた。

香港という地名については、かつて沿岸部に香料工場が軒を連ねていたことに由来すると考えられて

いる。イギリス政府にとって、香港は戦略的に重要な交易基地であったが、第二次世界大戦が始まると、防衛は困難であると見なされた。「防御の見込みの薄い陣地のために資源を費やすことは避けねばならない」とチャーチルが記している[1]。一九四一年に日本軍が侵攻してくると（宣戦布告はなかった）、香港はすぐに陥落した。ほぼ四年のあいだ軍政下に置かれた香港は、飢えと欠乏に苦しめられた。

フランクリン・ギムソンは日本軍侵攻の二日前に香港の植民地長官に就任していた。そして、終戦まで日本の捕虜収容所に収容されていた。一九四五年、日本の降伏を耳にするやいなや収容所から出所し、香港総督代理就任を宣言した。そして、たった十数日で行政局を立ち上げた。中国とアメリカがなんらかの手を打つ前に、すばやく、有無を言わさぬ行動をとったことが、香港のその後の運命に計り知れない影響を及ぼすことになる。香港はイギリス領に復帰した。

戦後、イギリスは植民地の多くを独立させたが、香港に関しては、中国に併合されることを恐れ、統治権を手放そうとしなかった。香港の経済を立て直すため、本国から役人の一団が送りこまれた。そのなかに、物静かで、意志堅固で、たいへん高潔な人物がいた。名前をジョン・ジェイムズ・カウパスウェイトといった。

カウパスウェイトはエディンバラ大学とケンブリッジ大学で古典を学んでいたが、そのうえにセント・アンドルーズ大学で経済学の研究に勤しみ、啓蒙主義、ことにアダム・スミスの思想について深い知識を持っていた。一九五一年に香港の財務副長官に抜擢されたのち、一九六一年に財務長官に就任した。カウパスウェイトの伝記作家のニール・モネリーによれば、「約二五年間、彼は香港の経済政策の決定に中心的な役割を担っていた[2]」。この期間に香港経済は、世界でもそれほど例のないほどの飛躍的成長を遂げることになる。

それを可能にしたのは税制だった。

カウパスウェイトら役人の一団が香港にやってきたのは、一九四五年の末ごろのことだった。彼らの第一の任務は産業の復興だった。総督により、香港は自由港であることが宣言された。一部の商品を除き、輸入品に対する関税なし、輸出奨励金なし、輸入制限もほぼなしとされた。輸出入が再開されると、戦時中によそへ避難していた人びとの多くが帰還しはじめた。貿易はすぐに盛況となった。景気が回復しつつあることは、カウパスウェイトにもはっきりと見てとれた。

カウパスウェイトは抜け目のない男だった。街を歩き、工場や港に立ち寄っては人びとの働きぶりに目を光らせた。そうして見れば見るほど、いっそうの発展を目にすることになった。役人たちは何もする必要がなかった。香港に経済計画は必要ない、とカウパスウェイトは結論した。枠組みさえ整えておけば、ひとりでに成長するのだ。この植民地の人も、会社も骨折りを厭わずに働いてくれる。アダム・スミスの心酔者であり(『国富論』を枕元に置いて寝ていたといわれる)、古典的なリベラルであった彼にしてみれば、そう判断するのももっともなことだった。

カウパスウェイトの第二の任務は、香港に必要な物資を供給する部局の運営だった。食料と燃料の購入、販売および供給と、物価の統制を受けもつ組織を率いるのである。この部局には問題が山積していた。モネリーによれば、「役人たちが貿易業を営むのに四苦八苦するようすを目にしたことで、彼はだんだんとある考えを持つようになった」[3]。カウパスウェイトは役人を軽んじるようになった。「商売に関する判断は、自らリスクをとる者のそれのみを信頼する」と彼は述べている[4]。「政府が事業に乗りだすと、他者から見れば不経済であるやり方をしがちである」[5]

彼は、のちに「積極的不干渉」と名づける一つの理論を構築しはじめていた。彼の考えによれば、開放経済に対する政府の干渉は、たいていは利益よりもむしろ害になった。デフォルト・ポジションに対しては、慎重に検討して十分な根拠があると結論した場合を除き、干渉するべきではなかった。「不器用なお役人の手」を経済の「繊細なメカニズム」に近づけてはならない、と彼は述べた[6]。「隠れた手〔hidden hand〕」に任せるほうがよいのだ。「実業家たちおよび産業資本家たちによってなされる、多種多様な個人的判断は……政府によってなされる単一の判断、あるいは、無数にある関連要素について、必然的に限られた知識しか持っていない、融通のきかない理事会によってなされる単一の判断にくらべ、結果的により適切で、より賢明である[7]」

　香港の税政策は、同時期のイギリスのそれとは正反対だった。イギリス――それに、欧米の大半の国――は、重税を課すとともに、政府支出と財政赤字を増やし、産業振興と経済介入をさかんにしたが、香港はそれとは異なる方法をとった。住民の大半――「富裕層を除く全住民[8]」――が所得税を納めていなかった。高所得者にしても、所得税率はたった一五%だった。関税も消費税もなく、利息にも海外所得にも税金がかからなかった。だが、地価税はあった。香港では、租税負担率の対GDP比が一四%を上回ることはなかった。

　干渉や変更は最小にすべきとされた。原則として、「租税は長期にわたって恒常的に取り立てるべきである（ただし、負担が過大になったり、公平を欠いたりする場合は除く）」のだった[9]。同時に、取り立ては過度に積極的であってはならなかった。カウパスウェイトいわく、「総所得税に必然的に付随する、糾問するように徴収する手法をなくせば、とりわけ、地元の、また海外からの投資活動および事業経営に関して、われわれの経済には利益となる[10]」。

　欧米諸国は、ケインズ理論にしたがい、財政赤字の拡大によって景気の押し上げをはかったが、それは香港ではやってはいけないことだった。「われわれの経済状況にはまったく不適切である……われわれは、地域内で消費する量のごく一部しか生産しないし、できない。そして、消費する量が増えれば輸入する量を増やすが、輸出する量もそれだけ増やすわけではない。すると、深刻な国際収支危機が生じ、香港の信用性、香港ドルの信頼性が損なわれる。そして、是正をはかればわれわれはほぼ自滅におちいる。ケインズの著書はわれわれの状況を考慮に入れていないのだ(11)」

一方、借入もまたご法度だった――「政府債務がかさめば……その後の税負担の引き上げは確実となる(12)」とカウパスウェイトは述べた。「われわれには資本負担を未来の世代に受け渡す権利があるという理論について、私は懐疑的である……。われわれの過去の世代は、彼らの負担の多くの部分をわれわれに受け渡すということがなかった(13)」

産業計画も、助成金も、経済介入も不要だった。「実をいえば私は、主要な産業資本家、すなわち特権ある産業資本家のために公的資金を投じることを提案されれば、不快感を覚える。もっと具体的にいえば、それがものごとの良し悪しに対する官僚的見解にもとづく提案であれば、ということだ(14)」と、彼は立法会での予算審議のときに述べている。「私は、過去、現在、未来の十分な知識をもって『開発優先事項』を確立することは、どのような人間にも不可能だと考えている……。産業は、通常の市場環境でひとりでに立ち上がり、特別な手助けがなくともすくすくと育つことが望ましいのではないだろうか(15)」

お役所的な手続きは簡素化され、新規事業の立ち上げには書類を一枚提出するだけでよくなった。税法典そのものも簡潔なものだった。今日に至っても、国際法に精通する弁護士たちから、世界でもっとも効率のいい税法典であるという意見がたびたび上がっている。香港の税法典は全体で三〇〇ページ弱、一五万語足らずであり、イギリスのそれの一・五％程度のボリュームしかないのだ。

一方、通貨はイギリスポンドに固定されたため〔ポンドペッグ制〕、インフレ税賦課の可能性は（少なくとも、香港政府によるものは）まったくなかった。一九六三年、経済学者のミルトン・フリードマンはポンドペッグ制のメカニズムについての説明を求めたが、カウパスウェイトはそれを断った。ポンドペッグ制を管理する香港上海銀行（ＨＳＢＣ）でさえ、その仕組みを理解してはいなかった。「そのほうがいいだろう。めちゃくちゃにされかねないからね」と彼はいった。[16] 実際、そのとおりだった。彼の退任後、香港政府は連動制を打ち切り、財政に関してＨＳＢＣにより大きな決定権を与えた。一九八三年、香港ドルは通貨危機におちいり、一時はたった二日間で一三％下落するというありさまだった。急落を食いとめるため、香港ドルはアメリカドルに固定するドルペッグ制への移行を余儀なくされた。

それから、資本規制も不要だった。「金がここに居つくのは、好きなときに出ていく自由があるからだ」とカウパスウェイトはいった。「規制でがんじがらめにすれば、出ていってしまうだろう。われわれに止めることはできない。金はもうここに来なくなる[17]」

香港は、まぎれもなく民主的であるとはいえなかった。ここはイギリスの植民地だった。総督はイギリス上院の助言を受ける立場にあって、香港の法律の制定および執行に幅広い権能を持っていた。扱いを誤れば、この制度はたやすく腐敗におちいった。しかし、官僚たち（多くはカウパスウェイトと同じ考えだった）は香港住民の利益を最優先にすることを義務とこころえていた。カウパスウェイトもこう語っている。「諮問を重んじる政府を求めるならば、その対価として複雑さが増し、判断に遅れが生じることになる。迅速さを重んじる政府を求めるならば、ある程度の権威主義を受け入れてもらわねばならない。思うに、住民のほとんどは後者を求める、というのが本当のところではないだろうか。つまり、少なくとも政府の判断が彼らの意見と一致するかぎりにおいては[18]」

カウパスウェイトが大きな成果を挙げられたのは、香港が特殊な状況に置かれていたためであった。再建を必要としていたこと、政策立案にケインズ理論を重んじる社会から遠く離れていたこと、どこの誰に対しても釈明責任を負っていなかったこと。概して、イギリスは香港を放任していた。たまに口出しすることがあっても、たいていはきっぱりと拒否された。イギリス国防相のデニス・ヒーリーがこう語っている。「かの難敵、財務長官どのと対決するたび、私は傷つき、退却した[19]」。香港立法会での演説の記録からもわかるとおり、カウパスウェイトは手ごわい議論家だった。

彼一人の手柄ではなかった。歴代の財務長官たちによってつくられた枠組みがあったからこそ、それを土台にしていくつもの成果を挙げることができたのだ。そのあとを引き継いだのがフィリップ・ハッドン＝ケイヴだった。歴代の財務長官たちはみなレッセフェールを信奉しており、総督から支持されてもいた。だが、立役者になったのはカウパスウェイトだった。

イギリスと香港とでまったく異なった税政策は、それぞれの国の経済に劇的な影響をおよぼした。だが、当時の香港の成功を数字であらわすことは難しい。というのも、カウパスウェイトは統計をとらないことを方針にしていた。数量を調査するとなれば、役人が経済に手を加えるとか、無用の改善をはかるなどといったことにつながり、市場の見えざる手の作用を妨げてしまう、と彼は信じていた（彼はしばしばアダム・スミスに言及した）。「統計用のデータを集計させれば、彼らはそれを計画立案に利用したがるだろう[20]」と、彼はフリードマンに説明している。香港の内外から何度要請されても、彼は統計作成を拒否しつづけた。

イギリスからやってきた役人たちに、失業者に関するデータを集計しないわけを教えてやると、カウパスウェイトはただちに彼らを飛行機に乗せ、本国に送り返した。香港立法会からGDPの算出を懇願されれば、いつもこう返事していた。

進歩の著しい文明国で算出される場合でさえ、こういう数値は不正確なものだ。たいして意味がない。私の考えでは、他国がそういうものを利用している事実は、われわれにもそれが必要であることの相応な理由にはならない。他国でそれが必要になったのは、GDPが実用的な目的にかなうものなのか、私にはいま一つわからない……。他国でそれが必要になったのは、政府が国民に重税を課しているため、また細かく経済介入を行なっているために、政策効果を判断できるよう（あるいは、その判断が可能であると思えるよう）、ぜひとも必要であるからだ……。喜ばしくも、ここの政府は経済に対する影響力がごく小さいので、政策の策定のためにこういうものを利用する必要はない。実のところ、そうすることにたいした価値はないのだ。[21]

後日、貧困国はどうすれば経済を上向かせられるかとカウパスウェイトは問われた。すると、ただちにこう答えた。「政府の統計局をなくすことだ[22]」

一九六二年、GDPなどの統計データを提供するよう強く要求された彼は、それに必要な調査を一人の大学教授に依頼した。そうして、情報収集の実行可能性について検討しはじめたことを宣言した。それから七年間、彼はその哀れな教授の作成した報告書の下書きを本国に提出しつづけた。それらのどれも、これからの明確化、検証、あるいは掘り下げが必要なしろものだった。一九六九年になってもデータは用意されず、カウパスウェイトは、収集した情報を集計する適切な方法について、当の教授が決断しきれずにいるなどと説明した[23]。不運なその学者先生はスケープゴートにされたのだった。

しかし、現在このことはよくわかっている。

一九四五年、戦争と日本占領期ののち、香港は貧窮しきっていた。多くの住民は飢えていた。戦前に一〇〇万を超えていた人口は六〇万に減っていた[24]。それでも、ひと世代と少しの期間を経たのち、たいした資源を持たないこの小さな植民地は、ひっきりなしに商船が出入りする世界屈指の貿易港になるとともに、製造業と金融業でも国際的な存在感を高めていた。人口は一〇倍以上に増えていた。

一九五〇年代になっても、中国本土で続いていた内戦を避けるために大勢の難民が逃げこんできていたため、香港は貧民街とたいして変わらなかった。一九五五年にここを訪れたときのことについて、フリードマンはこう記している。「政府が急遽用意した難民用の仮住まいは、ワンルームの部屋からなる高層集合住宅で、正面に出入口がついていた。一部屋に一家族が住んでいた[25]」。今日の香港は先進的な都市国家である。

香港はとんでもない勢いで豊かになっていった。一九四〇年代の一人当たりGDPは、もちろん公的記録はないのだが、三〇〇米ドルを下回っていたと思われる。これは、アフリカのほとんどの国や地域と同じくらいだった。一九六〇年にはそれが四二九ドルになっていたが（カウパスウェイトではなく、OECDの調査による）、同じ年のイギリスは一三八〇ドル、アメリカは三〇〇七ドルだった[26]。そして終戦から三三年後、香港の一人当たりGDPはイギリスのそれを上回った。さらに五〇年後、アメリカのそれをも超えた[27]。今日の香港は、世界でもっとも裕福な国ランキングの一〇位以内に入っている。一人当たりGDPをイギリスと比較すれば、香港の数字のほうが四〇％大きい。

この期間、国民の税負担はずっと低いままだったし、政府支出も最低限に抑えられていた。一九四六年以降の財政収支は、ある年度を除き、黒字続きだった[28]。たいていどの年も、年間支出と同じ金額を予備費に回しつつ、借入をいっさい行なわなかった。「香港経済は現行の税制のままで活性化するはずだと信じてきた私でさえ、現行の税率で税収がこれほど増加したことには驚いている」とカウパスウェイトは述べている[29]。今日では、財務長官の予測をくつがえすほどの黒字を計上することが毎年恒例の行事のようになっている。香港は、二〇一五年まで八年連続の黒字を記録したのち[30]、二〇一八年にふたたび黒字化を達成した。

毎年、アメリカの首都ワシントンを拠点にする経済シンクタンクのヘリテージ財団が、世界一八六カ国の経済自由度指数を作成している。それは、各国の国民の労働と財産が、彼ら自身によってどれだけ管理できているかを調査し、経済自由度を判定するものである。判定には「一二の量的・質的ファクター」を指標として使用する[31]。ヘリテージ財団がこの指数の発表を開始した一九九五年以降、香港は一位の座を譲っていない──世界のどの国よりも経済自由度の高い場所でありつづけている[32]。

供給面でも、香港はさまざまに健闘している。教育制度は、ピアソンによれば世界で四番目に優れており[33]、医療制度も、ブルームバーグヘルスケア指数において一位となっている[34]。公共輸送機関は、昨年度に世界ランキングの一位に輝き[35]、継続して他の国や地域のモデルになっている。「定刻成功率」はつねに九九・九％を達成し、人口の九四％が鉄道駅から一キロメートル以内に居住している[36]。また香港の鉄道は、利益の大きさでも世界屈指なのである。

レッセフェールの経済政策は無情・無慈悲であるなどという印象を持たれがちだが、カウパスウェイトは自分の方針がすべての人の利益になることを信じきり、断固として譲らなかった。税とは押し付けであり、成長の妨げであった。軽い税負担は、大きな利益をもたらした。大きな利益は、さらなる成長をもたらした。さらなる成長は、雇用の増加、賃金の上昇、全体の富の増大をもたらした。「私は、富の分配よりもむしろ、富の創造に関心を持っている」と彼は述べている。「急速な経済成長と、それにともなう労働需要圧力は、迅速かつ、相当に大規模な所得再分配を自然に生じさせる[37]」つまり、経済のなすに任せておけば、再分配はひとりでに進むのである。

しかし、カウパスウェイトにとってはここに重要なポイントがあった。「これは、一時的な、あるいは恒久的な不運のせいで全体の富の増大の分け前にあずかれない人びとを、もっと気前よく支援できるようにするやり方でもある[38]」カウパスウェイトは最下層民の利益を重んじており、高度経済成長のおかげで、政府はそういう人びとにいっそうの支援を届けられるようになった[39]。彼によれば、「税負担を抑える政策のおかげで……政府収入が増えた」。香港の実際の経済成長が彼の主張を裏づけている。最終的には、「市民の手元に残った資金は政府に入ることになる」とカウパスウェイトは語っている。「利息つきでね[40]」

香港はさまざまな苦難に直面したが、危機に見舞われたときの政府の基本姿勢は、介入ではなく「積極的不介入」であることがほとんどだった――公共住宅の問題を除いて。一九五〇年、中国の輸出入を担う香港の役割から、この植民地の主要産業が生まれた――倉庫業、海運業、造船業、保険業などである。朝鮮戦争が始まり、アメリカが中国への制裁を決定すると、それからの四年間に、香港の中国との貿易は約九〇％減少した[41]。香港はそこで停滞していても不思議はなかったが、そうはならなかった。内戦中の中国から流れこむ難民たちが綿紡績の技能を持ちこんだことで、やがて香港は国際織物市場で優位に立つほどになった。だからイギリスとアメリカは、それぞれの国内の織物産業を保護するため、思いきった保護貿易政策に踏みきった。香港の企業は、香港産の綿に対する厳しい輸入制限に対応し、合繊織物を増産した。ここからその他の製造業が派生していった。とくに電子機器とプラスチック製品である。一九六七年のポンド切り下げによって外貨準備に三〇〇〇万ポンドの損失が生じてしまったが、香港はこのときも冷静に対処した。その後、毛沢東の文化大革命の大激震も、一九九七年のアジア危機もうまく乗り越えてきた。

一九九七年に中国に返還された香港は、政府もその政策も事実上中国本土に統合されると予測されていた。だが、実際にはその逆だった。アジアの他の国々は香港の成功に目を留め、その手法をまねた。一九五九年、シンガポール初代首相に就任したリー・クアンユーは、香港のように低い税負担と経済不介入を政策とし、同じように成功した。韓国、台湾、それにある程度までは日本も、低い税負担・高い輸出額のモデルを採用し、経済を大きく成長させている。中国自体も同じような手法を取るようになる。

一九七六年に毛沢東主席が世を去ると、香港やシンガポールの驚くべき成長を目の当たりにしてきた中国改革派の人びとは、カウパスウェイトのモデルは本土でも機能するのではないかと考えた。一九八〇年、深圳《しんせん》は税制および規制の緩やかな「経済特区」に指定された。人口は当時三万人だったが、現在一二〇〇万人に増えている。さらに、立身出世を目指す人びとが、まだ大勢流れこんでいる。一時期四〇%という驚異的な成長率を記録したこの都市は、[42]いまや第二の香港になっている。

中国は、全人代（全国人民代表大会）によって制定された法律にあるように、「社会主義の利益になる適切な資本主義」を求めていた。[43]「生産力の発展に、われわれは十分に目を向けてこなかった」と、鄧小平は一九八四年に行なった有名な演説のなかで語っている。「中国らしい社会主義を構築しよう」。[44]小さな島々からなる香港が成し遂げたことを思えば、中国はどれだけの成果を得られるだろう？　今日の中国は、独自の権威主義的資本主義を掲げ、世界二位の経済大国になっている。購買力平価説にしたがえば、おそらく世界一位だろう[45]。

香港はたしかに特殊な時代の特殊な状況に置かれていたが、その政府が方針とした低い税負担と積極的不介入は、アジアの奇跡的な経済成長の源になった。カウパスウェイトの功績は、彼がしたことよりも、むしろしなかったことのほうにある。「私はほとんど何もしなかった」と、彼はいかにも彼らしく謙虚に語っている。「ただ、余計なことをしでかしかねない要素のいくつかを排除しただけである[46]」

第3章　税金を取るわけ

死と税を別にすれば、確実といえるものは何もない。(1)
クリストファー・ブロック、『プレストンの靴職人』（一七一六年）

税は文明とともに誕生した。

古代の狩猟・採集社会にも、大まかに税と呼べるものはあった。ヒトがおよそ一万年前に定住を開始したころ、集落のリーダーはすでに労働力と生産力のために人びとを徴用していたのである。それ以降、税のない文明が存在したことはない。

しかし、われわれはどれだけ税について考え、語りあっているだろう？　啓蒙時代には税の倫理面や実際面について熱心に、また徹底的に意見を戦わせていたというのに、今日ではどういうわけか、そういうことがなくなっている。税とは、会計士や経済学者の専門である退屈な領域なのだ。われわれがしぶしぶ納税義務にしたがう一方、政治家はといえば、ここを少し増やそうか、あそこを少し減らそうかなどと思案する程度で、それ以上を考察することはめったにないように見える。多くの税、とりわけ所得税の倫理性について疑問の声が上がることなど、あるとしてもごく稀である。いまのところ、思いきった改革は先延ばしにされている。

この本の目的は、現代の人びとに改めて税について考え、語りあってもらうことである。税というプリズムを通して世界――われわれを取り巻く現在、過去、未来の世界――を見れば、さまざまなことが明白になってくる。現状をもたらしたものは何か、この出来事を引き起こしたものは何か、未来はどうなっていくのか――それを変えるには何をすればいいのか。文明の形は税制によってつくられる。国家の運命――人びとが豊かになるか貧しくなるか、自由な立場を得るか隷属的な立場を得るか、幸せになるかみじめになるか――の大部分は税制によって決まるのだ。

税は権力である。国王でも、皇帝でも、政府でも、税収を失えば権力を失う。この法則は、古代のシュメール王国の初代国王から[2]現代の社会民主主義国の政府まで、すべての時代に当てはまる。税は国家を動かす燃料である。税を制限すれば、統治力を制限することになる。

古代のメソポタミアから現代のイラクまで、どの戦争でも費用のためになんらかの税金が集められた。税は戦争を可能にするのである。戦争をやめたければ課税をやめればいい。アレクサンドロス大王からナポレオンまで、どの征服者も税基盤の掌握を目指した。税基盤とは土地、労働者、生産物および利益のことである。征服者は略奪し、課税する。「世の征服者たちにとって、税はもっとも重要なビジネスである」と、ジョージ・バーナード・ショーの戯曲に登場するシーザーはいう。チンギス・ハンは中国を征服し、いつものごとく住民を皆殺しにするつもりでいた。それは容易なことではなかった。このころの中国は、いまでもそうだが、世界でもっとも人口の多い国だったからである。だが、それほど有名ではないイェリリウ・チュツァイという摂政が、農民を生かしておけば、それだけ多くの税金を集められると指摘した。チンギス・ハンはそれに納得し、数百万の人びとが命拾いした。

革命や反乱にも同じことがいえる。たいていの場合、その本質に近いところに不公平な税制が潜んでいる。「代表なければ課税なし」とはアメリカ独立戦争時にうたわれたモットーである。ロシア皇帝が小作農に課した過酷な重税は、ロシア革命を引き起こす原因となった。実例としてもっともわかりやすいのは、税証明書の破棄を訴える「プガド・ラウィンの叫び」とともに始まったフィリピン革命だろう。スパルタクスからボアディケア、ロビン・フッド、さらにはマハトマ・ガンジーまで、世界史に刻まれる大規模な反乱は、たいていは重税への反発から始まっている。

税というレンズを通せば、歴史のすがたはこれまでとは異なって見えてくる。人類にとっての重大事件では、たいていの場合、その本質に近いところに税の物語が潜んでいる。イエスがベツレヘムで生まれたのも、マリアとヨセフが納税のためにそこに出かけたからだった。人類が初めて月面に降り立ったとき、その資金は税金によって賄われていた。税にかかわる事情は、一見まったく関係なさそうなエピソードにも潜んでいる。たとえば、女性参政権である。女性が第一次世界大戦中に労働力に加わり、所得税を納めるようになったことは、女性参政権が認められるおもな要因になった。自然災害にさえ、税にかかわる事情がからんでいる。たとえば黒死病〔ペスト〕は、事実上ヨーロッパの封建制を終わらせ、納税義務を有する労働者という新しい階級を生みだした。大きな災害に見舞われたあとの復興努力においては、しばしば税にかかわる事情が表にあらわれる。ロンドン大火のあと都市再建のために投じられた資金は、ほとんどが石炭税として徴収された金だった（実は、この大火災は税金逃れの工夫のせいで発生したといわれている――炉税の徴収を免れる目的で、隣家の煙突とのあいだの壁をぶち抜く手口は、当時は珍しくなかった）。

たいへん有名な大建造物――ピラミッドからホワイトハウスまで――の多くは、なんらかの形で、税金の支えによって築かれている。なかには、徴税を目的としてつくられたものもある。中国の万里の長城は、異民族の侵攻に対する防御のために築かれたといわれる——実際にそうである——が、長城沿いには一〇〇万人もの人員が配置され、中国に入荷される、あるいは中国から出荷される商品にかかる関税の徴収にあたっていた。つまり、この長城は政府収入の確保のための施設でもあった。とくにシルクロード沿いに延びる部分はそうだった。ローマ帝国のハドリアヌスの長城も、これとまったく同じ役割を果たしていた。

われわれが姓名を名乗るようになったのも徴税のためだった。ブリテン諸島と（それほどではないにせよ）ヨーロッパでは、平民は十三世紀までは姓を持たなかった。だが十四世紀末には姓を名乗るようになっていた。多くの場合、自分の職業（スミス〔Smith、鍛冶屋〕など）、父親の名（ジャクソン〔Jackson、ジャックの息子〕、マシューズ〔Matthews、マシューの息子〕、マクドナルド〔MacDonald、ドナルドの息子〕）、居住地の地形（ヒル〔Hill、丘陵〕、フォード〔Ford、浅瀬〕）にちなんだものを選んだ。また、私自身（フリスビー、Frisby）もそうだが、出身の村の名前に由来するものもあった。一部の姓は、とりわけゲール人の文化においては、身体的特徴から命名されていた——たとえば、キャメロン（Cameron）は「曲がった鼻」、ケネディ（Kennedy）は「ぼさぼさ髪」、コノリー（Connolly）は「雄々しい」という意味である。姓を名乗るようになった理由？　人頭税の徴収の際、人びとを区別するのに便利だからだ。

中国では、姓はもっと古くから存在した。伝説によれば、その起源は紀元前二八五二年、伏羲《ふっき》という帝王の治世にさかのぼるという(3)。しかし、姓を名乗るようになった理由は同じ、徴税をやりやすくするためだった。

英語の語彙に「tax」という単語が加わったのは一三〇〇年代、貨幣制度がまずまず行き渡ったころのことだった。それ以前には古フランス語の「task」を用いており、納税方法は生産物を納める現物納だった。支配者は収穫物の一部を取り立て、貸しは労働によって返された。tax、burden、duty、tribute、tithe、charge、corvee、toll、impost、tariffと、呼び名はいろいろあっても、原理はすべて同じである。税制と自由が密接にかかわっていることは、言語の起源を見てもはっきりわかる。Censorshipとtax assessment（census）は同じラテン語の単語を起源にする。ラテン語のcensorはもともと古代ローマのケンソルという役人を指していう言葉だった。ケンソルは、風紀と、政府財政の一部の監督役を担っていた。Censorshipもtaxationも、その意味するところは、経済上のことにかぎらない、自由の制限にかかわっている。

リーダーは、税制をコントロールの手段に用いるようになる――人びとの行ないや意志決定に影響をおよぼすのである。ロシアの近代化を図ろうとしていたピョートル大帝は、あごひげは時代遅れであると考えた。そこで、あごひげをたくわえている者に税を課すことにした。ロシアの民は、あごひげを剃るか、税金を支払うかの二者択一を迫られた。納税者はその証としてあごひげに銅の札をぶら下げる決まりだった。この札には「あごひげは余分なお荷物」と刻まれていた。こういう税はしばしば人びとの行ないを変えるが、その変化は意図したとおりのものとはかぎらない。たばこに課税されるとなれば、たばこをやめる者もいれば、たばこを密売する者もいるだろう。燃料税ができれば、移動手段を変える者もいれば、移動そのものをしなくなる者もいるだろう。労働に重税がかかるとなれば、もっと熱心に働くようになる者も、海外に移り住む者も、働くのをやめる者も出てくるはずである。あとのページで説明するように、税は子供を何人生むかの選択にまで影響をおよぼす。こういう税はその根底に倫理的な問題をはらんでいる。つまり、国家の役割とは何かという問題である。ある人びとが理にかなった政策だと考える案について、別の人びとが、政府のなすべき仕事を超えた、家父長制的な過干渉だと考える場合もある。

今日、税はいやおうなく取り立てられる。目につかない間接徴収、源泉徴収、強制徴収もある。私がそういうと、私のエージェントは嫌な顔をする――「強制なんてありません」といいはるのである。武装兵が無理やり集めにくるわけではないという意味では、彼女のいうことも正しい。私が強制というのは、納めなければ収監されるリスクがあるということだ。だが多くの場合、未納による収監のリスクを負うことを選択する自由すらない。というのも、税はすでに源泉徴収されているからだ。コメディアンのクリス・ロックもこうぼやいている。「税金はこっちが支払うわけじゃない、奴らに取られるんだ。小切手を受けとったら――もう取られている。支払うんじゃなくて、パクられるんだ」

古代ギリシャでは税の多くが自主的に納付されていた。その対極に位置づけられるのがソヴィエト連邦時代のロシアや北朝鮮のような権威主義あるいは全体主義社会で、事実上、こういう国の人びとは自分の労働、生産物、利益の所有権を持たない。それらはすべて政府のものになる。今日の先進諸国はこれら二極の中間に位置している。インフレ（あとで説明するように、それ自体が一種の税である）を考慮に入れないとして、あなたが平均的なアメリカ人ならば、稼ぎのおよそ三八％が税金として取られることになる。[4] イギリスならば四五％、[5] フランスならば、なんと五七％である。[6] これほど負担が大きくなったのは近年のことだ。二十世紀に入るころ、税はわれわれの生活にたいした役割を担っていなかった。政府支出（財源のほとんどは税金である）はまだずっと少なかった。アメリカでは、政府支出の対ＧＤＰ比は約七％にすぎなかった。イギリスでは九％、フランスでは一三％である。[7] 近代、政府支出がもっとも少なかったのは一八七〇年のスウェーデンで、対ＧＤＰ比わずか五・七％だった。[8] 税率がこれほど低かったのは第一次世界大戦までのことだった。

今日、税はわれわれのやることなすことに入りこんでいる。人間のほぼすべての活動に、なんらかの形で関与しているのである。税金にかかわりのない活動はごく少なく、たとえば思考、それにある程度まではセックスも含まれるだろう。古代ローマではなんと尿まで課税の対象になっていたが、ありがたいことに、いまはそうではなくなっている[9]。

結果、二十一世紀の先進国のほぼすべてにおいて、国民の生涯でもっとも高価な買い物といえば、マイホームだと考える人は多いだろうが、実は政府である。イギリスでは、職業を持つ中流階級一人が生涯に総額三六〇万ポンド（五〇〇万ドル）を支払う計算になる[10]——たいていの住宅よりもずっと高い金額だ。つまり、国家に対する義務のため、人生のうちの二〇年かそれ以上の年月を費やすことになる[11]。時間単位でいえば、国家は国民の労働の多くの部分を所有するといえる。これは中世の農奴に対する封建領主と同じである。当時の農奴は、領主の農地の耕作に平日の半分を費やし、その対価として領主から保護を受けていた。現代の国民の場合、対価として国家からの保護と公的サービスを受けることになる。つまり、国民全員を対象とする、防衛、医療、教育などである。現在の取決めに満足している者もそうでない者もいるが、国民にとっては、自身の政治的傾向にかかわらず、それ以外に選択肢はない。生活費のために稼がなければならない場合、自分のために働きつつ、国家のためにも働くことになる。われわれは自分で思うほど自由ではないのだ。

あなたの納めた税金が、たとえば中東での戦争、無駄なインフラ計画、道義に反すると思える法執行など、賛成しかねることに使われたら？　どうしようもない。四、五年に一度、影響力があるかどうか疑わしい一票を投じること以外に、自分の金がどう使われるかについてどうこういう機会はない。「税は文明の対価である[12]」とは、アメリカの首都ワシントンにある内国歳入庁、略してＩＲＳの本部ビルの入り口に刻まれている言葉だが、これが文明なのだろうか？　倫理上承服しかねる事業のため、強制的に労働力を提供させられるこの方式が？

社会民主主義の考え方では、税は平等な社会をつくるための手段である。富を再分配し、教育および福祉を平等に行きわたらせ、市場経済の歪みを埋めあわせるためのものなのだ。社会主義の考え方もそれと同じ路線であるが、もっと極端な立場を取っている。リバタリアンにいわせれば、税は窃盗であって、個人の自由を侵害し、財産権を侵害するものである。また、政府支出は無駄が多く、道義に反している。そして、個人の金を個人に使わせれば、よりよい結果を得られるという。

税なくして政府なし。税があるからこそ、政府が成り立つのである。だから、たいていはあいまいにされているが、あらゆる政治的論争はその本質に税の問題を抱えている。政府は何に金を使うべきか？　いくら使うべきか？　その金は誰が、どう支払うのか？

今日のわれわれが直面している数々の問題、とりわけ富者と貧者のあいだ、各世代のあいだにある経済格差の問題の原因を探れば、税制に行きつくことが多い。税制改革は、政治家の持つ、世界を大きく変えるための数少ない手段の一つである。われわれは、未来について考え、子供や孫の暮らす未来の世界に思いを馳せるならば、まず税制について考えなければならない。

本書は、歴史をたどり、税制の発展にまつわるさまざまなエピソードを考察する。また、今日の多くの政府が知らず知らずのうちにおちいっている苦境について考える。さらに、これからの税について思いを巡らせる。

財政難におちいっている政府は世界にいくつもある。それらの抱える負債はとんでもなく大きく、支払いが不可能であるほどだが、世界でグローバル化とデジタル化が進み、国境があいまいになりつつあるために、税はますます徴収しにくくなるだろう。支出に必要な金額を集めなければならない重圧が大きくなっている。だが、すでに重税を課され、国家指導者への信頼を急速に失いつつある国民は、増税を受け入れるだろうか——とくに、テクノロジーが発達しているために、現行の公的サービスの多くが不要であるように思えるいまという時代に？

　現在われわれが採用する大きな国家の社会民主主義モデル、すなわち福祉、教育、医療などの基本的サービスを政府が提供する方式は、存続が危うくなっている。ひょっとすると、ひと世代のうちに、いわゆる国民国家がいくつも消滅するかもしれない。それらすべての本質に税の物語がある。その後のことは税によって決まっていくだろう。

　本書は、これから何が起こるか、また、何が起こる「べき」かについて大まかに説明する。そして、二十一世紀の徴税方法について、いくつかアイデアを提示する。それらが実用に耐えうるかどうか、また、そういう社会が人びとに求められているかどうかについては、読者の判断にお任せする。

第4章　税金の始まりの時代

神よりも、王よりも、恐ろしいのは税額査定役人である。(1)

古代シュメールのことわざ

文明の「始まり」は約七〇〇〇年から一万年前、ティグリス川とユーフラテス川に挟まれた肥沃な三日月地帯に遊牧民族が定住したころのことである。彼らがそこに腰を落ち着ける気になったのは、この土地の泥のためだった。この一帯では他のどこよりも農作物をたっぷりと収穫できた。また、泥からい い道具をつくることもできた――鍋、鎌、斧、ハンマー、釘など、後世に鉄からつくるようになる品々である。泥にわらを混ぜて日干しにすればレンガができた。この日干しレンガでたくさんの家が築かれ、やがて人類初の都市が生まれた。

最初の都市はエリドゥだが、まもなくいくつもの部族によってそれぞれの都市――ウルク、キシュ、ウル、ウマ、ラガシュ――が築かれた。おそらく人類史上初めて、人びとは自分たちに必要な量よりもたくさん生産するようになった。エリドゥは、国内でとれた農産物を、国内で不足しているもの、たとえば金属、木材、石材、また国内でとれない農産物などと交換するようになった。その結果、泥にはもう一つの用途ができた――代用貨幣である。泥でつくられた代用貨幣、すなわちトークン――大麦の量の小単位をあらわす円錐形のものと、ヒツジの頭数をあらわす円盤形のもの――は、出納簿をつけるのに使われた。商人はこういうトークンを粘土の玉に入れて焼き固め、その表面に署名替わりの印をおした。玉は大事に取っておき、負債を清算したあと壊して中身を取りだした。当時のもっとも一般的な負債は税だった。古代の十分の一税「エスレトゥ」は、人びとの労働もしくは農産物の十分の一を取り立てる課税形式で、おそらく人類初の公式の税制だろう(2)。

やがて人びとは、粘土玉にトークンを入れるのではなく、粘土板に絵文字を刻みつけるようになった。そこから、人類初の文字体系がつくられていった。史上最古の書字は納税の記録だった。粘土板に刻まれた十分の一税および関税の記録である。文字で記録する方法――筆記法――に熟達した人びとは徴税人になった。古代には、会計、貨幣、貸借、租税、筆記が同時に発達していったのである。

古代メソポタミアの定住地が繁栄し、都市へと発展すると、しばしば都市間で戦争が発生するようになった。その多くは資源をめぐる争いだった。とりわけウマとラガシュは衝突しがちだったようである。

戦費の財源？　もちろん、税金だ。

水源をめぐる戦いだったある戦争は、四世代にわたって続いた。最終的にラガシュが勝利を収めると、ウマは取り合いになっていた貯水池を利用するのに料金を支払わなければならなくなった。戦争が終わっても、ラガシュ王は人びとから税金を取り立てつづけた。当時の書記官の記述によれば、ラガシュにはその隅々にまで「徴税人がいた(3)」。妻を離縁すれば、元夫は銀五シェケルを納めなければならなかった。ヒツジの毛を刈りとれば、羊飼いは銀五シェケルを納めなければならなかった。夫が死去すれば、未亡人は相続した遺産から銀を納めなければならなかった。「船長は船を、家畜飼育人はロバとヒツジを、漁場管理人は魚を支払いに充てた」と、シュメールのある筆記者が記している(4)。記録にあるもっとも古い時代の反乱の一つでは、王が税制改革者によって退位させられている。その人物はウラカギナといい、「古い時代のならわしを新たなものに替えた」(5)。彼は、徴税人を解雇し、税を削減し、未亡人の相続税を免除し、むやみな税の取り立てから市民を守る法律を整備した。

文明の発祥の地は税の発祥の地だった。以降、文明にはかならず税がくっついている。

所得税の始まり

彼はあなたがたの穀物とブドウ畑の十分の一を取り、役人と使用人に与えるであろう。また、あなたがたの男女のしもべ、もっとも立派な若者、それにロバを取り、自分のために働かせるであろう。そして、あなたがたのヒツジの十分の一を取り、あなたがたを自分の使用人とするであろう。あなたがたは呼ばわるであろう……。

サムエル記　八章一五節

稼いだもの、あるいは生産したものの十分の一を納める——あるいは、取られる——ならわしは、メソポタミアだけでなく、中国、エジプト、インド、ギリシャ、ローマ、カルタゴ、フェニキア、アラビアなど、古代のさまざまな文明にあった。十分の一税について、われわれは教会に納めるものだと考えがちだが、神、王、支配者、教会、政府はかならずしも明確に区別されていたわけではなく、すべてが一体である場合も少なくなかった。一部の学者の主張によれば、古代文明が十分の一という数字に行き着いたのは、われわれが一〇本の指を持っており、計算するときに指を使うことが多かったからだという。これは自然な数字なのだ。

この十分の一税は、今日の税と同じく、戦争と国防、建築物とインフラ、リーダーの贅沢な生活の費用になったが、施しにも使われた。施しは、ほぼあらゆる宗教の基本的な要素である――実際、人間性の一部であるといえるだろう。歴史を通じ、教会は今日の福祉、医療、教育にあたるサービスの提供をおもな役割の一つとしていた――現在では概して政府が責任をもって行なっていることである。イスラム教では、ザカート（施し）は五つの義務、五行の一つであり、ウシュルと呼ばれる十分の一税がある。シク教にも十分の一税はあって、ダワンドという。仏教では、施しは涅槃への旅路の第一歩であるが、一〇％という割合が定められているわけではない。ヒンドゥー教では、施し――ダーナ――は義務（ニヤーマ）である。それから、施しの別の形に神への誓戒のしきたり「ヴラタ」があって、その一つであるダシャマ・バガ・ヴラタはサンスクリット語で「十分の一分の誓戒」を意味する。

ユダヤ＝キリスト教の十分の一税については、旧約聖書のなかで、最初の書である創世記からくりかえし言及されている。アブラハムは、戦いに大勝利をもたらしてくれた神への感謝として「すべてのものの十分の一」を捧げた（神の代理としてサレムのメルキゼデク王がその捧げものを受けとったが、これはまったく無私の行ないであった）[6]。ヤコブは、「あなたがくださるすべてのものの十分の一を、私はかならずあなたに捧げます」と神に誓った[7]。土地を持っているイスラエルの諸部族は、国や神への奉仕活動に従事するレビ人に対し、「すべて十分の一を……子々孫々にいたるまで」分け与えることになっていた[8]。キリスト教会はユダヤ教の十分の一税の原則を受け継ぎ、五八五年のマコン会議でこのならわしを教会法に組みこんだ。

通貨および貨幣がまだ普及していないころ、十分の一税はたいてい物納だった。農民は農産物――穀物、羊毛、食肉、牛乳など――の一〇％、職人は製品の一〇％、労働者は労働の一〇％を納めた。多くの宗教において、毎年の最初の収穫物は教会にも納められた。支払うものが労働であろうと労働の産物であろうと、十分の一税は事実上の所得税だった。この税は、累積効果が生じることもあって、徴収する側に莫大な富、さらには権力をもたらした。

十分の一税は、フランスではフランス革命の際に廃止された。一方、イギリスではもっとゆるやかに終わりを迎えた。宗教改革後の十六世紀から十七世紀にかけて、イングランドでは多くの土地が教会から俗人の所有者の手に渡った。土地所有者には十分の一税を取る権利が与えられたが、十九世紀に入るころには、産業化、国教会廃止運動、農業恐慌、所得税導入、通貨および貨幣の広範囲の普及を背景に、十分の一税の物納は時代遅れになり、あまり行なわれなくなっていた。産業革命のさなか、農村から都市への人口流出を促したいくつもの要素の一つに、農民が支払不能におちいったことがあった。一八三六年の議会制定法により、十分の一税はそれまでの物納から、より簡便な金納に改めることが決まった。これを「十分の一地税」といった[9]。土地所有者に納められる十分の一税は、やがて事実上の地代になった。

自分の収入からある程度の割合を教会に納める人はいまも多い。ドイツには教会税があるが、その負担は十分の一税のそれ、すなわち総収入の一〇%よりもずっと低い。かつて教会が営んでいた公的サービスの多くは国家が担うようになっており、十分の一税は廃れつつある。

宗教は政治上のイデオロギーにとってかわられたかもしれないが、施しの精神はいまも生きつづけている。信仰者であろうとなかろうと、人びとのあいだでこんな主張が優勢になっている。つまり、かつて十分の一税によって賄われていた事業——医療、教育、福祉——の現代版に、多くの資金を投じてほしいというのである。実際、イギリスの国民保健サービス（ＮＨＳ）は熱烈に崇められており、なかには宗教の教義のようだという人びともいる。「NHSはわれわれの宗教である」と、『ガーディアン』紙のコラムニストのポリー・トインビーが記している。その誕生については、「イギリス史上もっとも誇らしい社会民主主義的瞬間」だったと述べている。[10] 元首相のナイジェル・ローソンによれば、NHSは「イギリス国民にとって宗教にもっとも近いもの」である。[11] 私にいわせれば、多くの人びとがこのサービスのよさを熱烈に称賛するのは、われわれの胸の奥深くに、慈善心、同情心、それに、みなが配慮されていることを実感したい気持ちが深く染みこんでいるからだ。税はそのイデオロギーを推進する手段なのだ。

人類史上きわめて重要な考古学的発見である人工遺物は、税に関する文書だった

ロゼッタ・ストーンは人類史上きわめて重要な考古学的発見とされている。それは、一七九九年にナポレオンの部下がエジプト北部の町ロゼッタ――今日のラシード――で発見した人工遺物である。当時、フランス軍の兵士たちは古代の墓所で略奪を行ない、手に入れた遺物を本国に送っていた。今日この石は、エジプト当局はまったく納得していないが、大英博物館に展示されている。おそらく、この博物館のもっとも貴重な所蔵品だろう。

黒い花崗岩でできたこの有名な石板は、紀元前一九六年、ヘレニズム時代のものである。当時のエジプトはギリシャ人の王朝のプトレマイオス朝に支配されていた。この石板はきわめて貴重な資料であった。同一の文章が三種類の古代文字、すなわち古代ギリシャ文字（支配者の言語）、デモティック（民衆文字）、ヒエログリフ（神聖文字）で記されていたからだ。これらの文字を対比することで、よ

うやく三つの古代言語の解読が進むこととなった。とりわけヒエログリフに関しては、それまでは解読の糸口をまったくつかめていなかった。こうして、四〇〇〇年におよぶ古代文明について解き明かす手がかりがもたらされたのである。

重要な文書であることは明白である。パピルスではなく石板に記されているからだ。石板ならば長持ちする。また、わざわざ三種類の言語を用いている点からも、その重要性がうかがえる。なるべく多くの人に理解できるよう配慮されているのだ。それほど大事なこととは、いったいなんだろう？

この石板はもっと大きな石碑の一部で、反乱発生後に幼王プトレマイオス五世によって出された勅令が刻まれている。エジプト国内の分離派との戦いに勝利を収めたあと、「民の文明生活」を取り戻すため、和睦を結ぼうとしたものと思われる[12]。和睦のため、分離派に恩赦を与えることが提案されている。税の減免もその一つである。

この勅令によれば、プトレマイオス五世は「その歳入から金銭および穀物を神殿に献じ、多額の資金を投じてエジプトの繁栄に努める[13]」。「エジプトで徴収される税のうち、一部を免除し、一部を軽減し、その治世においてエジプトおよびその他の地域のすべての人びとが富み栄えるようはからう[14]」。また、「エジプトおよびその他の地域のすべての人びとを」債務から解放する。「神はこれからも神殿への寄進をお受け取りになる」。そして、神官が「聖職につくときに納める税は」前王の治世と同じものとする[15]。

要するに、幼王はリフレ政策を大まかに伝えていた。ロゼッタ・ストーンに記されていたのは税制改革案だった。

歴史学者がある時代について調べたいとき、税関連の文書はしばしば有益な資料になる。こういう

——文書はたいてい保存状態がいい——支配者にとっての税収の重要性を考えれば当然だろう。そして、税はその社会に関するさまざまな情報を伝えてくれる。

古代ギリシャ——自主納付

われわれは「自主的」な税制を持たない。過去にもなかったし、未来にもありえない。

ドナルド・C・アレグザンダー、アメリカ合衆国内国歳入庁長官（在任期間一九七三～七七年）

支払能力の高い人びとだけが税を負担すると想像してみよう。金持ちが、義務とされる分よりも多くの金額を自主的に納める。逃げることも、避けることも、工夫して少なく抑えることもしない。集められた金は納税者の希望どおりに使われる。煩わしいお役所的な手続きはほとんどない。ありえない、とあなたはいうかもしれない。しかし、歴史的に見ればその逆である。数学、科学、演劇、哲学など、われわれが古代ギリシャを称賛する理由はいくつもある。そして、初期の税制もその一つであるといえるのだ。

啓蒙時代の哲学者と同じく、古代ギリシャ人も税制について、倫理に照らして考えていた。その社会が自由であるか、専制的であるか——解放的か、抑圧的か——は税制から判断できた。「富裕者は多くを納め、貧困者はほとんど納めないというのが適切である」とアリストテレスはいった。[16] われわれが古代ギリシャの税制を称賛するべきである理由は、課税したことではなく、課税しなかったことのほうにある。所得税はなかったし、金持ちの富を庶民に分配することを目的とする租税もなかった。この目的は、自主的に行なわれるある方法――つまり、公共奉仕によって果たされていた。

古代ギリシャ語の「leitourgia」に由来する liturgy は、「公共奉仕」あるいは「市民の務め」を意味する。ギリシャ神話にも描かれている慈善、公共奉仕、自己犠牲の理念は、古代ギリシャ人の精神に深く根づいていた。ティタン神族のプロメテウスは人間を創造したが、ゼウスが彼らに火を与えることを拒んだので、彼は天の雷を盗んで与え、人間に火をもたらした。人類にとって、プロメテウスは大恩ある神だった――ところが、禁を破ったためにゼウスに罰せられ、永遠の責め苦を受けることになった。女神アテナは平和と繁栄の象徴であるオリーブを市民に与えた。その都市は女神にちなんでアテナイと名づけられた。

アリストテレスは税制について、さらに掘り下げて考察した。彼のいう「気前のよい人」は共同体に莫大な金を与える者だった。アリストテレスの定義によれば、貧乏人は資金確保の手段を持たないため、「気前のよい人」にはなりえない。彼の著作『弁論術』によれば、本当の富は善行によって成り立っている。施しをしたり、珍しい、高価な贈り物をしたり、他人が生きていけるように手助けしたり。[17]「医学の父」である医者のヒポクラテスもこういう社会的責任を信奉し、医者たちにこう助言していた。「ときには報酬なしで診察してやり、これからのための善行か、いまだけの満足かについて思い起しなさい。困窮している見知らぬ人を診察する機会があれば、そういう人すべてを全力で助けてやりなさい[18]」

この都市には、インフラに改善が必要かもしれない――たとえば、新しい橋の建設だ。いまにも戦争が始まりそうなので、軍事費が必要かもしれない。なんらかの祝祭が必要とされているかもしれない。そういうとき、金持ちが資金の負担を申し出た。理屈としては、大多数の人にはとうてい持てない富を持っているのだから、彼らが都市の費用を肩代わりするべきであるということだった。金持ちは金を出すだけでなく、当の事業の運営を引き受けもした。その事業に対し、監督責任を負ったのである。そのため、事業はたいていうまく運んだ。出来のよしあしが施し主の評判にかかわったからである。

そのときどきで異なったが、アテナイでは必要に応じ、三〇〇人から一二〇〇人がこういう施し主になった（戦時には増えた）。一人ひとりが出す金額はさまざまだった。たいていの場合、彼らは自発的に施しをした。公共奉仕を強いるのは、法律や政策ではなく、伝統や世論だった。自発的な施しや、善意、公共心を後押しするのは、名誉や威信という報酬であった。公共事業がみごとに完遂されれば、その資金を提供した者は、名士仲間のあいだで、また庶民のあいだで名声を高めることになった。古代ギリシャでは、当初は「英雄」になれるのは戦士のみだったが、やがて、他人の幸福のために公共奉仕を行なう篤志家も英雄と見なされるようになった。そのため、見積もりの三、四倍の資金を気前よく出す者も少なくなかった。法的に可能なかぎり納税金額を抑えようとする今日の風潮とはまるで違ったのだ。資金提供者の利己心が都市のために活かされていた。

公共奉仕のなかでも、もっとも名誉になる重要なもの——そして、当時もっとも金がかかったもの——は三段櫂船《かいせん》の建造だった。「トリエラルキア」と呼ばれるこの制度のもと、三段櫂船と呼ばれる軍船を建造し、管理し、運用していた。そのおかげでアテナイの海軍は、一時は世界最強といわれたほど大きな力をつけ、航路に海賊をいっさい寄せつけなかった。アテナイという交易の中心地の防衛は、海軍の必要不可欠な役割だった。古代ギリシャの建造物の多くは名誉を競いあう篤志家たちによってつくられた。パンアテナイア祭や、演劇祭のディオニュソス祭などもそういう経緯で始まったものだ。「コレギア」といって、アテナイの多くの祭典で行なわれる運動、演劇、音楽の競技会のために参加者を選抜してチームをつくり、資金を出し、訓練をほどこす公共奉仕の制度があった[19]。自分のチームが優勝すれば奉仕者は名声を得たのである。最優秀の参加者のために資金を提供した者を称えてつくられた青銅の三脚鼎と記念碑のいくつかは、今日も残っている。

こういう制度は、個人の利益、とりわけ政治的な利益のために利用されたはずである。のちに将軍になる若きペリクレスは、アテナイ社会で名を上げるため、大ディオニュソス祭でのアイスキュロスの戯曲『ペルサイ』の上演のために出資し、公共心のあるところをアピールした。すると、ペリクレスの第一の政敵であったキモンも、私有財産から気前よく大金を提供し、大衆の人気を獲得した。

理由はどうあれ、公共奉仕に参加したがらない金持ちは人びとの嘲笑を買うことになったが、例外はあった。とくに、かつて都市のために施しをしたことのある者や、同時期に行なわれる別の公共奉仕に携わっている者である。それから「アンティドシス」という制度もあった[20]。奉仕者である市民Aは、別の市民――市民B――のほうが裕福であるから、公共奉仕の資金をもっと負担できるはずだと主張することができた。すると、市民Bは三つの選択肢から一つを選ぶことになった。公共奉仕を引き受けるか、ひと月以内に裁判を申し立て、二人のうちのどちらがより裕福かを陪審員に判断してもらうか、財産交換に応じるかである。ある人物が、本人が公言するとおりの金持ちかどうかを見定める際に、この制度はたいへん有効だった。

しかし、ペロポネソス戦争（紀元前四三一～四〇四年）の費用がかさんだことで、アテナイ人は「エイスフォラ」と呼ばれる戦時特別税を納めなければならなくなった。財産額に応じて税金を取られるようになったのだ。古代都市アテナイは多くの巨大社会がたどった道をたどり、自発的な公共奉仕はだんだんと廃れ、行なわれなくなった。かつて公共奉仕を支えていた税負担の軽さや自由さは、社会が発展し、政府の果たすべき義務、とりわけ戦争が増えるにつれ、消えていったのである。

第5章　税金とユダヤ教、キリスト教、イスラム教

ユダヤ人の経済および政治について論じるならば、それは法外な税制との格闘の連続である。

チャールズ・アダムス、『税金の西洋史――善にも悪にも』（一九九三年）[1]

古代メソポタミアが文明のゆりかごだったならば、古代エジプトはもう一つの文明のゆりかごであった。

紀元前一三〇〇年、ヘブライ人はすでに四五〇年前からエジプトに定住していたが、富を増やし、人口を増やしたことで脅威と見なされるようになった。紀元一世紀に活躍したローマのユダヤ人学者のティトゥス・フラウィウス・ヨセフスによれば、ヘブライ人を「よく思わなく」なったエジプト人は、「羨望のあまり、彼らの繁栄に手をつけた[2]」。「見よ、イスラエルの子らはわれわれよりも数を増やし、力をつけている」と、聖書に引用されたファラオ（おそらくラムセス二世）の言葉にもある。「彼らを抜け目なく取り扱おう。今後さらに増えないように[3]」

ヘブライ人を抜け目なく取り扱うとは、彼らに税を課すということだった。ハインリヒ・グレーツの『ユダヤ人の歴史』によれば、当時奴隷にされることがあったのは、戦争捕虜か、犯罪者か、借金の返済や納税を怠った者にかぎられた[4]。歴史上よくあることだったが、これは課税による弾圧であった。過

酷な重税が課されるようになった。エジプト人は「彼ら［ヘブライ人］の上に監督官を置き、重い負担をもって彼らを苦しめた」[5]。やがて、状況は悪化していった。「エジプト人はイスラエルの子らをこき使った」と、出エジプト記に書かれている。「漆喰仕事、煉瓦仕事、あらゆる畑仕事に従事させ、それらの重労働をもって彼らの生活を苦しくした」[6]モーセに率いられてエジプトを脱出するころ、かつて自由市民だったヘブライ人はすでに奴隷と化していた。さまざまな意味で、奴隷制――自分の労働も、自分の身体さえも他人に支配される――は究極の課税形態なのである。

モーセに率いられたヘブライ人は、つらい労役から逃れるためにエジプトからシナイ半島に入った。つまり、史上初の税金亡命者になったわけである。このあと、ユダヤ＝キリスト教の土台となる信念体系、モーセの十戒が生まれた。ユダヤ教の根底には税にかかわる事情があった。

イエスと徴税人

税にかかわる事情をその根底に抱えている宗教は、ユダヤ教だけではない。

ルカによる福音書によれば、「そのころ、皇帝アウグストゥスが勅令を発し、すべての人から税を取り立てなければならないので、それぞれ自分の町に帰って税を納めるようにと命じた。ヨセフもガリラヤの町ナザレを出て、ダビデの家系の町ベツレヘムに帰り……妻にめとるはずのマリアとともに納税を済ませた。このときマリアは身ごもっていた」[7]

イエス・キリスト誕生のときにマリアとヨセフがベツレヘムにいたのは納税のためだった。別のバージョンでは、彼らがベツレヘムに行ったのは人口調査（大規模な税制改革のために皇帝アウグストゥスが実施を命じた）のためだったとされるが、徴税を目的とする人口調査だったのだから同じことだろう。

いずれにせよ、マリアとヨセフは納税のためにベツレヘムにやってきたといえる。このとき徴税が行なわれていなければ、キリスト教が今日のように発展することはなかった。

イエスの生涯においては、税にまつわる問題が何度か持ち上がっている。それも当然である。彼は革命家だった。彼はローマの税制の不公平さを憂い、さかんに苦情を申し立てていた。とりわけ、ローマの神々をまつった神殿以外の神殿に課されていた神殿税である。彼は、一部の宗教から税を取り立て、自分の宗教からは税を取り立てないローマの「地の王たち」について不平を訴えた。とはいえ、人びとにはきちんと納税することを勧めている。「彼らを怒らせないようにしなければ」[8]どれほど不公平な税制であっても、納付を怠れば殺されるか、奴隷にされるかだったので、支払うほうがましだった。

それから、イエスとファリサイ人の有名なエピソードがある。エルサレムの神殿にやってきたイエスは、境内で人びとが商売しているのを見てぞっとした。そして、「そこで売り買いしている人びとを追い出しはじめた」[9]。境内から商人がいなくなると、イエスは説教を始めた。驚くにあたらないが、ファリサイ人と律法学者はこれをたいへん不快に思った。彼らにしてみれば、商売ができなくなれば、ローマ帝国のユダヤ属州総督として徴税の責任を負うポンティウス・ピラトに納めるはずの金が入らなくなり、総督との友好関係が損なわれるのだった。そこで彼らはイエスを厄介払いしようと考えた。だがイエスの民衆人気は高かった[10]。だから、彼を罪におとしいれることをもくろんだ。「彼を言葉の罠にかけよう」としたのである。まずは彼をおだて、真実に忠実で、人柄が立派で、分け隔てをしないといって褒めそやした。それから、ユダヤ人が皇帝から要求されている税金を納付するのは正しいことかと質問した。彼らは、間違っているという返事を期待していた。それにより、ポンティウス・ピラトに彼の身柄を引き渡す口実ができるのだった。ルカによる福音書によれば、「彼らは手先を送りこみ、義人のふりをさせ、彼の言葉尻をとらえようとした。そうして、総督の権力および権威のもとに彼を引き渡そうとしたのだ」[11]。

しかし、イエスはこのたくらみを見抜いていたようだ。「偽善者どもよ、なぜ私を試すのですか」と彼はいった。「税金として納める金を見せなさい」一人がデナリウス銀貨を見せると、イエスは「これは誰の肖像ですか。誰の銘刻ですか」と訊ねた。「皇帝のものです」という答えに対し、彼はたいへん有名なこの言葉を返した。「それならば、皇帝のものは皇帝に、神のものは神に納めなさい」[12]偽善者どもは黙ってしまった。

このときは処罰されずにすんだイエスだったが、のちに税法を用いた罠にはまってしまう。

ローマ帝国には「公認宗教」があった。ユダヤ教もその一つだった。たとえば、ケルト人のドルイド教や、季節ごとに狂乱の祭典をくりひろげるバッカス崇拝などの信者の場合、たんなる迷信に過ぎないとされ、残酷なやり方で弾圧されたり排斥されたりしたが、ユダヤ教は保護されていた。だが、ローマ人ではない王の存在が許容されることはなかった。ローマ帝国の権威に対しても、その税収に対しても脅威になったからである。ローマ法に定められていたところでは、誰であれ王を自称する者は扇動の罪に問われた。

さらに、ローマ市民ならば磔刑になることはなく、非ローマ市民のみが磔刑になった。そして、この刑に処されるのは三つの罪のうちのいずれかを犯した者だった。奴隷による逃亡未遂、略奪もしくは海賊行為、そして扇動行為である。イエスをポンティウス・ピラトの前に連れてきた群衆はこう叫んだ。「この男は国民を惑わし、皇帝への献金［すなわち納税］を禁じ、自分こそ王なるキリストだといいました」[13]イエスは、税金を納めないよう呼びかけたとされ、扇動の罪によって磔刑に処された。

キリストの誕生にも、死にも、人生そのものにも税にかかわる事情がからんでいたのである。

税とイスラム教の台頭

民の貧困は、国家の没落と破滅の直接の原因である。民の貧困のおもな原因は、支配者および役人の、富や財産をたくわえたいという欲望である。(14)

アリ・イブン・アビ・タリブ、第四代正統カリフ(六五六〜六六一年)

イスラム教の創始者は預言者ムハンマドである。六三二年に亡くなるまでに、戦いで勝利したこと、抜け目なく交易路を専有したこと、万民に平等な待遇を約束したことにより、アラブの諸部族の統一を成し遂げていた。彼の死から三〇年足らずのうちに、イスラム国家は世界屈指の大帝国の一つになった。そして、その後もさらに拡大しつづけた。この国家がこれほど速やかに、滞りなく成長した理由や経緯について、歴史家たちは議論を戦わせている。ムスリムの税務政策はそのすべてを解き明かしてくれる。おそらく世界史上で用いられたどの布教ツールよりも、この税務政策は多くの人びとを改宗させている。

アブ・バクルはムハンマドの親友で、義理の父親で、後継者——初代正統カリフだった。ローマ帝国初期の、たいへん強い忠誠心を持ち、きわめて組織的であったローマ軍と同じく、バクルの軍隊も志願兵のみで構成されていた。彼の率いるムスリム共同体から北東方向には、政治的、社会的、経済的、軍事的に力を弱めつつあったササン朝ペルシャがあった。かつては世界屈指の大国だったササン朝ペルシャは、ビザンツ帝国との数十年におよぶ戦争のせいで疲弊しきっていた。ムスリム共同体から北西方向に位置するビザンツにしても、ほぼ同じくらいに消耗していた。ペルシャ、ビザンツ、ローマの民はいずれも重税に苦しんでいた。その負担を軽くしてやれば、多くの人がイスラムの大義を支持するようになるに違いないとバクルは考えた。そこで、「ムハンマドの宗教を受け入れ、彼の祈りを唱える者」[15]には納税義務を免除すると宣言した。

バクルの指揮のもと、ハリド・イブン・アル＝ワリド将軍はペルシャ征服を果たした。現地の人びとはゾロアスター教の信者がほとんどで、「ジズヤ」と呼ばれる人頭税を納めなければならなかったが、バクルの訓令に基づき、イスラムに改宗した者は納税義務を免除され、自由民とされた[16]。改宗しない者でも、それほど悪い扱いは受けなかった――税金さえ納めていれば。だが、納税を怠った者は、投獄されるか、奴隷にされるか、殺された。征服地で、将軍はつぎのように説いた。「慈悲あまねく慈愛深きアッラーの御名において、あなたがたがムスリムになれば命を助けよう。それが嫌ならば、われわれの保護を受け、人頭税を納めよ。それが嫌ならば、あなたがたがブドウ酒を愛するように死を愛するわが部下たちを引き連れ、あなたがたに攻撃を加えよう[17]」死か、税金か、イスラムか――これが選択肢だった。多くの人が改宗を選んだ。

バクルのあとカリフになったウマル、ウスマン、アリも同様の手法をとった。北アフリカを蹂躙したムハンマドの軍隊は、ついにはスペインに侵攻した。彼らは支配を拡大していった。鬨の声は「異教徒に死を！」だったが、イスラムの成功には、剣の力、あるいはコーランの力のほか、賢明な税政策も大いにかかわっていた。征服地で抵抗運動はほとんど起こらなかった。それまでの支配体制のもと重税にあえいでいた人びとは、抵抗の手段も、気概もすでに失っていた。当時の歴史家がこう記している。「負担があまりにも過酷だったため、貧富を問わず、大勢がキリスト信仰を拒むようになった[18]」――改宗者でもっとも多かったのはキリスト教徒だった。

改宗しなかった者も、イスラム教徒の侵略者から提示された救済策を喜んで受け入れた。一説によれば、ユダヤの地に駐屯し、すでに疲弊しきっていたムスリム軍が、アンティオキアから進軍してきた大規模なローマ軍から逃れ、退くことになった。撤退を目前にしたムスリム軍は、徴税人の長に命じ、現地住民に人頭税を返還してやった。人頭税は「保護の対価にほかならない」が、もはやムスリムには彼らの安全を保障することができなくなるからだという。[19] 現地のキリスト教徒は感涙を流し、「神の御恵みにより、あなたがたがここに帰ってこられますように」と叫んだ。一方、ユダヤ教徒は「生命の火がわれわれの体内できらめいているうちは、ローマ皇帝にこの都を渡しはしない」と誓った。[20]

かつてのローマ帝国と同じく、ムスリムも征服地の税インフラをそのまま残すことが多かった。だが、現地の人びとの歓心を買うため、税率を引き下げ、徴税を緩やかな方法で行なった。たとえばエジプトでは、「納税者の繁栄の保障に」細心の注意を払うよう、第四代カリフのアリが手紙でエジプト総督に要求している。「耕作地を適切に維持することは、税収を獲得することよりも重要である。土地が豊かでなければ、税収が得られないからだ[21]」

この手紙には、つぎのように付け加えられている。「耕作者の土地の整備を助けることなく税を取り立てる者は……」

耕作者にいわれのない苦労を押しつけ、国家に破滅をもたらす。そういう者の支配は長続きしない。耕作者が、伝染病、干ばつ、豪雨、不毛、洪水による耕地荒廃もしくは作物被害を理由に土地税の減額を求めてきた場合、しかるべく減額し、環境を整備できるようにしてやりなさい。税収が減ることを気にかけてはならない。というのも、いつかこの地に繁栄のときが訪れれば、何倍にもなって返ってくるからである。そして汝は、市街の環境整備を進め、総督の威信を高めることができる。[22]

またアリは、けっして納税者に屈辱を与えてはならないと戒めている。「私の言いつけにしたがわぬ場合、アッラーが汝を罰するであろう[23]」

イスラム勢力支配下のスペインでも同様だった。「ムスリムは敵に勝利した」と、十二世紀のアラブ系アンダルシア人の哲学者、アブ・バクル・ムナンマド・アッ＝トゥルトゥシが記している。「納税している農民を手厚く扱ってさえいれば……商人が商品を大切にするように、彼らもまたムスリムを大切にした。国は栄え、金はあふれ、軍は十分な物資を手に入れた[24]」

イスラム帝国の軍備増強は初代から第四代までのカリフ（六三二～六六一年）――正統カリフ――の功績であるといえるが、帝国の基盤をしっかりと固めたのはウマイヤ朝（六六一～七五〇年）とアッバース朝（七五〇～一二五八年）だった。やがて世界史上一、二を争うほどの巨大帝国になり、数学、化学、光学、外科治療、音楽、建築、美術の発展に大いに貢献した。コーヒー（エチオピア）や火薬（中国）が初めてヨーロッパに持ちこまれたのは、イスラムの交易路を通じてのことだった。

ところが、そのうち異教徒の不足によって税収の不足が起こった。そのため、改宗者への人頭税免除措置は廃止された。あるとき、エジプト総督から改宗者への人頭税課税の復活を乞われ、カリフがそのように取り計らったのだ。たいていの場合、税収は信条に優先される。非ムスリムは、改宗という選択肢を選ぶかわり、「ズィンマ」の契約を結ぶこともできた。そうすれば、納税すること、ムスリム男性に攻撃を加えないこと、ムスリム女性に手を出さないことを条件に、保護してもらえた。税額は、年に一デナリもしくは二デナリだったが、他の多くの例と同様に、あとで引き上げられた。非ムスリムへの課税によって国庫が潤うと、ヨーロッパのキリスト教国もこの手法を取り入れるようになり、とりわけユダヤ人から抵抗を受けた。

イスラム帝国は、初期のローマ帝国のような共和国ではなく、どちらかといえば帝政ローマに近い独裁国家だった。カリフは近寄りがたい存在で、役人たちの職務執行に目を配ることがほとんどなかった。そのため、各地のスルタンたちは集めた税金から懐に入れる金額を少しずつ増やしていった。やがてイスラムの軍隊は、かつて過酷な重税からの解放をもたらしていたのとは逆に、重税を課すようになった。年に一デナリは年に四デナリになった。農作物には二五％の税金がかかるようになった。税金を納めに出かけた人びとが、徴税人に殴打されたり侮辱されたりした例は、いくつもの文献に記されている。なかには、二重支払いを防ぐため、首に受取の文言をいれずみされる者までいた。あるムスリムの総督は、キリスト教徒、もしくはユダヤ教徒の所有する資産の価値の三分の二を取る資本税の導入を訴えている[25]。また、あるエジプト総督は、妻の一人が価格三万デナリの衣装を着ていたその日に土地税を引き上げようとし、反乱の発生を招くことになった。勇気ある忠告者が、その行為が無分別であったことを指摘し、こう付け加えた。「それに、たんにドレス一枚、奥様一人のことですから[26]」スペインでは、当時の人物によれば、徴税人は「納税者を苛み、彼らの金をくすね、彼らを干上がらせてしまった。だから、納税者が逃亡し、土地が耕作されなくなった。スルタンの税収は減り、軍隊は力を弱め、敵は力を強めてムスリムの土地に攻めこみ、その多くを分捕った。ムスリムは劣勢に立たされ、敵は勝利を得た[27]」イスラムのヨーロッパ侵攻を食い止めたのは、ピレネー山脈ではなく、過度の重税だったのかもしれない。

初代正統カリフのアブ・バクルは、死に際し、カリフ在任中にたくわえた資産の全額を国庫に戻したものだった[28]。だが、こういう無私の行為はなくなった。十五世紀に入るころには、もしかするとそれ以前からかもしれないが、イスラムの黄金時代は過ぎ去っていた。当時、重税を課すことが常態になっていた。

イスラム帝国の偉大な思想家の一人に、十四世紀にチュニジアで生まれたイブン・ハルドゥーンがいる。彼のおもな著書の一つである『歴史序説』には、一般的な税のサイクルについて記されている。

王朝の初期には、税負担は軽いが、税収は多い。時がたち、王が代替わりするにつれ、部族のならわしは捨て去られ、より文明的な手法が取り入れられる。やがて徴税の必要性、緊急性が高まる……それは、王が贅沢にふけるが故である。そこで、王は市民に新たな税を課す……税率を大きく引き上げ、自分の取り分を増やす……。しかし、この増税は顕著な影響をもたらす。やがて、商人は自分の利益と税負担とを見比べ、意欲を失ってしまう……。その結果、生産性が低下し、税収が減少することになる。

この内容は、それ以前の古代ローマや古代ギリシャにも、それ以後のイギリスやアメリカにも当てはまるのではないだろうか。偉大な文明の誕生は低い税負担と小さな政府を、その凋落は高い税率と大きな政府をともなうのである。

税率の引き上げで税収が増えるとはかぎらない

その逆のように思えるかもしれないが、これは何世紀も前から存在する見解である。税収は、税率を引き下げれば増え、引き上げれば減ることが多い。

そのことに気づいたのはハルドゥーンが初めてではなかった。第四代正統カリフのアリはこの見解を指針としていた。すでに記したとおり、このカリフは何をおいても納税者の繁栄を守りたいと考えていた。十八世紀のスコットランドの哲学者のデイヴィッド・ヒュームとアダム・スミスもこれと同じことを述べているし、二十世紀のジョン・メイナード・ケインズ、ジョン・F・ケネディ、ロナルド・レーガン――さらに、その他の多くの人びと――もそのことを口にしている。一九二四年には、アメリカの財務長官のアンドリュー・メロンがこう記している。「一部の人びとには理解しがたいようだが、政府の税収は高税率によって増えるとはかぎらないが、低税率によって増えることはよくある」[29] しかし、同じことを主張した人物としてもっとも有名なのは、アメリカの経済学者のアーサー・ラッファーかもしれない。

一九七四年、ラッファーは首都ワシントンでディナーをとっていた。同席していたのは、リチャード・ニクソン大統領（少し前に弾劾されていた）の元顧問のディック・チェイニーとドナルド・ラムズフェルド、それに『ウォール・ストリート・ジャーナル』紙の記者のジュード・ワニスキーだった。ラッファーは、現職のジェラルド・フォード大統領が行なった増税には不備があり、政府の税収の増加にはつながらないだろうと語った。伝えられるところによれば、自分の主張を具体的に示すため、税率と税収の相関関係をあらわす曲線をナプキンに描いたという。税率が非常に低ければ、税収もまた低い。だが、税率が高くても、税収はやはり低い（景気が低迷する、利益が減る、所得が減る、税逃れが増えるなどの理由からである）ので、その曲線はベル形になっている。ベルの頂点は税収が最大になるポイントである――つまり、税収を最大にすることが目的ならば、税率をそのポイントに定めればいい。ラッファーの弁論は同席者たちの心をとらえた。ワニスキーがこれを「ラッファー曲線」と命名したが、ラッファーは後日、「ところで、あのラッファー曲線は私が創案したものではない」と強調し[30]、ケインズからハルドゥーンまで、同じ現象に着目した人びとの名前を列挙した（すると、この曲線は第四代正統カリフ曲線と呼ぶべきなのだろうか）。

かつてジョン・F・ケネディ大統領がいったとおりである。「奇妙な話だが、今日の税率は非常に高いのに、税収は非常に少ない。長い目で見れば、税収を増やすもっとも手堅い方法は、税率を引き下げることだ[31]」。この教訓をいくら教えても、人類は――イスラム王朝も例外ではなかった――すぐに忘れてしまうらしい。だから、くりかえし教えてやる必要があるだろう。

第6章　史上もっとも偉大な憲法

税金だって、ハハハ！　税金！　素晴らしい、すてきな税金！　アハハ！　アハハ！

ジョン王、ディズニー映画『ロビン・フッド』（一九七三年）の登場人物(1)

昔から、支配者たちは道徳的な観点から徴税を正当化してきた。イギリスの元財務大臣のジョージ・オズボーンが砂糖税を導入したのは、国庫を潤すためではなく、国民の健康を守るためだった。フランスのエマニュエル・マクロン大統領は、温暖化対策として燃料税の引き上げを提案した。徴税について伝えるときの言語にすら、彼らの税金に対する解釈があらわれている——税金とは、国民の「duty、義務」であり、「tribute、割り当て」であり、「due、本分」である、というのだ。

中世イングランドにもそういう例があった。騎士たちは、おそらくは合理的な理由から、国王に付き従って戦争に行くことを望まない場合には、税金を支払わなければならなかった——これを「軍役免除税」といった。また、臆病税ともいった。この制度によって、中世イングランドの王は大儲けしていたのである。

一一八七年、クルド人の支配者のサラディンが十字軍を撃破し、エルサレムを奪取すると、キリスト教の大義が根底から揺るがされた。イングランド王とフランス王は新たな十字軍を編制しなければならないと考え、ヘンリー二世はその資金のためにサラディン十分の一税という特別税を取り立てることにした。それは収入と動産の価値の一〇％を徴収するものだったが、つぎに挙げる資産は特別控除の対象になった。「騎士の武器、馬、衣服」および「神への奉仕に従事する聖職者が用いる馬、書物、衣服および礼服などの品々」(2)。その他の人びとはみな支払った——だが、十字軍に入れば納付を免除されたので、これはきわめて効果的な徴兵のツールでもあった。サラディン税により、イングランドは過去になかったほど多くの税収を得ることができた。もちろん、国民には不評だった。この税金の徴収には教会が大きくかかわっていたので、当時カンタベリー大司教だったエクセターのボールドウィンは多くの批判を受けた。賢明にも、彼はウェールズに行き、その翌年まで身を潜めていた。

しかし、ヘンリー二世が十字軍として聖地に赴くことはなかった。そのかわり、フランス王フィリップと、さらには自分の息子のリチャードと相戦うことになった。そして息子との敵対から一年後の一一八九年、潰瘍からの出血によって世を去った。その息子のリチャード「獅子心王」は、イングランドを統治の対象というよりもむしろ徴税の対象と見なしていたが（一〇年の在位期間中、当地で過ごしたのは半年足らずだった）、父親のあとを継いで国王の座についた。戴冠の直後、王庫に金がたっぷり詰まっているのを知ったリチャードは、ただちに第三回十字軍遠征に出かけたが、サラディンからエルサレムを奪い返すことはできなかった。しかも、帰国する途中でとらえられ、神聖ローマ皇帝に引き渡され、法外な身代金を求められた。銀一〇万ポンドという金額は、その前年に徴収されたサラディン税の総額と同じくらいだった。国王を解放してもらうため、別の十分の一税が徴収されることになった。今度のものは税率が一〇％ではなく二五％で、聖職者も納税を免除されなかった。さらに、軍役免除税が徴収されたうえ、新たに土地税が導入された(3)。

リチャードが解放された五年後の一一九九年に死去すると、弟のジョンが国王に即位した。このジョンは、兄リチャードの拘束を延長してもらうため、神聖ローマ皇帝を買収しようとしたことがあった。ジョンは、国民から容赦なく税金を搾り取ることでは歴史上でも一、二を争うほど悪名高かった兄の立場をそのまま引き継いだ。一七年の在位期間中に一一回も軍役免除税を徴収したが、なかには実際の軍事行動がないのに納付させる場合もあった。また、兄の治世につくられた制度を土台にし、改めて土地税を取り立てるようになった。納税を拒否する者がいれば、その土地を没収した。それから、もう一つ別の十分の一税を設けた。新たな輸出入税も。一種の相続税も取るようになった。それは、土地や大邸宅の相続が発生した領主に対して救済金制度への拠出を求めるものだったが、その金額はたいてい支払いきれないほど高かった。ジョンは州長官の地位を大金と引き換えに与えた。そうして州長官になった者は、払った分を取り戻そうと躍起になり、とりわけ御猟林内で、罰金や制裁金を厳しく徴収した。そういう背景があって、ロビン・フッドとノッティンガムの代官の伝説は生まれたのである。ジョンは新しい都市を建設する権利をも金と引き換えに与えた――リヴァプールもこの勅許のもとに誕生した都市である。さらにジョンは、すでにサラディン税のときには納税義務者にされていたユダヤ人に対し、特別税を課した。この税は一二一〇年特別賦課税と呼ばれ、ユダヤ人は四万四〇〇〇ポンドを搾り取られた。彼はまた、再婚しない寡婦にまで税金を課した。ジョンの戦争で命を落とした兵士の妻にとっては、ことに恨めしい仕打ちだったに違いない。

悪いことは重なるもので、このころ不作続きで食糧が不足し、物価が高騰した。ジョンは一二〇四年から一二〇五年にかけて貨幣改鋳を行ない、インフレを抑えようとしたが、社会不安が広がった。イングランドの民はもはや耐えきれなかった。

北部および東部の諸侯は国王との主従関係を拒絶し、神の軍隊を標榜してロンドンに進軍すると、この都市を占領してしまった。カンタベリー大司教のスティーヴン・ラングトンは国王との和平交渉の仲介役を買って出た。そして、ロンドンから西に約二〇マイル〔約三二キロメートル〕離れたテムズ川沿いの町ラニミードで、幅広い政治改革の条項を盛りこんだ憲章への合意がなされることとなった。それにより、新税を導入する際には諸侯から同意を得ることが必要になった。軍役免除税などの封建的な負担には金額に上限が設けられた。諸侯は、不当な拘束からの保護と、速やかな司法制度の利用に関する権利を手に入れた。また、教会の権利と、ある程度までは自由人の権利も保護の対象になった。造反諸侯はロンドンの放棄と軍隊の解散に同意した。

ところが、実行はしなかった。ジョンを信頼していなかったからである。案の定、約束は守られなかった。王はローマ教皇に訴え、教皇はこの憲章について「浅ましく、卑しく、不当である」と宣言し、造反諸侯を破門した。

ジョンは、その結果として起こった戦争のさなかに命を落としたが、戦死ではなく、赤痢による病死であった。そして、九歳の息子がヘンリー三世として王位を継承し、カンタベリー大司教のラングトンが「史上もっとも偉大な騎士」と評した人物、ウィリアム・マーシャルが摂政に就任した。[4] たしかに、ラングトンの見解は正しかったのかもしれない。

マーシャルはすでに四人の王に仕えていた。ジョンが世を去り、マーシャルが摂政の座につくと、造反諸侯の多くが寝返ったので、齢七〇ながら戦場に出ていたマーシャルの率いる王党軍が事実上戦争に勝った。だが、ランベス条約への署名の際、反乱を起こした諸侯に忠誠を誓わせなければならないとマーシャルは主張した。老齢に達し、先が長くないことを知っていた彼は、まだ九歳の君主のために平和と安定を求めたのだ。彼は、国王に深い忠誠心を持つ一方、前の三人の王たちの有害きわまりない税制がもたらした結果を目の当たりにしてきてもいた。その二年前にテムズ川南岸で署名され、発効には至らなかった憲章は、彼にとっては渡りに船であった。敗者に対してあまりにも寛大だという批判を尻目に、彼はこの憲章を改めて発布した。マーシャル自身も諸侯の一人として署名に立ち会っていたこの憲章は、その後の政府の基盤となり、「大憲章」、ラテン語でマグナ・カルタと呼ばれるようになる。

一二二五年、ヘンリー三世は徴税への同意と引き換えにこの憲章を再発布した。一二九七年にはその息子のエドワード一世も同じことをした。こうして、マグナ・カルタはイングランドの制定法になった。

伝説が事実よりも力を持つとき

国王と諸侯はその草原にやってきた。彼らの会談の結果、史上もっとも偉大な憲章が成立した。(5)

トマス・デニング卿、イギリスの裁判官(一九五七年)

イギリスの高名な裁判官だったデニング卿は、マグナ・カルタの大勢いる信奉者の一人だった。だが、マグナ・カルタおよび古来の自由の保護にまつわる伝説は一人歩きを始めてしまい、実際の大憲章よりも素晴らしいものになっているかもしれない。デニングは「専制君主の勝手な裁量に対抗する個人の自由の根幹」と呼んだが、(6)実をいえばマグナ・カルタは、一般市民の権利よりも、国王と貴族の関係のほうを重視する内容だった。数多あった条項のうち、今日の法に残っているものはたった三つである。それ以外はすべて廃止された。廃止の時期は、ほとんどの場合は二、三〇〇年前だ。

しかし、マグナ・カルタの伝説はつねに説得力に富み、また偶像視され、自由の象徴としてもてはやされてきた。ピューリタン革命のときにもそうだった。当時、マグナ・カルタによって国王も一般市民も等しくコモン・ローの対象になったといわれていた。また、マグナ・カルタによって陪審制の原型が形づくられたともいわれていた。一六八八年の名誉革命のときには、マグナ・カルタは人びとの政治的思想にたいへん大きな影響を与えた。おそらくもっとも重要なことに、イングランドの植民地開拓者が新世界に出発するとき、国王から発行された勅許状には、彼らがイングランド生まれの市民と同じ「自由、参政権、免責特権」を持つと強調されていた。[7] 植民地開拓者は、マグナ・カルタは基本法であると信じていた。アメリカ独立戦争でイングランドと戦ったときには、新たな自由を獲得するためというよりも、マグナ・カルタに記されている自由を保護するために戦うのだと思っていた。[8]

アメリカ国立公文書記録管理局によれば、「アメリカ革命当時、マグナ・カルタは自由を守る戦いの呼び水になったし、そういう戦いを正当化する一助にもなった。植民地開拓者はイングランド人と同等の権利を有すると信じていた。つまり、マグナ・カルタに保障された諸権利である。彼らはそれらの権利を自州の法律に盛りこんだ。のちには合衆国憲法や権利章典にも[9]」。

合衆国憲法の修正第五条には、「いかなる人も、正当な法の手続きがなければ生命、自由、財産を奪われることはない」という一節がある。これは、マグナ・カルタの条項の、今日のイギリスのコモン・ローに残っている三つのうちの一つに由来している。「すべての自由人は、同輩による合法的裁判または国法によるのでなければ、逮捕、監禁、自由保有地・自由・自由慣習の侵奪、法外放置、追放または その他の方法によって侵害されることはない。また朕も、その者を有罪と宣告することはない」

フランクリン・デラノ・ローズヴェルト大統領は、一九四一年の就任演説で、アメリカ国民に向けてこう述べた。「歴史上、民主主義をこいねがう思いは近年に生まれたわけではない。マグナ・カルタに、すでに記されているのである」

ジョン王およびそれ以前の歴代の王たちの過酷な税制への反発から約七〇〇年前に考案されたマグナ・カルタは、アメリカ合衆国の国民のものの考え方を形づくった。今日に至っても、超大国アメリカの国民性の根幹の一部でありつづけている。

第7章　黒死病がヨーロッパの租税を変えた

この戦いに、朕は自ら出陣するつもりだ。
広すぎる宮廷やむやみな大盤振る舞いのせいで
少しばかり手元が苦しくなってきているから
やむを得ず、王領の土地を耕させることとしよう。
その収入で当座の必要を賄おう。

ウィリアム・シェイクスピア、『リチャード二世』（第一幕第四場）

今日では封建制として知られる中世の支配体系は、基本的には税制体系であった。その頂点には国王がいた。神から支配権を授かった国王は、富のおもな源泉である土地をことごとく所有した。そして、その一部、おそらく四分の一ほどを手元に残し、残りの一部を教会に、一部を貴族たちに分け与えた。その対価として貴族たちは、生産物の一部、収入の一部、軍務、要求されれば配下の騎士および兵士、それに忠誠心を国王に捧げた。

同じような力関係——土地と保護を与えるかわり、農産物、利益、労働を受けとった——は、食物連鎖のずっと下の不自由農や農奴にまで当てはまった。農奴のほうはローマ帝国時代の奴隷の子孫であると考えられ、その立場はその奴隷とほぼ変わらなかった。彼らは領主である騎士、貴族、教会、あるいは国王に労働を提供しなければならなかった。彼らは領主の土地での農作業に一週間のほぼ半分を費やした。残りの半分は、所有を許されているささやかな土地の耕作のために使った。収穫の時期には農作物の一部を納めることになっていた。彼らが自分の土地でとれた穀物を挽いて粉にするには貴族の穀物倉まで行かなければならず、貴族はそこから自分の分け前をとるのだった。けものの解体の際には食肉の一部を持っていった。農奴は土地に縛りつけられていた。新たな領主がやってくれば、その人物が土地と農奴とを所有することになった。農奴は領主の許可がなければその土地を離れることができず、勝手に出ていった場合には法の保護を受けられなくなった。騎士や貴族と同じく、農奴もその身分を世襲したので、何世代にもわたって奴隷のような地位に甘んじることになった。

これは、基本的には税制体系だった。武力によって強制された、支配および統治の体系である。

そんななか、一三〇〇年代半ばに黒死病が流行した。

黒死病による死者数は約五〇〇〇万人で、ヨーロッパの総人口の六〇%にのぼった。当時人口の九〇%が住んでいた農村地域への打撃はとくに深刻だった。[1]数字については諸説あるが、イングランドではおよそ六〇〇万人だった人口が約三分の一の二〇〇万人にまで減ったと考えられている。

ヨーロッパ全土において、封建制度への影響は甚大だった。「あらゆる種類の使用人が、過去になかったと思われるほど不足した」と、当時の年代記作者が記している。[2]農奴は不足していた。だが土地はそうではなく、手入れをされずに捨て置かれた。賃金は増えた。だが地主の利益は減った。一三四〇年から一三八〇年までの期間に、農村の労働者の購買力は四〇%上昇した。[3]

黒死病によって領主を失う農奴も少なくなく、彼らは結果的に自由の身になった——金を払うことなく解放されたのだ。死なずにすんだ農民を引き止めるため、領主は彼らに自由を与え、自分の土地で働いた分の賃金を支払うようにすらなった。農民は、歴史上はじめて金銭を取り扱うようになった。

この上昇移動は支配階級にとって好ましくなく、彼らはそれを禁止する法律をつくることにした。一三四九年、黒死病がイングランドで流行しはじめてから一年足らずのうちに、法律によって賃金および物価の上昇に規制が設けられた。だが、効果はなかった。二年後、労働者法の制定により、考えうるすべての職業——農業、馬具屋、仕立屋、魚屋、肉屋、ビール醸造業、パン屋など——の一日の賃金の上限が定められた。人びとは、商品もしくは労働の対価として黒死病流行前よりも高い金額を取ることを禁じられ、違反すれば罰として焼印をおされたり投獄されたりした。法の執行をつかさどる判事には、地方の地主がたくさんいた。一三五九年には、よその土地に移住した者は法律によって罰せられることになり、一三六一年には、労働者法の規制がいっそう厳しくなった。こういうやり方は人びとの不評を買ったが、政府はそれらの法律の制定にあたり、地方の地主と結託していたわけではけっしてなかった。(4)だが、法律で時代の動きは止められなかった。下層階級の人びとは、身分の高い人びとが着ているものに似た上等な衣類を身につけ、良質な食事をとるようになった。そのため、一三六三年に豪奢禁止法が成立した。それにより、平民の食事の内容や衣服の質および色は、社会階級ごとに細かく規定された。

一方、イングランドとフランスは、のちに百年戦争と名づけられる戦いの真っただ中にあった。一三七七年、イングランドのリチャード二世はまだ幼かったため、その叔父で、国内で一番の金持ちであったランカスター公ジョン・オヴ・ゴーントが事実上の政府の長となっていた。彼は、かさみつづける軍事費を補塡するために人頭税を導入した。農民からも地主からも徴収することとしたのである。貴族はこの税に賛成した。人頭税を農民から集め、その上前を撥ねられると考えたのだ。下層階級の人びとにしてみれば、この人頭税には新しいところがあった。現物ではなく金銭、すなわち一人あたり四ペンスを納付しなければならない点である。それは、労働力が不足した結果、経済情勢が大きく変化したことのあらわれだった。つまり、下層階級がすでに現金をやりとりするようになっていた。

人頭税の徴収は一度きりのはずだったが、二年後にふたたび徴収された。このときの税収が期待ほどではなかったため、さらにもう一度徴収されることになった。十六歳以上の者一人につき一二ペンスの定額税である。一週間の賃金とほぼ同額であったこの人頭税を、貧乏人も金持ちも支払った。これは労働者階級を対象にする税と見なされていた。

人びとはあの手この手で人頭税を回避しようとした。登録を拒否する者は多かった。納税額を確認したジョン・オヴ・ゴーントは、少なすぎることに気づいて激怒した。そこで、地方長官に管轄地区の調査を命じ、誰が徴収に応じなかったかを突き止めようとした。この命令を受けた地方長官の一人にトマス・バンプトンという治安判事がいた。

一三八一年五月三十日にエセックスのフォビング村にやってきたバンプトンは、村人たちに出頭を求めた。すると、村人たちは弓やこん棒で武装してあらわれた。バンプトンは、改めて人頭税を納めてもらいたい、今回出頭しなかった者の分も支払ってもらわなければならないと説明した。フォビング村の代表者はパン屋のトマスだった。彼は、村からはすでに人頭税を納めている、これ以上支払うつもりはないと告げた。バンプトンは彼の逮捕を命じた。トマスは抵抗した。揉み合いになり、バンプトンの部下の事務官三人が殺されたが、彼自身はどうにか逃げることができた。

その翌日、主席判事のサー・ロバート・ベルナップが兵士数人とともに村を訪れた。騒ぎを起こした張本人たちを処刑すれば、他の村人たちは怯え、人頭税を支払うだろうという単純なもくろみだった。ところが、村人たちは彼に襲いかかり、兵士たちを叩きのめした。そして、「二度とこのような呼び出しを行なわないこと、また、裁判官ぶってこういう審問を開かないことを、聖書にかけて誓わせた」。

解放されるや、「サー・ロバートは大慌てで帰っていった」(5)。
それが農民一揆の始まりだった。

国王につばを吐いたタイル職人

さあ、農奴の身分というくびきを振り落とし、自由を取り戻すときが来た(6)。
ジョン・ボール、説教師(一三三八〜一三八一年)

歴史上、農民一揆はやや嘲笑的にとらえられており、杜撰だったとか、お笑い種《ぐさ》だったなどとすらいわれている。だが、実はその逆である。軽蔑的なニュアンスのある「農民」という言葉を用いているのも不正確だ。農民もいたが、反乱者のなかには一般の労働者も、職人も、小規模な事業を営む者もいた。今日ならばミドルクラスと呼べる人びとである。さらに、これは自然発生した暴動ではなく、入念に計画されたものであって、明快で、さまざまな意味で実にみごとな戦略のもとに遂行された人頭税廃止作戦だった。この騒動により、イングランドの権力構造がもう少しで転覆するところだったのである。

この運動の理念を支える闘士はジョン・ボールという説教師で、権威ある人びと、とりわけカンタベリー大司教と衝突したことで破門され、何度か投獄されてもいた。彼は、少なくともその二〇年前から、説教のなかで経済的不平等を訴えていた。上位の聖職者である司教たちから「教会区および教会での説教」を禁じられると、彼は「路上、広場、田畑で話をするようになり(7)」、火を吐くように熱弁をふるった。周囲には黒山の人だかりができた。当時の批判的な人びとの一人によれば、彼は「無知な人びとに人気があり」、多くの聴衆を引きつけた(8)。また、「耳にここちよい言葉を操り、高位聖職者の悪口をいい、人びとを説教に引きこむことが常であった[9]。中世にあらわれたマルクス主義者のごとく、ボールは「すべてが共有されるまでは、イングランドにとって物事がうまく運ぶことはないだろう」と断言した。また、こう吹聴した。「やつらはベルベットと毛皮をまとうが、われわれは布のみだ。やつらはワイン、スパイス、良質なパンを食べるが、われわれはライ麦パンと水。やつらは豪華な邸宅と荘園を持っているが、われわれは雨風に耐えて畑仕事にいそしんでいる。やつらの貴い身分はわれわれの額の汗によって保たれている。われわれは農奴と呼ばれ、いいつけられた仕事を成し遂げなければ殴られるのだ[10]」

税のことで人びとから蛇蝎のごとくに嫌われていたカンタベリー大司教は、ボールをたいへんうとましく思い、説教を聞きにくる人びとを一人残らず罰するよう命じた。それでも状況は変わらなかったので、今度はボールをメイドストーン城に監禁してしまった。ボールは自身が二万人の仲間によって解放されることを予言した。

フォビングでの反乱の噂はすばやく広がった。エセックス、ケント、ハートフォードシャーの住民たちは、それぞれの村にやってきた徴税人に対し、団結して抵抗した。彼らは徴税人を殺め、斬り落とした首を長い棒の先に取りつけ、近隣の村々を練り歩いた。エセックスで最初の反乱が発生してから一週間足らずのうちに、ケントで蜂起した反乱者たちが結集してメイドストーン城を占領し、ボールを解放した。これで、彼の予言は実現したことになった。この暴動は計画されたものだったようである。それになると、この暴動は神に仕える者を味方につけているということになった。そして、正当化されもした。に、そもそも人びとに人頭税を支払わないよう説いてまわったのはボールだった。その彼が自由の身に

ケントの反乱者たちの指導者になった男についてはほとんど知られていないが、名前をウォルターといい、フランスで兵役に服していたことのある「タイル職人で、下層階級の者」であった[11]。納税者とし

て登録されていた名前は「タイル職人のウォルター〔Walter the Tiler〕」だった。今日ではワット・タイラーとして知られている。

ケントの反乱者たちはメイドストーン城からロチェスターに、さらにそこからカンタベリーに行進した。そして、税務関連の書類が保管されている建物を狙って火を放った。人びとの名前、徴収されている小作料、課せられている賦役などの記録を消すためだった。なかでも法律家や法的記録は標的になった。反乱者に指示されていたのは、「弁護士と、大法官府および財務府の役人」を殺害せよということだった。(12) カンタベリー大司教が人頭税導入に関与したことは明白だったので、彼らは大司教をその座から退かせるために大聖堂に押しかけた。大司教は運よくロンドンに出かけていて留守だったが、それでも暴徒は彼の退陣を宣言した。市の監獄は開錠され、四人が解放された。これは体制そのものを破壊する試みだった。

翌日、彼らはロンドンを目指して行進した。偶然にも、テムズ川河口域北部の反乱者たちもこの都市を目指して歩いていた。エセックス、ハートフォードシャー、サフォーク、ノーフォークから来た人びとはマイル・エンド地区に、ケントからの人びとはブラックヒース地区に野宿した。トマス・バンプトンがフォビングから逃げ帰った日から二週間もたっていなかったが、すでに数万人からなる組織立った軍隊ができあがっていた。年代記作者のトマス・ウォルシンガムによれば、「二〇万人が結集していた」。実際の人数は三万から五万だったと思われるものの、これは自然に発生した暴動ではなく、イングランド軍の留守に乗じて準備された計画だった。もっとも近くにいる部隊でも、北方でスコットランド軍の撃退に奮闘していた。それ以外の戦力は海外遠征中だった。

反乱者たちの不満の矛先は、国王よりもむしろ国王の側近たちのほうに向いていた。反乱の報告が入ったとき、国王はウィンザー城にいた。国王は王室御座船に乗りこみ、ロンドンに向かった。反乱者たちが野宿するブラックヒースに近いロザーハイズで、六月十三日に話し合いが行なわれることになっていた。船着場に近づくと黒山の人だかりができており、それを見た側近たちは国王の上陸を阻んだ。苛立った農民たちはロンドンの城門に迫った。

ロンドン市民はこの暴徒たちに同情的だった。国王からは市の城門を閉じるよう命じられたが、市民は南から来るケントの反乱者たちのためにロンドン橋を、東から来るエセックスの反乱者たちのためにオルドゲートを開けておいた。反乱軍は大いに暴れまわった。カンタベリーでもそうだったが、監獄の錠前を破壊し、囚人を解放してやった。法曹院の法律書類はすべて引きだされ、路上で焼かれた。建物は連携作業で叩き壊され、法律家は殺された。徴税にかかわるあらゆる人間が襲撃の標的になった。

農民たちはジョン・オヴ・ゴーントを探し、彼の居宅であるサヴォイ・パレスに押し入ったが、ジョン自身は来襲したスコットランド軍を撃退するために北方にいて留守だった。暴徒は邸内の家具に火をつけ、貴重な金属加工品を叩きつぶし、装身具や宝石類をこなごなに砕いた。そして、記録簿に火をつけ、破棄できないものはことごとく下水溝かテムズ川に投げこんだ。だが、伝えられるところでは、ものを盗むことはなかった。(13) 彼らが自らいうところによれば、「真実と正義の熱心な信奉者であって、泥棒や強盗ではない」のだった。

ロンドンでの第一日目の終わりに、反乱軍はロンドン塔の前に群がった。塔内にいた国王は、市内のあちこちで火の手があがるのを眺め、間違いなく恐れおののいていたことだろう。数千人からなる群衆に対するのは、塔の守備隊と国王の親衛隊――多くとも数百人程度の兵士たち――のみだった。国王は、軍隊をあてにすることはできなかった。だが、暴徒を市外に追い出さなければならない。そのため、翌日の午前八時、城門外のマイル・エンドで話し合いをすることに同意した。

中世における交渉事ではたいていそうだったように、このときも話し合いの焦点は不正であった。タイラーは農民側の要求を提示した。人頭税の廃止。農奴制と、自由のない土地保有制の廃止——労働を強制するのではなく、労働者を雇用すること。商取引の自由化——商品を好きに売り買いできるようにすること。小作料の上限を一エーカーにつき四ペンスにすること。荘園裁判所を通じた封建的負担金賦課の廃止。さらに、彼らの自由人としての権利と特権を定めた特許状の発行と、反乱にかかわった者全員の赦免。おまけに、彼らは「裏切り者」の名簿を持ってきていた——税金のことで彼らをうるさく悩ませた、不愉快な役人たちの名前を書き連ねたものである。この役人たちを引き渡し、処刑させることを彼らは望んでいた。名簿にはカンタベリー大司教とジョン・オヴ・ゴーントの名前もあった。

軍隊が不在だったためになすすべのなかった国王は、反乱軍が解散して帰村することを条件に、彼らの要求のほとんどに同意した。ただし、役人を引き渡すことは拒否し、そのかわりに国王自ら必要な罰を与えると約束した。三〇人の事務官が特許状を作成しはじめた。それぞれに特許状を受けとると、ハートフォードシャー、イーストアングリア、エセックスの反乱者の多くは、要求を聞き入れてもらえたと信じた。

しかし、ケントの反乱者たちはその日のうちに特許状をもらえず、どうやら疑念を抱いたようである。ロンドン塔の城門は帰還するリチャードのために開放してあったが、国王よりも早く四〇〇人の反乱者たちがそこから突入した。塔内で、彼らは何人もの「裏切者ども」を発見した——カンタベリー大司教のサイモン・サドベリー、大蔵卿のサー・ロバート・ヘイルズ、そして税務長官のジョン・レッグである。反乱者たちはこの三人をタワーヒル通りまで引きずっていき、そこで首をはねた。そして、その晩はロンドンで破壊行為を続け、ジョン・オヴ・ゴーントの部下や法律関係者を探しだし、殺してしまった。

翌日、タイラーと国王は再度話し合いの機会を持った。今度はロンドンの城門内のスミスフィールズが会見場所だった。このときも農民たちが大勢集まったが、前日ほどではなかった。タイラーは、計算どおりにことが運んでいたためか、少し図に乗っていたようである。「彼は、平民たちに自分の雄姿をしっかりと見せるため、小さい馬に乗ってあらわれ、自信満々で王の前に進みでた」と、当時の記録にある。馬を降りたあと、彼は「おざなりにひざまずいた」だけだったうえ、フードをかぶったままであった（国王への不敬のあらわれである）。そして「国王の手を取ると、その腕を力いっぱい振り動かし」、「兄弟よ」と呼びかけた。(14)

「心配なさらず、お喜びください。今後二週間のうちに、平民どもは陛下を、これまでなかったほど褒めたたえるようになるでしょう。われわれはよき友になるでしょう(15)」

記録には、さらにこう綴られている。「すると国王はウォルター（ワット・タイラー）にいった。『おまえたちはなぜ国に帰らぬのだ？』しかしその男は、大いなる誓いを立ててこう答えた。願いどおりに特許状をいただけないうちは、彼も、彼の仲間もここを離れないと(16)」

「それから彼は、イングランドに司教は一人だけでよいといいだした……そして、（教会の）すべての土地および財産を取りあげ、平民に分け与えるべきだとも……。彼は、イングランドに不自由農がいてはならない、農奴制があってはならないといった……すべての人間は自由人であるべきだ、と(17)」

国王はタイラーの要求に同意を示したが、このときのタイラーの行動から判断するに、彼はその言葉を信じなかったようである。彼は、「ひどく暑かったので、口をゆすぐために水を瓶に入れて持ってこさせ、国王の面前で、たいへん不作法な、不快なやり方で口をゆすいだ。それからビールを一杯持ってこさせ、一息に飲みほし、国王の目の前で、ふたたび馬にまたがった[18]」

このとき、国王の――あるいはその側近たちの――計略は実行に移された。「国王につきしたがう者たちのなかにケント出身の従者がおり、平民どもの頭であるという噂のウォルターがどの男であるかを教えてほしいといった。その顔を見た従者は、あの男はケントの各地を荒らしている泥棒で、強盗であると大声でいった」『ある年代記』によれば、「この言葉に、ワットは剣を取ってその従者に斬りかかった」が、国王の前でそのような不穏当な振舞いに出たことは、武装してその場にいたロンドン市長にとって、タイラーを力ずくで拘束する口実になった。タイラーはとらえられまいとして戦ったが、市長は「彼の首に深い切傷を、つぎに頭に大きな切傷をつけた」。その後、「国王の側近の一人が剣を抜くと、ワットの体を二度、あるいは三度刺し貫き、致命傷を負わせた[19]」。

タイラーは「自分の敵《かたき》を取ってくれと叫び」、馬で部下たちのもとに戻ろうとしたが、ほんの数歩進んだところで地面に落ちた。彼の部下たちは弓を引いた――これが彼らの最後のチャンスだった――が、何がどうなっているのかよくわからず、矢を放つのをためらった。若い国王はたいへんな冷静沈着ぶりを見せ、馬にまたがって彼らの前に進み出ると、すべての要求に応じることを大声で告げ、彼のあとについて城門外のクラーケンウェルフィールズまで来れば、そこで特許状を授けてやるといった。ここで、反乱者たちは過ちを犯した。国王の言葉を信じてしまったのである。

タイラーの死によって反乱軍は勢いを失った。タイラーの首は杭に取りつけられ、市内を引き回されたあと、ロンドン橋の上に晒された。農民一揆は鎮圧された。

その後、反乱分子狩りが始まった。イングランド軍はハートフォードシャー、エセックス、ケントの全域をくまなく捜索した。兵士たちが近づいてきたとき、反乱者たちは国王からの赦免状や特許状を掲げてみせたが、無慈悲に斬り殺された。特許状は事実上の死刑宣告になった。国王は、しかるべき手続きなしに反乱者を処刑した者を赦免してやった。村人たちに対しては、反乱に加わるよう促した人物の名前を告げさえすれば、お咎めなしとした。名前を挙げられた者はことごとく処刑された。「汝らは農奴であり、今後もそれは変わらぬ」と国王はいった。彼のした約束は長いこと忘れられていた。

ボールはコヴェントリーにいたところを見つかり、裁判にかけられた。堂々とした態度でこれに臨んだ彼は、「受け入れがたい」信念についてはいっさい謝罪せず、死刑を宣告された。ロンドン司教は、ボールには反逆の罪を悔い、魂の救済にあずかってもらいたいと考え、処刑を先延ばしにした。ところが、ボールは悔いるどころではなかった。七月十五日、フォビングで最初の暴動が発生してから六週間と少したつころに、ジョン・ボールは首吊り・内臓抉り・四つ裂きの刑に処された。

反乱者たちにしてみれば、農民一揆は失敗に終わった。だが、その影響はたいへん大きかった。議会は賃金上昇を制限することを断念した。領主は金銭と引き換えに、農奴に自由を与えるようになった。農奴の賦役を条件とする土地保有は、契約による土地賃借へと変化していった。その後の三〇〇年間、イングランドでは人頭税が徴収されることはなかった。議会は、百年戦争の費用をつくるために税を引き上げるよりも、軍事行動を減らすことを選んだ――その結果、イングランドは百年戦争に敗北を喫した。以降、一〇〇年以上あとのヘンリー七世の治世まで、海外での軍事行動の費用をつくるための増税には積極的ではなかった。

イングランド人の人頭税への反感はけっして消えなかった。六〇〇年後、増税に反対する人びとはその反感を利用し、戦後のイギリス首相としてもっとも有名な人物、マーガレット・サッチャーを失脚させようとした。

農民一揆がサッチャーを打倒

マーガレット・サッチャーは一六年近く前からイギリスの地方税の改革を考えていた。現行の制度は時代に合っていないと感じており、地方議会、とりわけ不必要な計画に大金を費やしていた都市のそれに、ある程度の責任を持たせたいと思っていた。「不必要な計画」という点に関しては、たしかにそのとおりだった。当時は「いかれた左派」の時代だった。ロンドンのハックニー区は、フランス、西ドイツ、イスラエルとの姉妹都市提携を解消し、新たにソ連、東ドイツ、ニカラグアと姉妹都市になった。ランベス区は、差別的であるという理由で、議会の作成する文書に「家族」という単語を使用することを禁止した。ケニントン区の、インナーロンドン地方教育局の運営するある学校は、授業の一環として生徒たちに異議申し立ての手紙を書かせていた。その一方、この学校で使われていた教師向け教材の一冊『アウシュヴィッツ――かつての人種差別主義』は、サッチャー政権の労働組合法をヒトラー政権のそれになぞらえる内容だった。

一九九〇年に入ると、サッチャーは地域社会税を導入した。これは、地方自治体に対して成人住民が納める定額税だった――つまり、すべての成人住民が一定の金額を支払った（学生および失業者は八〇%の控除を受けられた）。自治体によってサービスが異なるのと同様に、税額もまた異なった。サッチャーの考えでは、それで各地方自治体の公金支出に関する透明性も説明責任も大きく高まるはずだった。ところが、これが思わぬ事態を招いてしまった。

地域社会税の導入により、各地方自治体の説明責任は過度に高まった。支出額が制御不能におちいっている自治体では、住民に大きなツケが回ってきた。定額税の不公平感に対し、そこかしこから怒りの声が上がりはじめた。『ガーディアン』紙はこう一喝した。「これまで財産税として一万二五五ポンドを納めていたウェストミンスター公爵は、新たに導入された人頭税でいくら支払うのか。四一七ポンドである。彼のもとで働く家政婦も、専属運転手もまったく同じ金額を支払うのだ[20]」

在任期間一〇年を経て、サッチャーは支持者のあいだでさえも人気を落としつつあったが、大勢いたイデオロギー上の敵が、ここでとうとう彼女を打倒する手段を手に入れた。まもなく彼らは、農民一揆のひきがねになった一三八一年の税にちなみ、彼女が導入した地域社会税を人頭税と呼ぶようになった。サッチャーはそのイメージを払拭しようとしたが、この名称は定着してしまった。一三八一年のときと同様に、大規模な納税拒否運動――「支払えない、支払わない」――が起こり、人びとの反抗を煽った。暴動や抗議活動が発生した。人びとはあらゆる方法を用いて納税を避けた。彼らは有権者登録をしていなかったので、地方議会のほうでは誰がどの家に住んでいるのかを知りようがなかった。店子、とりわけ学生は、賃貸期間が終わると税を滞納したままさっさと引っ越してしまった。地方議会は徴税業務に四苦八苦し、納税義務を怠る人びとがどんどん増加すると、対処しきれなくなった。反対勢力は、法的措置を滞らせるために責任命令に異議を唱え、不履行による法廷審問に応じなかったため、裁判費用がかさんでいった。支払い請求が増えはじめた。それに加え、議会には人びとに納税を強制することができないとわかったため、納税しない人がますます増えていった。少なくとも五人に一人は支払わなかった。サッチャーは半年もたたないうちに辞任した。

定額の人頭税を徴収するのは簡単であるように思えるが、中央集権的に徴収する、もしくは源泉徴収するのでなければ、納税を強制するのは不可能だった。地方自治体の無計画な支出によってもたらされる痛みをじかに感じるようになった住民たちは、実際に血税を湯水のように使っている者たちに対応を求めるよりも、むしろこの新税導入の主導者に批判の矛先を向けた。サッチャーはその代償を自分のキャリアで支払った。

ヘンリー七世の商才と封建制の終焉

イングランドでは、農民一揆のあとも封建制は続いた。社会に定着している支配制度というのは、一夜にして廃れることがないのである。封建制がようやく崩壊に至ったのは、その一〇〇年後、ヘンリー七世が税制改革を行なってからのことだ。

かつて、戦争したがらない支配者をいただく国家の価値に関してなんらかの教訓をもたらした事例があるとすれば、それはヘンリー七世の治世のことだろう。ヘンリーは一四八五年から一五〇九年まで王座にあったが、その二四年間に外国と小競り合いをしたのは一度きりだった。彼は、戦争のかわりに他の王室との婚姻や同盟を積極的に行なった。また、巧妙なやり方で貴族階級から税金を取り、彼らを法律によって抑えこんだので、封建領主の権力、ひいては封建制そのものが事実上の終焉を迎えることになった。さらに、王権の支配と商人階級の自由が確立され、テューダー朝イングランドの領土拡大期の土台が形成された。ヘンリーの治世に、イングランドは数百年ぶりに黒字を計上している。

ヘンリー七世は即位した一四八五年にボズワースの戦いに勝利し、ばら戦争はこれをもって終結した。ヘンリーはただちに敵側の貴族たちを赦免し、対立していたヨーク家のエリザベスと結婚すると、ヨーク家の白ばらとランカスター家の赤ばらを組みあわせたテューダー・ローズの紋章のもとに両家を統合した。そして、両家の領地、さらにはその他の土地をも支配するようになった。

地方領主の力を弱め、王権の支配を打ち立てることを固く決意していたヘンリー七世は、富の獲得によってその目的を達成した。おもな収入源は、税、罰金、それに赦免状だった。ヘンリーは一種の相続税を設定し、相続人のいない土地は国王に帰属するものとした。それから、反逆罪によって投獄された者について、裁判せずに処罰できることを規定した法律を、自分に都合よく利用した。この場合の罰を、死刑――もしくは国王による所有地没収としたのである。人口が減少していたため、多くの荘園が荒廃していたが、ヘンリーは土地の有効利用に応じた税のような仕組みを設け、土地を荒廃させた地主に罰金を科した。その一方、国王の領地と新たな没収地をできるだけ活用し、それらから得られる収益を最大にするよう尽力した。

百年戦争とばら戦争ののち、諸侯は力を弱めており、ほとんど抵抗を示さなかった。彼らのさらなる弱体化を図ったヘンリーは、彼らに税金を課したうえ、私設軍の所有を禁じた。私設軍を失った彼らには、十分の一税の徴収もままならなかった。一方、羊毛取引が活発化したことで、一人の農奴が一つの区画に責任を持つイングランドの封建的な制度、開放耕地制度が廃れたかわり、ヒツジを放牧する囲い地がそこかしこにつくられた。農奴の役割は少なくなり、その人数も減る一方だったので、地方領主は十分の一税を取れなくなっていった。イングランドは土地を基盤にする経済から金銭を基盤にする経済へと移行していった。ヘンリーは力をつけつつあった商人階級と手を組むことにした。

交易のさらなる拡大をもくろんだヘンリーは、ブルゴーニュ公フィリップ四世と通商条約を結んだ。これをインテルクルスス・マグヌス、すなわち「大条約」と呼ぶ。それから、羊毛、皮革、織物、ワインに関税をかけた。国内の織物産業の発展を促すため、未処理の羊毛には高い輸出税をかけた――多くの場合、その税率は七〇%にのぼった。ヘンリーは海軍と商船団を組織した。後者は、イングランドの小規模な海軍を補ったほか、交易活動を政府の管理下に置くことを可能にした。

百年戦争でフランスの大砲がもたらした甚大な被害を目の当たりにしていたヘンリーは、スコットランドの侵入を防ぐため、国内での砲弾の製造に乗り出した。一四九六年に国内初の溶鉱炉が建設されると、イングランドでは鉄鋼業が発展していった。

ヘンリーは経済改革を実施し、王室の経費は国家の収入から分離されることになった。彼は新貨幣を発行し、標準通貨を設定した。また、重量の基本単位を定めた。さらに、司法制度改革を実施し、貧しい人びとを不正から守る法律や、不正を行なった陪審を罰する法律を制定した。国民は、貴族の気まぐれではなく、法体系によって裁かれるようになった。

ヘンリーのさまざまな功績は、その商才から生まれていた。彼は、経済の変化や新技術の登場に抵抗するよりも、それらを促進することを選んだ。戦争を遂行するよりも、回避することを考えた。そうして途方もない財を築いたのである。かくして封建制は廃れていった。

ところが、その息子のヘンリー八世は、戴冠式の二日後、父親が導入した税の徴収の責任者である二人を逮捕してしまった。サー・リチャード・エンプソンとエドマンド・ダドリーは大逆罪に問われ、死刑に処された。

第8章　国民国家は税によって誕生した

テューダー朝の時代には比較的安定していたイングランドだったが、やがて国内で争いが始まった。例のごとく、税はその経緯に深くかかわっていた。

十七世紀に入るころ、イングランド政府はその収入の管理を、概して議会に任せていた。議会議員はほとんどがジェントリーの身分で、彼らの持つ能力および権限は、地方レベルの主要な税の徴収にかぎられた。

立憲君主国の国王にとって、政府と議会の関係が健全であることは絶対的に重要である。ところが、一六〇三年にジェームズ一世――初のステュアート家出身のイングランド国王――が即位したのち、両者のあいだの緊張が高まっていった。当時、政府は負債を抱えていた。インフレが発生していた。国王は浪費家だった。そしてもっとも重要なことに、ヨーロッパで三十年戦争が始まろうとしていたため、イングランドは海外遠征の費用をつくる必要に迫られていた。ジェームズは金を必要としていた。そこで、とくに関税と物品税による収入に目をつけた。議会は、あれこれと理屈をつけ、この収入を国王に渡そうとしなかった。

ジェームズの息子のチャールズ一世の治世になっても、国王と議会のあいだの緊張は続いていた。チャールズが即位したのは一六二六年のことである。彼がカトリックの王妃をめとっていたことは、議会との溝をいっそう深める原因になった。議会は関税徴収権を国王に譲りわたすことを拒んだ。なんとしても財源を手に入れたかった国王は、議会を解散し、新たに招集してまた解散したのち、その一一年後まで招集しなかった。この無議会の期間を「一一年間の絶対王政時代」と呼ぶ。このころの取柄といえば、国王が資金不足におちいったため、ヨーロッパと和睦せざるを得なかった点である。資金さえあれば、チャールズ一世は戦争することを選んだのではないだろうか。

チャールズは収入のために別の手段に訴えることにした。彼は罰金を取った。爵位を金で売った――そして、いらないといって断った者から罰金を取った。また、議会の承認なしで徴収できる税――船舶税――があったため、その徴収を試みた。だが、船舶税は戦時にかぎって徴収する臨時税だった。一六三七年、ジョン・ハムデンという政治家が船舶税の納税を拒み、裁判にかけられた。ハムデンは敗訴したが、この裁判をきっかけに有名になった。そして、国民は税と議会議員の関係を改めて考えるようになった。「イングランドの国王に要求権のないものならば、イングランドの臣民には拒否権がある」とハムデンは述べている。

一六三九年にスコットランドがイングランドに侵攻すると、これを撃退するための軍事費をつくらなければならないチャールズは、議会の再招集を余儀なくされた。議会は資金の拠出を承認したが、その条件として国王の側近たちの処刑を要求した。チャールズは、王権は神から授かったものであると信じていた。議会がその国王に難癖をつけるとは、いったいどういう了見なのか？　彼は、口をきわめて国王を批判していた五人を逮捕しようとした。そのなかには船舶税の納付を拒否していたジョン・ハムデンも含まれていた。まもなく内乱が始まった。

イングランド内戦は、長期にわたった一連の軍事衝突のことをいい、通常は第一次から第三次までに分けられる。第二次内戦ののち、スコットランドはチャールズ一世の身柄をイングランドに引き渡した――その対価として一〇万ポンドを受けとり、さらなる支払いの約束までも手に入れた(1)。国王は裁判にかけられたが、それは過去に例のないことだった。

チャールズは、この裁判は違法であること、王権は神から授かったものであること、君主を裁く権利のある法廷など存在しないことを主張した。検察側の法廷弁護士を務める法務次官のジョン・クックは、殺害予告の脅迫をものともせず、堂々と弁論した。チャールズは国民の利益のためではなく、私利私欲のために権力を利用した、と彼は訴えた。ゆえに、反逆罪に問われるというのである。また国王について、「ほかでもない国法によって、また国法にしたがって統治するという、かぎられた権力を委ねられている」と述べた(2)。

チャールズ一世は有罪とされ、死刑をいいわたされた。そして、一六四九年一月三十日の午後二時に処刑された。その首を落とした一撃とともに、神の与えたもうた王権は生命を絶たれた。いまや国王は、すべての臣民と同様に、法律の支配下に置かれていた。これは、議会が税収を管理していたからこそ可能になったことだった。

その後は息子のチャールズ二世が王位を継承したが、一六五一年にウスターの戦いで議会軍に敗れ、国外に逃れた。イングランド内戦は終結した。戦死した人びとは約三〇万人、すなわち人口の六%にのぼった。

イングランドは護国卿によって統治されることとなった。清教徒軍のリーダーのオリヴァー・クロムウェルが護国卿に就任し、なんと一〇万ポンドの年俸を獲得するようになった(3)――チャールズ一世の身柄と引き換えにスコットランドに支払われたのと同額である。護国卿政は長くは続かなかった。一六五八年にクロムウェルが世を去ると、その息子のリチャードが護国卿の地位を継承したが、イングランド軍の信頼を保持できず、ほどなく辞任した。空白期間ののち王政復古となり、チャールズ二世――「陽気な王様」というあだ名で呼ばれた――が即位した。清教徒の政府による抑圧に長いこと耐えてきた国民は、彼のような統治者を求めていたようである。何よりも、クロムウェルは劇場を閉鎖し、クリスマスの祝賀を禁止した。チャールズはその両方を復活させるとともに、女性が舞台に立つことを歴史上初めて許可した。

チャールズはたしかにあだ名どおりの人物だった。七人の愛人とのあいだに、少なくとも一二人の子供がいた。子供はみな庶子であったため、一六八五年にチャールズが「相すまぬ、みなの者、このようなときに死を迎えるとは」といいのこして亡くなると、正統な王位継承者はそれほど陽気ではない弟のジェイムズということになった。このジェイムズはすでにカトリックに改宗していた。議員の大半がプロテスタントであった議会は、この新王を信頼しなかった。実はジェイムズは親フランス、親カトリックで、イングランドにおける絶対王政の復活をもくろんでいるのではないかと疑ったのだ。やがて皇太子が生まれると、議会はただちに危険の排除に乗りだした。問題のある新王を退位させるため、オランダ国王のオラニエ公ウィレムと手を組んだのである。

ジェイムズはあっさり敗北した。すると議会は、ウィレムと、その妻で、ジェイムズの娘であることから正統な王位継承者でもあったメアリーを、イングランドの共同統治者に迎えた。その際には権利宣言の受諾を条件とした。権利宣言の条項には、税の徴収には議会の同意が必須であることも含まれていた。議会はかねてから実現を目指していたことをこの宣言に盛りこんでいた。つまり、課税に関する君主の権限を削ぎ、君主の権力を抑えることである。その他の条項には、議会の定期開催や、自由選挙や、議会における言論の自由に関するものもあった。権利宣言により、市民の基本的な権利がはっきり示されるとともに、個人の生命、自由、財産が法律によっていっそう保護されるようになった。これが名誉革命である。

イングランドの権力構造は変化した。いまやその構造は法律によって規定されていた。イングランドの君主は議会の同意がなければ統治も増税もできなかった。この点はいまでも変わっていない。税収は国家のものだが、それがどこでどう徴収され、支出されるかについての判断は議会のみが行なうことになっている。このため、イギリスには奇妙なアナクロニズムが存在する。税収は国家のものであるから、徴税業務を担う英国歳入関税庁（ＨＭＲＣ）には議会に対する直接の説明責任がないのである。

チャールズ一世に逆らって船舶税の支払いを拒んだ政治家のジョン・ハムデンの銅像が、ウェストミンスター宮殿のロビーに飾られている。現在では上院および下院の議事堂として使用されているこの宮殿は、英国議会の権利の保護の象徴となっている。毎年の議会開会式では、チャールズ一世が逮捕しようとした五人の議員――ジョン・ハムデン、アーサー・ヘジルリッジ、デンジル・ホレス、ジョン・ピム、ウィリアム・ストロード――の名前が称えられる。下院議場では、君主の使者としてやってきた黒杖官が、鼻先で扉をピシャリと閉められてしまう。これは、議会の権利と、議会の君主からの独立を象徴する儀式である。税をめぐって戦われたイングランド内戦は、今日のイギリスで採用されている統治制度を明確に定めたのだ。

アメリカ――代表なき課税は暴政である

チャールズ一世に対するジョン・ハムデンの反抗の根拠が、のちにアメリカ独立戦争のスローガンになっている。独立派がくりかえし唱えたその言葉は、今日にも伝わっている。「代表なくして課税なし」宗主国イギリスによる課税に反対した一三植民地はともに立ち上がった。彼らの勝利は、地上最強の国家、アメリカ合衆国の誕生につながった。

皮肉なことに、アメリカ人はそれほど損をしていたわけではなかった。イギリスが集めた税金のほとんどはアメリカのために使われていた。その税金が投入されていた軍隊の勝利のおかげで、フランス軍の脅威が消滅し、西部辺境が解放された。各植民地はイギリス軍によって防衛されていた。土地は豊かだった。事業はさかんだった。アメリカ人は、多くのヨーロッパ人を抑圧していた社会階級構造の縛りから解放されていた。移民の息子ならば、自分たちの生活にほとんどかかわりのない遠い場所での戦争のために招集されることもなかった。反乱のひきがねを引いたのは、税金の金額ではなく、その徴収方法だった。アメリカ独立戦争における税がもたらした教訓は、法律制定の際に判断を誤れば、危険を招くということだった。

よくあることにも思えるが、すべての始まりは国外での紛争だった。一七五六年から一七六三年まで続いた七年戦争はヨーロッパの国同士の戦いだったが、五つの大陸がその戦場になったため、イギリスは負債を抱えることになった。そこで、それも道理だといえるが、北米からフランス軍を追い払ったときの費用の一部を、イギリスの同胞であるアメリカに肩代わりしてもらおうと考えた。一七六四年、イギリスは砂糖税を導入した（関税および物品税はイギリスの税収の大半を占めていた。その多くはイギリス国内の商人の保護を目的としていた)。

のちにアメリカ大統領に就任するジョン・アダムスは、砂糖税法によって「途方もない税金、厄介な税金、重苦しい、バカ高い、耐えがたい税金」を課されていると述べたが[4]、もっとも大きな怒りを示したのは、商人たちが大打撃をこうむったニューイングランド地方の六つの植民地だった。それ以外の植民地は概して無関心だった。一三の植民地を奮起させ、かつて何者もなしえなかったほど一致団結させたのは、その翌年に導入された新税だった。

イギリスは国内にいろいろな問題を抱えていた。一七六五年に発生した暴動で、暴徒は物品税の徴税人に襲いかかった。イギリスは植民地での収益増加をはかる必要に迫られており、ジョージ・グレンヴィル首相が、君主の植民地に課税する権利について議会に問うと、議会はこれに承認を与えた。そして、植民地に駐屯する部隊の費用をつくるため、新たに印紙税が導入されることになった。

この新税により、新聞、遊技用カード、法的文書、土地権利証、営業許可証、資格証明書などの文書を法的に有効にするため、公的機関で印紙を購入し、添付しなければならなくなった。印紙税は、ヨーロッパでは一般的だったが、植民地ではそうではなく、人びとの怒りを買った。入植者側は、このような直接税は違憲であり、マグナ・カルタに明記されている権利に背くことであると判断した。実際に印紙法が施行されるとなれば、最低でも入植者側から議会に代表者を出すことが必要だった。ベンジャミン・フランクリン率いる代表団がイギリスに渡り、印紙法の廃止を求める請願を行なった。アメリカ人のイギリスに対する意識は、「世界でもっとも友好的」だった二年前にくらべ、いまや「大きく変化している」とフランクリンは警告した。だが、代表団は目的を果たせなかった。

アメリカの各地でタウンミーティングが開かれたり、演説が行なわれたり、暴動が起こることすらあった。「自由の息子たち」という政治活動団体が組織され、たびたび脅迫や暴力を用い、印紙の販売を妨げた。徴税人は嫌がらせを受けた。彼らの人形《ひとがた》がつくられ、燃やされた。全米でイギリス製品のボイコット運動が発生し、輸入量は大きく減少した。イギリスの商人が印紙税に反対するようになると、その影響は絶大で、印紙税は一七六六年の宣言法によって廃止された。人びとは歓喜に沸いたが、それは短いあいだのことだった。

この宣言法には、植民地側の無礼を罰したい議員たちに歩み寄るような内容の条文が追加されていた。いわく、議会は「いかなる場合であれ……アメリカの植民地およびその住民に対して拘束力を発揮するに十分な効力、持続力を有する法律、法令を制定する、完全なる権能および権限を有する」(5)。すなわち、議会は、そうしようと思えば課税に関する権限を行使できるのであり、植民地の人びとはあらゆる議会法の適用除外を受けることができないのだった。議会は絶対的権力を行使する権利を欲したのである。団結した各植民地の人びとが不満を募らせたのも、同意なき課税を不本意に思ったのも当然だった。

財務大臣のチャールズ・タウンゼンドは、国内の土地税の引き下げを可能にするため、イギリスからの輸出品――紙、ガラス、塗料、鉛、茶――に新たに関税をかけた。まもなく植民地の人びとは、その目的が貿易制限ではなく税収拡大であることに気づいた。実質、これは直接税の印紙税と同じくらいの悪税であった。この関税で最悪だったのは徴収方法だった。役人は「すべての商人を詐欺師のように扱った」(6)。法律に違反すれば、船舶およびその積荷を――水夫の私物の収納箱まで――没収されかねなかった。違反を密告した者には報酬――没収された物品の三分の一――が与えられたので、疑心、不信、そしてときには偽情報が広がった。関税収入の大半を活動費としていた軍隊は、徴税業務を担当する役人に協力し、彼らを保護したが、たいした効果はなかった。

フランクリンは、イギリス側の課税の決断が間違いであったことを示すため、絶妙な風刺文をしたためた。彼は、この文を「偉大な帝国を矮小なそれへと引きずりおろしかねないルール〔Rules by Which a Great Empire May Be Reduced to a Small One〕」と題した。ルール一一はこうだった。「税をいっそう不愉快なもの、人びとの反感を買いやすいものにするには、徴税業務の管理にあたる部局を中央から送りこむことだ。そこの役人には、気の利かない者、柄の悪い者、傲慢な者ばかりを集める……。少しでも思いやりを示した疑いのある徴税人は解雇する。もっともな理由があって非難を浴びた徴税人は昇進させる……」また、ルール一五はつぎのとおりだった。「勇敢かつ誠実な海軍水兵を、植民地のけちな乗船税関吏や税関職員に任じる……植民地のあらゆる港湾、河川、入江、沿岸の隅々までを武装船で捜索する。すべての沿岸船、木造船、漁船を停止させ、拘束する。積荷も、バラストすらも、ひっくり返して中身を空ける。安価なつまらないものでも、未登録の物品が見つかった場合には、その船を拿捕し、没収する」(7)

宿舎法が制定されると、植民地の人びとはイギリス軍に食糧や宿舎を提供することを求められるようになったため、苛立ちをいっそう募らせた。イギリス国内ならば、所有者の同意がないと、民家を軍の宿舎として使用することはできなかった。アメリカでルールが異なるのはおかしいではないか？　植民地の人びとは権利と自由を侵害されたように感じた。両者は対等であり、アメリカがイギリスの下位に置かれているわけではなかった。

イギリス製品のボイコット運動がふたたび始まり、貿易活動は停滞におちいった。自由の息子たちは脅迫作戦を継続した。ことにボストンでは緊張が高まった。あるとき発生した暴動は、悪名高いボストン虐殺事件へと発展した。このとき、襲撃されたイギリス軍の兵士たちが暴徒に向けて発砲し、五人を殺害した。その後、調査と裁判が行なわれたが、人によって経緯報告の内容が異なっており、いつしかイギリス側と植民地側の大規模なプロパガンダ合戦がくりひろげられていた。ジョン・アダムスにいわせれば、この日に「アメリカ独立の基礎が築かれた」。

景気が悪化し、商人が苦境を陳情した結果、タウンゼンドの関税は一七七〇年に廃止された。だが、茶へのささやかな課税は象徴的な意思表示として継続された。イギリス側の妥協によって緊張は和らいだが、イギリスの国民的な飲み物であった茶は、やがて革命勃発のきっかけになった。

一七七三年、アメリカの商人がイギリスの茶のボイコット運動を始めてからすでに五年が経過していた。植民地で飲まれていた茶の九〇%はオランダからの密輸品だった。オランダの茶のほうが安価だったし、それを飲んでいればイギリス本国に忌まわしい諸税を支払う必要もなかった。だが、イギリス東インド会社は苦境におちいった。救済のため、議会は茶税法を制定し、東インド会社にイギリスの茶の独占販売権を与えた。もっと重要なことに、茶をアメリカ植民地に関税なしで直接販売することも認めた。これで、イギリスの茶はオランダのものよりも安価になり、植民地の商人は茶の販売網から完全に除外されることになった。営業収入の落ち込みがよほど大きかったようで、アメリカ植民地の商人たちが先住民に化けてイギリス商船に乗りこみ、積荷の茶を港に投げ捨ててしまった。この一件はアメリカ植民地の一般の人びとの賛同を得なかった。この行為は私有財産権の侵害にあたった。ベンジャミン・フランクリンを始めとする多くの人びとは、茶の所有者に対して満額の賠償金を支払うべきだと考えた。イギリス側は強制諸法を制定して統治権を再確立しようとした。タウンミーティングは禁止された。植民地議会の権能は限定された。ボストン港は東インド会社への賠償金の支払いが済むまで閉鎖された（支払われることはなかった）。これによって事態は悪化するばかりだった。

一七七五年、愛国派とイギリスのあいだで本格的な戦争になり、フランス、スペイン、オランダが愛国派側についた。戦いは六年続いた。三〇〇〇マイル〔約四八〇〇キロ〕離れた場所にいる部隊に物資を供給しつづけるのは、イギリスには手に余ることだった。愛国派の勝利は徐々に明らかになっていった。イギリスはカナダを維持した。スペインはフロリダを獲得した。アメリカはその中間の、西はミシシッピまでの領域のすべてを領有することになった。

皮肉なことに、イギリスが課した税金は、現在のアメリカ国民が負う納税義務にくらべれば、ごくわずかなものだった。この戦争では数万人が命を落とした。生き延びた人びとの多くは経営の立ち行かなくなった故郷の農場に帰っていった。イギリスに対して忠誠を貫いた植民地人の二〇%が財産を失い、北のカナダ、もしくは南のバハマ諸島に逃れた。そして、返還しなければならない戦債があった。独立戦争のときにアメリカ植民地の統治にあたっていた大陸会議には、兵士たちの遡及賃金も、戦債の利息はもちろん、元本さえも払えなかった。戦費のために大量の紙幣が印刷されたことで、インフレが加速していた（このことから、「〔紙くず同然の〕大陸紙幣ほどの価値もない」という慣用句ができた）。

イギリスは教訓を得たようだ。議会はかなり控えめにこう表現した。「イギリス議会による課税は、多大な不安と混乱を引き起こした」[8]。ジョージ三世は新しい法案を承認した。これにより、イギリスは「すべての植民地において、収入増加を目的とする関税賦課、諸税賦課、税務査定を行なわない」ことが定められた[9]。それ以降、新税の導入には現地の行政機関の同意が必要になった。ある意味で、愛国派の勝利は彼らだけのものではなく、大英帝国のすべての植民地の勝利でもあった。しかし、それは第二次世界大戦後までのことだった。

きっかけは、安易な考えによって賦課された税だった。その結果、軽い税負担を土台にして一つの国家が建設された。

アメリカ合衆国はこうして誕生したのである。

フランス――自由、平等、友愛

ルイ十四世は七二年のあいだフランスを統治した。この在位期間はヨーロッパ諸国の君主として史上最長である。一七一五年、臨終の床についたルイは、王位継承者である曾孫にこう伝えた。「私と同じ轍を踏んではならない。私はしばしば軽率に戦争を行ない、虚栄心からそれを長引かせた。私のまねをしてはならない。平和をこころがけなさい。臣下の負担を軽くしてやることに専念しなさい(10)」ルイはフランスの財政を大きく傾かせていた。

ルイ十四世のこの助言は、しばらくのあいだは聞き入れられていたようである。だが、やがて戦争がくりかえされるようになる。一七四〇年代にはオーストリア継承戦争、続いて七年戦争が戦われ、フランスの北米植民地がイギリスに奪われ、海軍が壊滅状態となった。その後、ルイ十六世はアメリカ独立戦争の植民地側に援軍を出すと決めたが、これによって数百万単位の金を失ったうえ、少なくとも一万人の兵士を死なせることとなった。フランスでは、代々の国王がみな浪費家かつ戦争好きであるようだった。彼らは返済不可能なほどの莫大な公債を国民に背負わせた。まず戦争、支払いはそのあとという長年の政治方針に加え、浮世離れした支配階級の放縦な暮らしぶりもあって、公債が返還される可能性はほとんどなかった。公債がかさめば、あれこれの課税によって国民の負担が増えるのは必然だった。

フランス革命の原因については歴史学者のあいだで議論が尽きないだろうが、一言でいうならば、それは「税金」であるに違いない。当時、税の種類がたくさんあった。負担があまりにも重かった。矛盾していた。不公平だった。さらに、フランスの上流階級の浪費を補うには足りなかった。不公平な税制を土台にして築かれた国家であるフランスがアメリカ独立戦争を支援するというのは、実に皮肉なことだった。というのも、フランスに革命をもたらしたものは、この国の税制――腐敗、不足、矛盾に満ちていた――だったからである。教訓をともなう税金の物語がかつて存在したとすれば、それはフランス革命の物語だろう。

フランスは、ヨーロッパ諸国でも一、二を争うほどの重税を国民に課していた。それだからといって、イギリスのような貿易帝国ではなかったし、産業革命初期の生産性向上の恩恵に浴してもいなかった。

当時のフランスにはタイユ税というものがあって、所有地の面積にもとづき、各世帯から徴収された。また、人頭税や、政府の赤字を「緩和」するための一回限りの臨時税、ヴァンティエム税もあった。農民の場合、教会に対して十分の一税を納めていたほか、領主に対しても税を支払う義務があった。封建制が続いていたため、自分の小作地を増やすことはできなかった。土地所有者としての完全な権利を持っていなかったのである。それから、物品税と、オクトロワ税と呼ばれる関税があった。フランスの沿岸地域では海外製品の密輸入が絶えなかったので、物品税の徴収は都市の城門で行なわれることが多くなり、一般市民はさらなる打撃をこうむった。オクトロワ税徴収と脱税防止のため、パリの城壁の内側にもう一つ壁が築かれたのだ。革命が起こったとき、暴徒はさっそくこの壁を打ち壊している。

塩税、すなわちガベル税は、どの税よりも忌まわしいと思われていた。免除されている人びともいたが、一般に、塩の実質価格の一〇倍もの金額を支払うことになっていた[11]。各家庭は「必要最少量」を購入するしかなかったが、たいていは不自然に高い金額を請求された。この必要最少量は、一世帯の必要量の平均に等しいことになっていたが、実際にはもっとずっと多かった。しかし、人に譲ることも、翌年に持ち越すこともできない決まりになっていたので、年が明ければまた買わなければならなかった。

魚や肉の保存に塩を使うときには、公的な塩の貯蔵倉庫、グルニエから許可証をもらい、追加で税金を支払うことになっていた。それを払いたくないために塩なしですませる人びとは多かった。

十七世紀から十八世紀にかけて、持ち運びできるものならなんにでも課税されていた時期があった。その対象には、食品、アルコール、タバコも含まれていた。フランスで、これが人びとにどれほど不評だったかは容易に想像できるのではないだろうか。ある時点では、ワインに五種類の税が課されていた。ブドウの木税、収穫税、製造税、輸送税、販売税である。あのフランスで！　農民はワインのかわりにリンゴ酒を飲んだ。

フランスでは、税金の取り立ては徴税請負人――フェルミエール・ジェネロー――と呼ばれる人びとが行なっていた。彼らはたいへん仕事熱心で、取り立ての相手を威圧することもしばしばだった。効率のため、彼らは国土をいくつもの地区に分け、独自の保証金制度を有する全国規模の組織をつくったが、政府はのちにそれを債務の清算に利用した。徴税の請負はたいへん儲かる仕事だった。アントワーヌ・クロザットという徴税請負人はとんでもない大金持ちになり、フランス領ルイジアナを――その全面積を――資産に加えたほどだった。

徴税業務を担当する地方役人が集めた金は、まず収入役に、それから収入役長に渡されたのちに国庫に入ることになった。その過程で何が起こるか、誰でも想像がつくに違いない。会計学の分野はいまよりもずっと遅れており、大蔵省側には、納められた金額が正しいかどうか、いくら不正流用されているかを知るすべがほとんどなかった。ある話によれば、国庫に入る税収が少なすぎるように思った国王が、そのわけを側近たちに尋ねた。一人の貴族が氷のかけらを手にとり、臨席していた面々に順繰りに手渡ししてもらった。それが国王の手に渡るころには、すでに溶け、影も形もなくなっていた。

決まりを守らせ、横行していた密輸を阻むために、大々的かつ厳密な調査が実施された。調査官は予告なく各世帯を訪ね、屋内を調べることができた。彼らは脅迫を手段にすることがしばしばだった。ヴォルテールは塩税のことで揉めたときの出来事について述べている。「徴税請負人という憲兵どもは……五〇人からなる集団で練り歩き、馬車を止め、ポケットをあさり、家に押し入り、国王の名のもとにありとあらゆる損害を与え、農民たちから賄賂を取ろうとした」[12]

これほど多くの種類の税金を支払っていながら、一般市民は参政権を持っていなかった。訴えを聞いてもらう手段は暴動くらいしかなく、彼らはしばしば蜂起した。だが、ボルドーのワイン製造業者が立ち上がり、暴力をもって税の廃止を勝ちとったとしても、恩恵をこうむるのは彼らだけだった。財政政策といったものは存在せず、一般市民の怒りを買っていたのは、上から押しつけられる税のみならず、政府のすることの矛盾や不公平だったと思われる。

ある階級に属する人びとはいくつもの税金を払わずにすませていた。その人びととは聖職者、それに貴族である。聖職者の場合、五年ごとに国庫に寄付をする選択肢があって、これを「ドン・グラトゥイテ」といったが、それは法律による規定でもなければ、強制でもなかった。貴族の場合、軍の幹部と同様に、国家に仕え、一命を捧げることによって納税義務を果たしていた。こういう免除が行なわれた結果、税を免除される貴族や政府高官などの地位を金で売る新しい商売が生まれた。これでは矛盾がいや増すばかりだった。政府高官の地位を売るいかがわしいやり口は悪名高く、アメリカ建国の父たちは、国内で同じようなことが起こらないよう、合衆国憲法にとくに二つの条項を付け加えている。

税制改革の試みは貴族階級という大きな壁に突き当たることになった。たとえば、一七五〇年のタイユ税改革案は、教会所有地、貴族所有地および一部の地域における土地税免税の廃止を提案するものだった。ところが、貴族から圧力をかけられた国王は、計画をなかったことにしたあげく、提案者である大臣を罷免してしまった。タイユ税はのちに「農民税」と呼ばれるようになった。それ以外の身分ならば支払いを逃れるすべがあったからである。

しかし、下層および中流階級の人びとは自分たちの置かれた状況に気づきはじめた。啓蒙主義の哲学者たちのおかげで、「自由、平等、友愛」という無政府主義的概念が社会に広まりつつあった。さらに、王権は神から授けられたわけではなく、王にはそれを行使する資格がないとまで考える人びともあらわれた。

このころ、フランスにある噂が流れていた。アメリカで革命が起こり、納税の義務を果たすかわりに代議員の選出を認めてほしいと市民が訴えているというのである。科学・哲学の思想をまとめた全二七巻の革命的な百科事典『百科全書』が、「人びとの考え方を変える」という宣言のもとに出版され、広く読まれるようになっていた[13]。この事典には当代きっての思想家たちが執筆者として参加していた。「税制の問題においては、すべての特権が不公平となる」（ヴォルテール）、「最低限の生活必需品しか持たない者は、税金を支払うべきではない」（ルソー）、「「フランスの税制は」貧困者を物乞いに、労働者を怠け者に、不運な者をならず者にする」（レイナル）などといったところである。フランスの重税にあえいでいたブルジョワたちは、政治権力や、名誉と特権のある地位から除外されていることに憤りを感じるようになった。そして、贅沢と放蕩にふける国王や、浅はかでお高くとまった支配階級や、改革もままならない旧弊な政治制度や、「機能不全と不正の横行する」、「ちぐはぐで、専横で、複雑怪奇な」[14]税制への不満を募らせていった。

フランスの財政が悪化の一途をたどっていた一七八七年二月、財務総監のシャルル・アレクサンドル・ド・カロンヌは「名士」会を招集し、財政赤字の解消のため、特権階級を対象にする増税案を提出した。しかし、免税されていた階級からの強硬な反対にあい、問題はふたたび先送りとなった。一七八八年に農作物が不作となり、食品価格が上昇すると、雲行きがいっそう怪しくなっていった。

問題解決のため、とうとう三部会——聖職者（第一身分）、貴族（第二身分）、その他の国民（第三身分）からなる身分制議会——が招集された。開会に先んじ、国家再建について論じる内容のパンフレットが巷にあふれた。第三身分が用意した陳情書にもっとも大きな不満の種として記されていたのは税金問題だった。

一七八九年五月五日、ヴェルサイユで三部会が開催された。会議では、投票方法について話し合いの決着がつかなかった。話が進まないことに苛立った第三身分の代議士たちは国民議会の発足を宣言し、フランスに新憲法ができるまではけっして解散しないことを誓った。とうとう国王が譲歩し、憲法制定国民議会が成立した。

ところが、国王はそれほど間を置かずに兵を招集し、新しい議会を解散させようとした。貴族たちが共謀し、各地で勢力を強めていた第三身分を打倒しようとしているという噂があった。一七八九年七月十四日、パリの民衆がバスティーユ牢獄を占領した。パリ中心部に位置するこの要塞は、絶対王政の象徴であった。フランス各地で、空腹を抱え、怒りを募らせた農民たちが領主に対して反乱を起こした。

第三身分を中心とする憲法制定国民議会は、封建制および十分の一税の廃止を宣言した。さらに、「人間と市民の権利の宣言」を採択した。この宣言には、自由、平等、財産の不可侵、圧制への抵抗の権利がうたわれていた。また、つぎのように記されていた。税はすべての市民に、それぞれの能力に応じて割り当てられるべきである。すべての市民は、税の必要性を明示してもらう権利、これを自由に承諾する権利、その用途を監視する権利、その分担の割合、基準、徴収、期間を決定する権利を有する。

さらに、社会はすべての官吏に対し、その職務に関する説明責任を負わせる権利を有する。

この宣言について、国王は承認を拒否した。パリの民衆はふたたび立ち上がり、十月五日にヴェルサイユに押し寄せた。その後のことはご存じのとおりである。

勝利した革命家たちがさっそく実行したことの一つは、徴税請負人制度の廃止だった。革命後に処刑されたのは国王ばかりではなかった。多くの徴税請負人が同じように断頭台の露と消えたのである。君主は新税を創設する権利を失った。この権利は国民の代表である議会に引き継がれた。貴族、聖職者、地方、都市、組合が持っていた法律上および税制上の特権は無効とされた。それまでの税制はもはや過去のものとなった。

しかし、新政府にはどうしても税収が必要だった。そのため、塩税を非難してはいたものの、国民に対しては、よりよい方策を講じるまでのあいだは支払うよう求めた。この要求は無視された。新政府は国民に対し、収入の二五%――事実上の所得税――を供与するよう訴えたが、またしても知らんふりされた。公債の償還のための資金をつくらなければならない新政府は、カトリック教会の所有地を没収した――その面積はフランスのほぼ三分の一におよんだ。そして、この土地を抵当にしてアッシニアと呼ばれる国債を発行し、これを債権者への償還に使用した。アッシニアは、没収地と交換することも、転売することもできた。資金が不足している国家で、こういう債券はそれ自体が一種の法定通貨になった。だが新政府は、すでに土地と交換した使用済みのものが破棄されていないのに、アッシニアをあとから発行した。この債券はたちまち信用力を失った。インフレがハイパーインフレを呼び、アッシニアは一七九七年に廃止されるに至った。

フランスには進むべき方向を示してくれるリーダーが必要だった。将軍ナポレオンはうってつけの人物だった。馬でパリの街を行くナポレオンに対し、パリの民衆はこう叫んだ。「課税はいらない、金持ちを倒せ、共和制を倒せ、皇帝ばんざい！[15]」

ナポレオンは、税を廃止することはできなかった。だが、マルタン＝ミシェル＝シャルル・ゴーダン、フランソワ・バルベ＝マルボワ、ニコラ・フランソワ＝モリーンの三人の助力を得て、とうとう税制改革にこぎつけた。また、新たな公共機関を創設した。財務省、大蔵省、そして一八〇〇年にフランス銀行を設立したのである。

徴税請負人の問題に対処するべく、ナポレオンは徴税を専門にする政府機関を設け、職員を固定給で働かせた。また、納税意欲の向上のため、パリのもっとも美しい広場に、満額の税金をいちばんに納めた地区の名前をつけることを約束した。ヴォージュ広場はこうして命名されたのである。

ナポレオンはいろいろな新税の導入を試みたが、成功したものも、そうでなかったものもあった。結局、土地税、年間賃料の一〇％を納める商業税、各種免許税が残った。労働者と農民からは、一年に一度、賃金三日分の金額を取り立てた。それから、ワイン、遊技用カード、馬車、塩、タバコ、窓、ドアにも税金をかけた。

各省の支出は、収支をきちんと合わせるため、厳しい監視のもとに置かれた。政府は通貨切り下げをけっして行なわなかった。国民の生活コストは安定した。新たな借金は回避された――ナポレオンが高利率を嫌った――一方、公債は償還された。フランス政府は七〇年ぶりに収支を合わせることができた。全体として、国民の税負担はより軽くなり、公平になり、効率的になった。

しかし、税収はナポレオンの積極的な軍事行動を賄うには足りなかった。彼は征服地に目を向けた。

まず略奪し、のちに課税したのである。とくに北イタリアには多くの富がたくわえられているはずだと考え、この地域の税負担を重くしたうえ、新税を設け、フランスで採用している効率のいい徴税方法を取り入れた。また、消費税、免許税、オクトロワ税と呼ばれる入市税を設けた。現地の人びとはこれをこころよく思わず、ナポレオンが彼らの心をつかんでいたのは短いあいだのことだった。また彼は、軍事的成功頼みだったことで、かえって気持ちが弱くなっていた――敗北に耐えられなかったのである。遅かれ早かれ、大敗を喫することは必然だった。

フランスでは、政治体制が変わっても、課税に対する国民の抵抗感は一〇〇年以上続いた。所得税はイギリスを始めとする国々で定着していたが、フランスではそうではなかった。何度か提案され、議論されたことはあったが、累進課税制は所得について事細かに調べられたり、不公平が生じたりするため、許しがたいとされた。フランス人に納得できるのは、ある原則にのっとった税だった[16]。つまり人ではなくモノを課税対象にしなければならないのだ。土地あるいは事業から得られる所得の税額は、対象の土地あるいは事業の一定期間の平均所得額にもとづいて大まかに算出されることになった。所得額の申告を怠っても罰則はなかった。そのかわり、算出には推定所得額が用いられた。これは小規模な事業経営者、製造業者、貿易業者の多い国に向いた税制で、税吏と納税者がやりとりする機会はごくわずかだった。この国では、税よりも自由のほうが重要であった。税負担は一二％以下に抑えられた。フランスは繁栄した。

アメリカ南北戦争の終結後まもなく、フランスは巨大な像をアメリカに贈った――ローマ神話の自由を象徴する女神リベルタスの銅像である。頭上にたいまつ――光、明瞭、真実へと導くかがり火――を掲げ、左手にはアメリカの独立記念日が刻印された銘板を持っている。足元には断ち切られた鎖がある。

自由の女神は自由とアメリカの象徴となっている。立ち入った情報の開示を要求される所得税は、アメリカでもフランスでも敵視され、自由に対する侮辱と見なされていた。

しかし、第一次世界大戦によってすべてが変わった。終戦時、フランスの所得税申告書は、イギリス人の予定表と同じほど細かく記入するものになっていた。今日のフランスは、政府支出の対GDP比が五六％で、[17]世界的に見ても税負担の重い国となっている。最近、フランスの人びとは黄色いベストを着用し、またしてもこの国の税制に抗議している。

イギリス政府が盗んだ一一日間

イギリスの会計年度は四月六日に始まり、翌年の四月五日に終わる。その理由をご存じだろうか？

一七五二年まで、イングランドの新年は冬のさなかの一月一日から始まるのではなかった。一年は季節に連動し、春分の日（昼と夜の長さが同一になる日）に近い三月二十五日――お告げの祝日――が新年の第一日だった。

イングランドはユリウス暦を採用していた。この暦はユリウス・カエサルが制定したことでこう呼ばれている。お告げの祝日は、洗礼者ヨハネの祝日（六月二十四日）、大天使ミカエルの祝日（九月二十九日）、クリスマスとともに、年に四日ある四季支払日の一つである。四季支払日は重要で、家賃が支払われ、つけが支払われ、使用人が雇われ、学校の新学期が始まる日だった。この伝統は中世まですっと続いた。

お告げの祝日は畑の土を耕す時期と収穫期の中間にあたったので、農民と地主のあいだで長期契約が結ばれる際の契約開始日とされた。お告げの祝日には、それまで働いていた農場から新しい農場に移動する農民が数多く見受けられた。またこの日は、会計年度および契約年度の第一日にもなった。

一五八二年、ローマ教皇のグレゴリウス十三世はより正確なグレゴリオ暦を採用し、フランスを始めとするヨーロッパ諸国もそれを導入するようになった。当時、独立国かつカトリック国であったスコットランドは一六〇〇年に切り替えた。だがプロテスタント国のイングランドはカトリック教会の革新を受け入れず、それまでの暦を使い続けた。

一七五一年、ますます大きくなる「二重日付」の問題（人によって異なる暦が使われていた）を解消し、スコットランドおよびその他のヨーロッパ諸国と足並みを揃えるため、イギリス議会は暦法を採択し、ユリウス暦からグレゴリオ暦への変更を決定した。これにより、一月一日が年初となった。

一七五一年は三月から十二月までとなり、通常の一年よりも短くなってしまったが、イギリスでは二つの暦のずれを解消するため、さらに十一日を削減しなければならなかった。そこで、一七五二年九月二日の水曜日の翌日を九月十四日の木曜日にすることになった。こうして、イングランドは十一日間を「失った」。

それでも、税金などの支払日は相変わらずお告げの祝日、すなわち三月二十五日のままだった。徴税人は全額の支払いを求めた。人びとは失った十一日の埋め合わせを求めた。そして「われわれの十一日を返せ！」と訴えた。伝えられるところでは、暴動が発生したところもあったようだ。

この問題を解決するため、会計年度を十一日あとの四月六日にずらすこととなった。今日《こんにち》も税制年度はこの日に始まる。

第9章　戦争、借金、インフレ、飢饉——そして所得税

所得税——「ウィリアム・グラッドストンにいわせれば、「財政を動かすこの巨大なエンジン」[1]——が近代史にもたらした影響は、おそらく過去に制定されたどの法律よりも大きいだろう。

所得税は、かつて「ナポレオン打倒のための課税」だったばかりでなく、第一次大戦のときに軍事費捻出に大いに役立ち、第二次大戦のときにはアメリカの戦費を支え、連合軍勝利の一翼を担った。そして今日、世界各国におけるさまざまな社会保障制度の重要な財源の一つになっている。

所得税があるからこそ、われわれは教育、福祉、医療、年金の公的制度を利用できるのである。

アメリカでは、所得税収は政府収入全体の六五％を占める。[2]ドイツでも同様だ。[3]イギリスでは四七％である。[4]所得税は、今日の先進国のほとんどが採用している、大きな政府の社会民主主義モデルを可能にしている。所得税があるからこそ、社会は今日の姿に形づくられているのだ。

十八世紀から十九世紀にイギリス首相を務めたウィリアム・ピット（小ピット）は、一七九九年、世界に先駆けて所得税を導入したと広く信じられている。しかし、先例はいくつもあった。現在のオラン

ダにあたる共和国は、一六七四年と一七一五年に所得税を徴収した。フランスは革命後の一七九三年にその導入を試みた。また、オランダは一七九六年にふたたび徴収している[5]。

さらにもう一つ先例があって、これはピット政権よりも四〇〇年ほど前のことになる。一四〇四年一月に開催された議会で、一回きりの所得税の徴収がヘンリー四世によって承認された。ただし、今後いっさい徴収しないという条件つきだった[6]。この件を後世に伝えないよう、財務府には証拠が保管されなかった。すべての記録は焼却処分された[7]。このときの所得税について、当時の年代記作者のトマス・ウォルシンガムは『英国史』に「苛立たしく、煩わしい」としか記していない。本人はくわしいことを知っていたはずだが、その所得税の税収や徴収方法にはいっさい触れていない。「これらを本書に書きこめればよかった」が、議会が永久に非公開とすることを望んだという。その理由は、現代のわれわれには知る由もないが、推測することは可能である。

だが実は、世間にほとんど知られていないこの一四〇四年の所得税は、史上初の所得税というわけではない。すでに述べたとおり、その起源ははるか昔の古代メソポタミアと十分の一税にさかのぼる。

ナポレオン打倒のための課税

> ナポレオンとの戦争の際に［イギリスによって］集められた一人当たりの税金額は、ヒトラーとの戦争のときよりも多かった。
>
> アンドリュー・ランバート、歴史家（二〇〇五年）[8]

ウィリアム・ピット（小ピット）が政権を掌握したのは一七八三年で、この年の税収は約一三〇〇万ポンドだった。国の借金は二億三四〇〇万ポンド、その利息は八〇〇万ポンドにのぼった。[9]

その一〇年後にフランスとの戦争に突入すると、戦いの規模はだんだんと拡大していった。小ピットは思想上、フランスの革命運動には反対の立場だった。暴動がイギリスにまで波及することを恐れ、そうはさせまいと心に決めていた。彼は、ヨーロッパ諸国の革命政府との戦いを支援するため、大陸に資金を投入した。これは「聖ゲオルギウスの騎兵隊」と呼ばれた。イギリスから送ったギニー金貨に聖ゲオルギウスの肖像が刻まれていたからである。

一七九三年から一七九八年までの五年間における小ピット政権の支出のほとんどは、借入金を財源にしていた。[10] 一七九八年、国の借金はすでに四億一三〇〇万ポンドに達し、年間の支払利息は二倍以上になっていた。[11] イギリスに融資した人びとのなかには、のちに世界一の大富豪になるネイサン・メイヤー・ロスチャイルドも含まれていた。

事態は差し迫っていた。

イングランド銀行は、初めのうちは利息を四半期ごとに金銀で支払っていたが、毎年の返済額が増えたため、手形を用いるようになった。やがて、額面金額の少ない手形をたくさん発行するようになった。トマス・ペインによれば、イングランド銀行は「実際のところ、一ポンドにつき半クラウン〔八分の一ポンド〕の利息を支払いきれなかった……。そして、この弱々しい小枝には、資金調達という重荷がそっくりぶら下がっていた[12]」。貴金属は通貨としての額面価格よりも地金としての価値のほうが高くなっており、貨幣を溶かして塊にし、地金として大陸に持っていく人びとは多かった。金銀の蓄えが不足してきたことを認識していたイングランド銀行は、手形の返済に金銀を用いずにすむよう、新たな法律を制定してほしいと小ピットに訴えた。小ピットはこれを受け入れた。通貨の交換性が失われたイギリスは、事実上、金本位制を廃止したのだった。

結果、戦争が進むにつれてインフレも進み、物価上昇率は「英国市民の人生において先例を見なかったほど」だった[13]。パン、食肉、ビールの価格は五〇%以上、乳製品は七五%、塩はなんと二七〇%の上昇となった。家賃は七六%上昇した。だが、賃金はおおむね変わりがなかった[14]。つまり、一般市民が貨幣の価値低下のつけを払わされたわけだった。一八〇一年から一八〇二年にかけての凶作もあいまってインフレが加速すると、やがて暴動が発生するようになった。

負債、それに通貨発行を背景にする財政の逼迫に対して打った手が、一七九九年の所得税導入だった。海軍は反乱を起こし、陸軍は飢えに苦しんでいた。小ピットは「戦争遂行のための援助金および献金」を必要としていた[15]。

当時のイギリス政府については、「なんであれ目についた物品があれば、それに税金をかける」などといわれていた[16]。四輪馬車、四輪荷馬車、二輪荷馬車、大型荷車に税金がかけられていた。男性使用人に税金がかけられていた。レンガ、ガラス、窓、壁紙、馬車馬、乗馬馬、競走馬、それに狩猟にも税金がかけられていた。一七九五年、小ピットは髪粉に税金をかけた。一七九六年、犬の飼い主に税金をかけた。一七九七年、置時計と腕時計に税金をかけた。一七九八年、馬車、印章、印章つき指輪などについている紋章、あるいは身につけている紋章にも税金をかけた。

さらには、トリプル・アセスメントという税を創設した。それにより、国民はそれまでの財産の評価額から算出された税額の三倍から五倍を支払うことになった。それまでの税額が二〇ポンドだった場合、六〇ポンドを支払うわけである。だがもう一つ選択肢があって、年間所得を申告し、その一〇%を納付することもできた[17]。この税で、年間一〇〇〇万ポンドの税収が見こまれた。だが、実際にはそれよりも四〇％少なかった。小ピットは「恥ずべき税逃れ」「けしからぬ不正」を嘆いたが、実は、この税の設計にこそ問題があった。

税をうまく機能させるには――源泉徴収

一八〇二年に講和条約が結ばれると、小ピットのあと首相に就任したヘンリー・アディントンは所得税を廃止した。ところが、その一年後にまたもフランスと敵対関係におちいると、まもなく所得税を再導入した。だが、アディントンはその根本的な部分のいくつかを改正した。

ピットの所得税にあったおもな難点は、国民の私生活に踏みこまざるを得ないところだった。アディントンはこの税制の全体を一新したが、そのおもな目的は二つあった。立ち入った調査を避けること、そして不正行為を防ぐことである。彼は所得を五つのシェジュールと呼ばれる種別に分類した[18]。この分類は、今日もある程度存続している。

アディントンは優れた新機軸を打ち出した。源泉徴収である。ピットの税制では、納税者は税金を支払う責任を負っていた。だが、アディントンの改正により、所得発生時に税金を納めることが可能になった。銀行は、公債保有者に利子を支払うとき、利子にかかる税金分をあらかじめ差し引いた。また、企業の株主に配当金を支払うときにも、配当金にかかる税金分を差し引いてからそうした。公的機関から支払われる俸給と年金も、同じように源泉徴収された――この源泉徴収方式は二十世紀後半、より広い雇用に導入されるようになり、今日では世界の大半の国で採用されている。

アディントンが再導入した所得税は、国民の不評を買いはしたものの、ピットが失敗したところをうまく修正していた。税率は最大五％（当初）だったが、最大一〇％だったピットのときと比較して、税収は五〇%増加した[19]。新しい制度がずっとうまく機能したことを考えれば、さまざまな意味で、現代の所得税の創始者と呼ぶべきなのはピットではなくアディントンだろう。ただし、方針を定めるうえで参考になったという点で、ピットの失敗は必要だったのかもしれない。

ワーテルローの戦いの翌年にあたる一八一六年、すでにフランスとの戦争が終結していたころに、所得税廃止についての嘆願はおよそ三七九件にのぼっていた[20]。財務大臣はそのまま継続したいと考えていたが、庶民院はそうではなく、再度の廃止が決議された――このとき、「雷鳴のような拍手[21]」が「数分続いた」という[22]。所得税導入によるプライバシー侵害が国民の不評を買っていたことから、すべての記録は細かく切り刻まれ、煮溶かされた。その一部は財務大臣の手で、公衆の面前で燃やされた。

しかし、それらの写しはすでに王室収入徴取官に提出され、理由はおそらく今後も明らかにならないだろうが、破棄されずに保管されていた。もっと重要なことに、所得税が政府の収入を増やす有効な手段であることは証明済みとなった。政府はこういう経験をけっして忘れないのである。

戦争の代償の実情――終わりのない負債

この国において人びとを死人のように無気力にしそうなものといって真っ先に頭に浮かぶのは、広範囲におよぶ税制、それに国の抱える莫大な借金だ[23]。

ウィリアム・コベット、パンフレット著者(一七六三～一八三五年)

ナポレオン戦争により、イギリスの借金は六億ポンド以上増えてしまった。これは、その直前の四つの戦争にかかった費用を足した金額の三倍にあたった[24]。所得税の導入によって政府の借入金依存は減ったものの、支出の半分以上はまだ借入金によって賄われていた[25]。

一八五三年、イギリス首相のウィリアム・グラッドストンはつぎのように訴えた。「もっと早い時期に所得税を受け入れるに足る、断固たる意志があったならば、わが国は現時点で借金を抱えていなかった[26]」。彼は、「借入を重ねたことでわが国にのしかかった途方もない負担、途方もない害悪」はなかったはずだと断言し[27]、その主張を裏づける、信頼できるデータを示した。

だがこのような戦争は、納税者がその費用の大きさを実感できていたならば、遂行できなかったに違いない。税収のみで莫大な費用を賄うのは不可能だった。金も資産もある階級は賛成しなかっただろう。中間層と貧困層はそのための金を拠出できなかっただろう。実は、グラッドストン自身、課税は戦争抑止になると考えていた。「それにともなう毎年の支出を賄わなければならない状況は、口に苦い良薬のような抑止力であり、それによって国民は、彼らが何をしようとしているのかを実感し、彼らが見こんでいる利益の対価がどれほどかを吟味する[28]」。イギリス政府の借入および金本位制停止は、緊急事態をやりすごす助けになるとともに、費用の本当のところを覆い隠してしまった。これらの二つと所得税がイギリスを戦勝に導いたのである。

皮肉なことに、このころのフランスは相変わらず金銀複本位制を採用していた。革命前にさんざん浪費していたことで、フランスには信用がなかった。それにくらべてイギリスは、財務の健全性も、議会の予算編成の透明性も上だったので、より低い利率で融資を受けられたし、インフレ税に頼ることもできた。のちに政府批判の罪に問われて投獄されるウィリアム・コベットは、『紙対黄金』と題する著書のなかでこの巧妙な手管をこきおろし、金本位制の必要性を力説した。安易な借金は安易な戦争を招いた。アダム・スミスも似たような指摘をしていたし、グラッドストンもその半世紀前に同様の発言をしていた。「戦争の資金を借金で調達するやり方は、計画的かつ継続的に国民を欺く大規模な策略である。その結果はずっと先の世にあらわれる。国民は自分が何をしているのかわかっていない」[29]

ところが政府は、コベットのような批判者たちを黙らせるため、出版物、パンフレット、それらの掲載広告、それらの印刷紙に高い税金をかけることで価格を引き上げさせ、読者として想定されていた労働者、とりわけ地方の労働者の手に入りにくくした。こういう税は「知識税」と呼ばれるようになった。

ナポレオン戦争のときの借金とその利息は、イギリス国民に長期の重税を課し、彼らに大きな負担を強いた。彼らは五〇年先までその重みに苦しむことになった。十九世紀前半、労働者階級はそれまでと変わらず過酷な状況にあった。ディズレーリが断言したところでは、当時のイギリスの農奴の数はノルマン人による征服以降でもっとも多かった。産業革命が労働者階級にもたらした影響を研究した社会歴史学者のジョンとバーバラのハモンド夫妻によれば[30]、二二ポンドの稼ぎのある労働者の場合、生活必需品の間接税として支払う金額が一一ポンドにのぼった。よりよい機会を求めてアメリカに渡る人びとが多かったのも当然である。十九世紀、製造業のさかんなタウンの好景気のおかげで負担は軽減したものの、十九世紀前半にピットが借金をせずにいたならば、貧困者はどれだけ減っていただろうか？

一八〇六年にウィリアム・ピットが世を去ると、彼自身に四万ポンドを超える借金があったことがわかった。使用人たちが長期にわたって横領を働いていたのである。小ピットは、国家の財政運営においても、彼個人の資金管理においても不注意であった。

一八四二年、廃止からわずか二六年後に、所得税は発足後まもないサー・ロバート・ピール政権によって再導入された。

ピールには差し迫った問題が二つあった。イギリスの景気後退と、前政権の残した七五〇万ポンドにのぼる財政赤字である。必要なのは、より少ない種類の税により、より多くの収入を生みだすことだとピールは考えた。そこで、所得税を再導入することにし、税率を三％に設定した。これは臨時税で、収支が合うようになればただちに廃止されることになっていた。それから一七五年たつが、いまだに廃止には至っていない。

所得税はたいへん効果的で、それだからこそなかなか廃止されない。ピール政権のころでも、所得税による税収は予想よりも五〇％多かった。一八五三年に首相に就任したウィリアム・グラッドストンも所得税の廃止を決意していたが、政府の債務のせいで何もできなかった。

グラッドストンは所得税を嫌っていた。「この税につきものである立ち入った調査はきわめて重大な不利益であり、この税によって引き起こされる不正行為は、はっきりそれとわからないような害悪である」と発言している。しかし、彼は所得税の徴収を継続した。一八五四年にイギリスがクリミア戦争に参戦すると、事態はいっそう悪化した。一八六〇年には、政府はもっと所得税に依存するようになっていた。「一八五三年に先立つ四半世紀のあいだに、政府支出に変化がなかったならば、あるいは、政府支出の増加率がほとんど気づかないほど緩やかだったならば、いまわが国は所得税なしでやっていけているはずだった」とグラッドストンが述べている[31]。

一八七一年の総選挙で、グラッドストンもディズレーリも所得税反対の立場を取った。当選したのはディズレーリだったが、所得税が廃止されることはなかった。責められるべきは、政府の「公的支出」および「倹約精神の放棄」である、とグラッドストンが語っている。

一八七五年、所得税はすでに経常税になっていた。

サー・ロバート・ピール——イギリスの税の偉大な英雄

さまざまな功績のなかには偶然の産物もあったかもしれないが、サー・ロバート・ピールについては、イギリスの有能な税制改革者の一人だったと考えるべきである。彼は、「われわれはこの国を生活費の安い国にしなければならない」と宣言し[32]、一八四二年に所得税を再導入したことで——年収が一五〇ポンドを超える分、一ポンドにつき七ペンスの税金を支払う決まりだった——六〇〇種類以上の税を廃止し、五〇〇種類以上の税の税率を引き下げた。彼の税制、貿易、金融の改革のおかげでイギリスの財政は黒字に転じた。

廃止された税のなかには、砂糖税、家畜税、綿花税、食肉税、ジャガイモ税、それにガラス税などがあった。「ガラス税の廃止はたいへんに喜ばしい」と『ランセット』誌が報じている。「政府によって国民に課される税のなかでも、きわめて無慈悲なものだった。無慈悲さにおいて同等なのは穀物税くらいのものである[33]」ピールはのちにその穀物税も廃止した——そして、そのために内閣総辞職に追いこまれた。

悪名高い穀物法が制定されたのは、ナポレオン戦争の終結直後のことだった。下落していたパンの価格を高騰させ、国内の小麦生産者を保護するために、第二代リヴァプール伯爵であるロバート・ジェンキンソン首相の率いるトーリー党政権は、輸入穀物に関税をかけた。国内の地主は外国との競争を免れるとともに、生産性の向上に追われることがなくなった。穀物価格は高値を維持した。食品価格が過分に高騰したことは、国内の労働者階級をいっそうの苦境に追いこんだが、その一方で、貴族のなかに史上最高レベルの富豪一族を生みだしもした。今日もロンドン中心部の多くの部分を占めているカドガン、ウェストミンスター、ベッドフォードの広大な高級住宅街は、こういう保護主義的な関税を背景にして建設された。ウェストミンスター公爵はいまだに世界屈指の大富豪である。経済学者のサム・ウィルキンの著書『上位一%の富を築く秘訣』によれば、古代ローマのマルクス・クラッススからアメリカの黄金時代のジョン・D・ロックフェラー、J・P・モルガン、アンドリュー・カーネギー、さらには今日のビル・ゲイツまで、史上屈指の大富豪の多くは、リスクを乗り越え、みごと偉業を成し遂げたことで莫大な財を築いたわけではなかった。むしろ、法律をうまく利用し、有力なライバルたちに勝利したのだった。穀物法もそういう法律の一つである。

なお悪かったのが、関税がアイルランドにもたらした影響だった。一八四〇年代、この国は大凶作に見舞われた。主食としてほぼ依存しきっていたジャガイモが葉枯病にやられたのである。ただちに食糧を輸入しなければならなかったところ、外国、とりわけアメリカにはすぐに輸入できる安価な穀物が倉庫にたっぷりとあったのだが、関税のせいで輸入コストが高すぎた。一〇〇万人以上が餓死した。さらに一〇〇万人が飢餓から逃れるためにアメリカに移住した。アメリカのたどる運命にアイルランド人がどれほどの影響を与えたか——たとえば、歴代大統領のうち二〇人がアイルランド系であると公言している——、また、穀物法がもたらした、思いがけない結果によって移住を余儀なくされた人びとがどれほど多かったかを考えれば、あまり重要でないように見える税であっても、人類史に大きなインパクトを与える場合があるとわかる。

穀物法廃止の申し立ては早くも一八二〇年には始まっていたが、議会議員には地主が多かったため、いかなる改革の試みも反対にあった。イギリスの税務官にしても、土地を所有するジェントリーだった（彼らは一八四九年に内国歳入庁を組成した）。穀物法が廃止に至らなかったことに関して、トーリー党の責任であると考える人びともいたが、ホイッグ党が政権を握っていた一八三〇年から一八四一年までの期間にも、この法律は存続していた。自由貿易主義者のリチャード・コブデンは、一八三八年に反穀物法同盟を発足させ、一八四一年に庶民院議員に当選した。その後、ピール首相をどうにか説得することができた。ピールは、一八三七年から一八四五年までは穀物法廃止案に反対票を投じていたが、イギリス本土で食糧供給が不足しつつあったうえにアイルランドで飢饉が発生したことで、方針を転換した。イギリス国内の穀物生産量は、急増しつつあった国民の必要を満たすほどではなかったのだが、ジャガイモの葉枯病によって食糧危機が生じ、なおさら足りなくなっていた。

ピールの改革案に対して、所属政党の保守党の内部から強い反発の声が上がった。一部には、アイルランドは問題を誇張しているという意見まであった。議会のために作成されたある調査報告で、「課題に取り組むことに関心がなく、意欲もない」と分析されている。[34]だが、ピールはホイッグ党からの支持を取りつけ、一八四六年、ようやく穀物法を廃止に持ちこんだ。所属政党の見解に逆らったことで首相任期が終了すると考えられたので、彼はその日に辞任した。以後、ふたたび首相に就任することはなかった。

しかし、コブデンが予見していたように、ピールがいくつもの税を廃止したことで、十九世紀後半のイギリスに自由貿易時代がもたらされた。それは、革新、創意、発展という点において、おそらくイギリス史上もっとも実り多い時期であった。

穀物税の撤廃後、イギリスの農業は、最初のうちはそれほど大きな打撃を受けなかった。だが二、三〇年のうちに、鉄道や蒸気船のさらなる進化により、ロシアやアメリカから農作物がより安価に輸送できるようになった。さらに、アメリカでは農業機械の改良により（ロシアでは、機械よりも安上がりな労働者頼みだった)、農作物の生産量が増加した。イギリスの農家は大量に入ってくる輸入穀物に太刀打ちできなくなった。一八八〇年、すでに農業は国内でもっとも多くの雇用を生みだす業種ではなくなっていた。それにかわって国内経済を牽引していたのは、貿易業、それに製造業だった。一九一四年、イギリスは国内で消費する穀物の五分の四を海外からの輸入に頼っていた。それまでもっとも裕福だった層といえば、地代のおかげで潤っていた地主たちであった。この経済的指導力を失った彼らは、政治的指導力をも失った。ピールの税制改革はイギリスの権力構造の変化を促したのである。

第10章　アメリカ南北戦争の本当の理由

南部州の人びとは、北部州の利益のために税金を徴収されるばかりではない。支払ったその税金の四分の三が、北部のみで使われてしまうのだ。そのため……南部の都市は田舎町にとどまっている。南部都市は停滞している――北部都市の郊外に過ぎないのである(1)。

サウスカロライナ州の人びとの、集会での奴隷州に向けた演説

アメリカ史上の主要な事件のなかで、アメリカ南北戦争ほどさかんに研究され、執筆のテーマにされているものはない。

一般に広く受け入れられ、学校でも教えられている見解によれば、奴隷制をめぐって長いあいだ論争がくりひろげられた結果、南北戦争は始まった。

しかし、リンカーンが戦争に踏み切った理由は奴隷制ではなかった。

ここで、アメリカ南北戦争の真実について教えよう。

十九世紀前半、アメリカは大まかに三つの経済地区に分かれていた。北部、西部、そして南部である。

北部は、貿易および運輸から工業生産へと移行しつつあった。南部は、タバコ、砂糖、そして世界シェアの三分の二を占める綿花の農業生産によって莫大な富を築いていた。西部は、一八〇三年の悪名高いルイジアナ購入においてフランスから八〇平方マイル〔約二〇七平方キロメートル〕の領地を一五〇〇万

ドルで買いとったので、面積がそれまでの二倍に増えていた。[2] つまり、アメリカ政府はルイジアナを一エーカーあたり三セントで購入したことになり、少なくともフランス側にしてみれば、それは史上最悪の不動産取引だったに違いない。西部はさらに拡大しつづけ、やがてアメリカの領土は太平洋岸に到達した。地元でとれる原材料を市場に持ちこむため、西部にはもっといい輸送機関——運河と鉄道——が必要になった。

奴隷制は、北部では一八〇四年に（実際のところはどうあれ、原則として）違法化されたが、南部の農業経済はこの制度に大きく依存していた。拡大しつづける西部では、奴隷の立場はやはり弱かった。このころ奴隷制は、もっとも重大とまではいえないとしても、それに近い社会問題になっていった。

一八〇二年、トマス・ジェファーソンはこう述べた。「アメリカ人ならば、喜びと誇りとをもってこういうのではなかろうか。農民、機械工、労働者のなかに、合衆国の収税吏を見たことのある者が一人でもいるだろうか、と[3]」彼のいうとおりだった。ヨーロッパとは異なって、ここには所得税も、窓税も、その他のこまごまとした税もなかった。政府は小規模だった。各州は主権を有し、州民がそう望めば新税を設けることもできたが、全国的な税制はなかった。米英戦争中だった一八一二年から一八一六年までの期間を除き、連邦政府は国税を徴収していなかった。[4] 公有地の払い下げも随時行なわれていたが、政府収入の大半は、輸入品にかかる関税によって得られていた。この関税の制度は不公平なものだった。そして、結局はうまくいかなくなった。

まず、あまり知られていない関税の話から始めよう。一八一六年に新設されたダラス関税である。一般のアメリカ人は日常生活で税に接することがほとんどなかった。一八一二年に開戦した米英戦争は、実際には一八一五年に終結した。イギリスはそれ以前からアメリカのフランスとの貿易を妨害しており、アメリカの輸入量は一八〇七年から一八一五年に九〇％も落ちこんだ(5)。イギリスの商人は、戦争中に商品を大量に備蓄しておき、交戦状態の終了ののちアメリカ市場に一気に投入した。たいていの商品はアメリカ製品よりも安価で良質だったので、それによってアメリカの産業は弱体化した。この事態に対処するため、そして戦債を償還するため、輸入時の税率を高く設定した新しい関税法案が提出された。

この関税法でもっとも大きな打撃を受けるのは南部州だった。南部州はヨーロッパから農機具などの商品を輸入するのと引き換えに綿花を輸出していた。高い輸入関税がかけられるとなれば、より高い金で商品を購入することになった。ところが、彼らの支払う税金は北部に出ていってしまい、南部にとどまることはない。事実上、南部州はそれ以外の州に助成金を支給しているようなものだった。

それでも、南部はこの関税に賛成した。それればかりか、関税導入を求める運動を行なうことまであった。どうしてだろうか？

南部の人びとは国益を第一に考えたのだ。さらなるいざこざがないともかぎらなかった。アメリカが生き残るためには、国内に製造業が必要だった。南部には、重い関税を負担するに十分な繁栄があった。綿花は高値で取引されていた。関税は臨時税であるはずだった。

ダラス関税は一八一六年四月二十七日に承認された――有効期限は三年とされた。イギリス製品の価格はアメリカ製品とほぼ同じくらいになった。

北部対南部――関税戦争の三〇年

初めは臨時税だといわれていたのに、あとで恒久的に徴収される税に改められてしまう例は、いったいどれだけあるのだろう？　また、助成金によって特別利益団体がつくられる例は？

一八二〇年にダラス関税の期限が切れると、この関税の恩恵を受けていた北部の製造業者たちは延長を求めた。税率をより高く設定した恒久的な関税に関する法案と、新たな対象品目の長いリストが提出された。下院では可決されたが、上院では一票の差で否決された。

南部州は今回の法案を支持しなかった。以前とは事情が異なっていたからだ。まず、一八一九年に綿花の価格が下落していたため、金銭的にそれほど余裕がなかった。戦争の脅威は過ぎ去った。一八一二年の戦債は償還されていた。貿易戦争はほぼ消え去った。そして、北部州の製造業の保護は、もはや国家の緊急事ではなかった。[6]

しかし、北部と西部には保護貿易主義的措置を求める意見が根強くあった。一八二四年には別の関税法案が提出された。これは可決した。輸入品の関税は三三%に引き上げられた。一八一六年まではたった五%だったのである。[7]

状況は悪くなるばかりだった。一八二八年にはまた新たな関税法――憎悪税などと揶揄された――が成立した。輸入品の九二%に税率三八%の関税がかかることになった。このときも北部と西部が結託して法案通過を後押しした。実質的に、南部は連邦税収の七五%を支払っていた。[8]外国の商品を高い関税を支払って買うか、品質の劣る北部の商品を高い値段で買うか、いずれかを選ばなければならない。いずれにせよ、南部の金は北部に流れた。アメリカの経済の中心は北部に移りつつあって、北部への人口移動が進んでいた。南部の人びとは、関税法によって不利な立場に立たされたと感じるようになったが、それも当然だった。さらに、綿花の価格が一八一九年から約五〇%も下落していた――南部の人びとは関税のせいだと考えた。[9]

この時点で、サウスカロライナ州は連邦脱退をさかんに主張しだした。それを力強く支持したのがケンタッキー、ノースカロライナ、ヴァージニアの各州だった。一八三二年にはアラバマ、ジョージア、メリーランドの各州の議員たちも支持に回った。サウスカロライナで代表者の大会が開かれた。そして、関税の徴収は違憲であり、法的強制力を持たないことが宣言された。

こうして、いわゆる「無効化の危機」が始まった。ジャクソン大統領は強制的に関税を徴収するといって脅した。国内は内戦寸前となった。ジャクソンが兵を動員していれば、その他の南部州はサウスカロライナの側についていただろう。[10] だが、サウスカロライナ州を地元にする前副大統領のジョン・C・カルフーンは、関税法のおもだった提案者の一人であるヘンリー・クレイ上院議員の妥協案に同意した。輸入関税を二年ごとに一〇%ずつ引き下げ、一八四二年に二〇%に達すればそのまま据え置くことになった。無効化の危機は回避された。それからほぼ一〇年間、関税が問題視されることはなかった。

しかし、まもなく一八四二年になるころ、またしても北部の産業界から保護を要求する声が上がりはじめた。ヘンリー・クレイを始めとする関係者は、イギリスとの競争に打ち勝つことができないという主張を蒸し返した。一八四二年、ブラック関税法案が下院および上院で、たった一票差で可決した。南部州は、関税率が合意によって定められた二〇%に達するまで、すでに九年待っていた。ところが、関税率が一八二八年の「唾棄すべき関税」に近いレベルにまで引き上げられた。当然ながら、南部州は猛烈に抗議した。

「革命になるだろう」とサウスカロライナ州民のロバート・レットはいった。[11] アラバマ州民ならば北部の奴隷になるよりも「血まみれの墓」のほうを選ぶだろう、とアラバマ州民のウィリアム・ペイン。保護貿易政策はアメリカに内戦をもたらし、「連邦の存続を危うくする」と、ヴァージニア州民のルイス・スティーンロッドも語った。輸入関税は四〇%近くに引き上げられ、特定の品目についてはそれぞれに税率が定められた。もっとも税率が高かったのは鉄だった。たとえば、鉄釘の関税は一〇〇％を超えていた。貿易活動はたちまち停滞した。外国からの輸入はほぼ半減した。ニューヨーク州民のモーゼス・レナードにいわせれば、これは「自由かつ聡明な市民に対してアメリカ合衆国議会が行なってきた、著しく公平を欠く所業の一つ」だった。

しかし、このときも危機は回避された。一八四四年のアメリカ大統領選挙戦でヘンリー・クレイを破ったジェイムズ・K・ポークが、新政権の四大指標の一つとしてブラック関税減税を挙げたのだ。そして、新任の財務長官のロバート・ウォーカーがその仕事に取りかかることになった。

ウォーカーは、関税率を二五％に引き下げたうえで一律化する（どの品目にも同じ税率を適用する）ことを提案した。彼は、税率を下げれば貿易を活性化することができ、結果的に政府の収入が増加すると主張した。地元でつくる商品を世界の市場で売りたい北部州と西部州は、南部州と手を組んだ。こうして、新しい関税法が一八四六年に成立した。ウォーカーの主張したとおりだった。税率は低くとも、三〇〇〇万ドルだった関税収入が一八五〇年には五〇％増の四五〇〇万ドルになっていた。[12]

もちろん、南北の敵対は関税問題のみを理由にするわけではなかった。奴隷制もまた対立の種になっていた。そして一八五〇年、サウスカロライナ州は、米墨戦争後にアメリカに加わった各州での奴隷の地位をめぐり、ふたたび連邦離脱をちらつかせた。それらの州が奴隷制を違法とすれば、南部州は議会において少数派になり、政治力を弱めることになった。さらに、いわゆる自由州が増え、奴隷解放の機運がいっそう高まれば、国内で暴動が発生する危険もまた高まった。連邦離脱は、サウスカロライナ州での奴隷制の維持を確実にし、綿花生産者の富を保護する手段になるのだった。一八五一年十月に行なわれた選挙は、事実上、この件の賛否を問うための住民投票に等しかった。連邦離脱派は手痛い敗北を喫した。協調派が投票数の五八・五％を獲得して当選したのだ[13]。奴隷制の問題のみでは、民意を連邦離脱の方向に動かすことはできなかった。サウスカロライナ州でそうなのだから、その他の南部州となればなおさらのことだった。とくに、当時はたいへん景気がよかった。

一八五〇年代、アメリカは好景気に沸いていた。南部州にしてみれば、不満はほとんどなかった。一八五七年に成立した関税法で、関税率はさらに引き下げられた――一八一六年に「臨時の」関税が導入されたときと同じ、約一五％とされたのである。

だがその後、一八五七年恐慌がやってきた。

恐慌から保護貿易主義へ

ヨーロッパでは、クリミア戦争の影響で農業生産が停止していた。農産物の不足を満たしたのはアメリカからの輸入だった。だが戦後、ヨーロッパで農業生産が再開された。作物はよく実った。アメリカからの輸入は減った。イギリスのアメリカからの小麦輸入量は九〇％の減少だった[14]。商品全般の価格にしても、三五％も下落した[15]。農業事業に多額の投資を行なっていたオハイオ生命保険信託会社が破綻すると、金融恐慌が発生した。商品の輸送量が減ったことで、鉄道事業者も打撃を受けた。何千人もの失業者が出た。投資家は資本を失った。ニューヨーク行きの蒸気船セントラルアメリカ号は、カリフォルニアのゴールドラッシュで採掘された金三万ポンドを積んでいたことから「黄金の船」と呼ばれたが、巨大なハリケーンに巻きこまれて沈没した。大量の金が失われたことで、人びとの経済、とりわけ銀行への信頼は揺らいだ。

これが一八五七年恐慌だった。

南部もたしかに打撃を受けたが、北部や西部ほどではなかった。綿花の価格は下がったが、すぐにもとの水準に戻った。銀行の破綻も比較的少なかった。むしろ、南部は一八五七年恐慌によって自信を取り戻した。綿花は世界貿易に欠かせない主要商品であるという確信をいっそう深めたのだ。空前の好景気に沸いていた北部および西部は、ここへ来て深刻な景気後退に見舞われた。南部はこの事態にそれほど動じずにいられた。

しかし、恐慌の発生をきっかけに浅はかな法律が制定された例は、いったいどれだけあるのだろう？ペンシルヴェニア州民のヘンリー・ケアリーは、おそらく当時もっとも世間に名前を知られた、影響力を持った経済学者だった。彼は、保護貿易主義はアメリカの産業の成長を促すための方策であると見ていた。また、一八五七年の金融危機のおもな原因は一八五七年関税であると考えていた。その熱い主張は広く行きわたり、大きな牽引力を持つに至った。人びとはかつての高い関税率の復活を求め、熱心に運動を行なった。結成されて間もなかった共和党はケアリーの意見を取りこみ、党創設者の一人であるジャスティン・スミス・モリルは、彼から助言を受け、新たな関税法案の作成にあたった。[16] 税率を一八四六年の水準に引き上げることが目標だと主張していたが、実際の税率はもっと高くなった。

モリル関税法案はおよそ二年のあいだ大きな政治的争点になっていたが、結局一八六〇年五月に下院を通過した。南部州からの賛成票は一票のみであった。

共和党党首のエイブラハム・リンカーンはいついかなるときにも関税に賛成していた。「私は内陸開発と保護関税貿易を推進したい。[17] これが私の意見であり、政治方針である」と、一八三二年に行なった最初の政治声明でも語っている。これらの方針は変わらなかった。「この件に関して、私の見解は大きく変わってはいない」と一八六〇年にも述べているのだ。[18]「政府が関税を取るのは、家族が食事をとるのと同じだ[19]」

リンカーン、大統領に就任

共和党の大統領候補指名をめぐる争いで、ウィリアム・H・スワードはリンカーンの最大のライバルであり、当初は党候補選出の最有力と見なされていた。スワードは奴隷制をはっきり批判しており、一八五〇年の「合衆国憲法より優先する法がある」という声明によって有名になっていた[20]。しかし、奴隷制をそのように見ていない人びとは多かった。老獪な政治家であったリンカーンは、できるだけ多くの票を集めるため、この問題への言及を避けていた。個人的には奴隷制を忌み嫌っていたかもしれないが、公の場では戦略として「唇をかみしめ、黙っていた[21]」。共和党の予備選に勝利できたのは、とりわけペンシルヴェニア州で、保護関税への賛意を表明したことが要因だった。

大統領選挙本選で、リンカーンのおもなライバルは宿敵である民主党候補のスティーヴン・A・ダグラスだった。だが民主党支持者の票は割れ、北部州の人びとはダグラスを、南部州の人びとはジョン・ブレッキンリッジを指名した。リンカーンが勝利するには、北部州での得票数がダグラスを上回りさえすればよかった。そしてダグラスおよび民主党は、北部州では不人気だった反関税の立場を取っていた。リンカーンは単純な作戦を選んだ。奴隷制問題への言及を少なくし、保護貿易主義を前面に打ちだしたのだ。これは効果的だった。歴史学者のデイヴィッド・M・ポッターによれば、共和党綱領のうち「もっとも大きな歓声を受けたのは関税の項目だった」。ペンシルヴェニア州は「喜びを爆発させた……この州の代表の全員が立ち上がり、帽子や杖を振り回した[22]」。

一八六〇年十一月六日、エイブラハム・リンカーンはアメリカ大統領に選出された。得票率はおよそ四〇%で、勝利できたのは北部州と西部州からの支持のおかげだった。のちに連邦から離脱することになる各州ではまったく勝てなかった。共和党綱領において、モリル関税は一七ある項目のうちの一二番目だった。議会で共和党が優位になったことで、保護関税がふたたび導入され、劇的な結果がもたらされると予想された。サウスカロライナを筆頭に、南部州は一州、また一州と連邦から離脱した。

「(南部の人びとは)北部の人びとによって、北部の利益のために課税されており、それはわれわれの先祖が、イギリス議会によって、イギリスの利益のために課税されていたのと同じである」というのがサウスカロライナ州から発せられた声明であった[23]。サウスカロライナ州民は、かつてイギリス本国に対して「代表なくして課税なし!」のスローガンを叫んだ彼らの先祖と同じことをしていると考えていた。両者は「まったく同じ立場」にあった[24]。

一八六一年二月一日、ミシシッピ、フロリダ、アラバマ、ジョージア、ルイジアナ、テキサスの各州もサウスカロライナに続き、連邦から離脱した。これら南部七州は独自の政府を設置し、アメリカ連合国を結成した。

一方、経済学者のヘンリー・ケアリーは、次期大統領になることが決定したリンカーンに対し、新たな関税法案を強引に通過させることを強く要請した。「あなたの新政権が成功するか否かは、今期のモリル関税法案の通過にかかっている……。共和党の永続のためには、これしか方法がない」と彼はいった[25]。連邦離脱州からの反対がなかったため、法案はすんなり通過した。その二日後の三月四日、リンカーンは大統領就任演説に臨んだ。

「奴隷制を合法とする州において、この制度に直接的もしくは間接的に介入する意図はまったくない」と彼は述べた。「私にはそうする法的権利がないだろう。また、そうする意欲もない[26]」連邦議会も、連邦政府による奴隷制への介入を阻止する憲法修正条項を南部州に提案していた。最高裁判所も、その三年前にはすでにお墨付きを与えていた。それは一八五七年、本人および家族の自由を求めて裁判に訴えた元奴隷、ドレッド・スコットを合衆国市民と認めないとの判断を下したときのことだった。大統領、議会、最高裁——連邦政府の三部門——が、事実上、南部の奴隷制に保証を与えていたわけだが、それでも連合国の各州はもはや連邦の一部でいたくなかった。関税や自治権の問題のほうが重要だったのである。だが、その点ではリンカーンは妥協しようとしなかった。関税のもたらす収入にも、その国内産業への保護効果にも、きわめて大きな価値があった。

「私に委任された権力は、政府に属する財産および土地の保持、使用、所有、また、税および関税の徴収のために行使される」とリンカーンは述べた。「これらの目的に必要なこと以外においては、国内のあらゆる地域の人びとに対して、また彼らのあいだにおいて、侵害も、武力行使もなされない(27)」リンカーンは税金の徴収に武力を用いかねなかった。その点は明白だった。南部州は厳しい選択を迫られた。しぶしぶ支払うか、重大な結果に直面するかのいずれかを選ばなければならなかった。

共和党がモリル法案を強引に可決に持ちこもうとする一方、南部の連邦離脱州は独自に憲法をつくった。それは合衆国憲法によく似ていた。はっきりした相違点は、各州に主権を認めていたこと、それに連合国の徴税の権限に制限を設けていたことだった。議会の機能は、政府の借金を返済するための「税、関税、物品税の設定および徴収」と、防衛力の準備と、行政の継続に関する決定くらいのものだった。もはや、この議会は「合衆国の一般の福祉」のためのものではなかった(28)。

「また、産業部門の促進および創出のために外国からの輸入品に課税してはならない」と、その憲法には明記されていた。さらには、つぎのように断言されていた。「本条項、あるいは本憲法のいかなる条項も、商業の促進を目的とする国内開発に資金を割り当てる権限を、議会に委任するものとして解釈してはならない」[29]

奴隷制の問題にも言及されていた。そのもとになった合衆国憲法は、「奴隷」ではなく「奉仕もしくは労働のために所有されている者」という表現を用いていた（これには白人の年季奉公人も含まれた）。一方、アメリカ連合国憲法は、はっきり奴隷という言葉を使っていた。また、この憲法により、アフリカとの奴隷貿易は禁じられた。各州はその境界内における奴隷制の廃止を禁じられた（興味深いことに、各州の主権のおよばない領域はこの部分のみであった）。そして、奴隷所有者は奴隷をともなって移動する権利を保護された。

南部は戦争を望んでいなかった。北部に勝利することは不可能だった。そこで、平和的に連邦を離脱することを求めた。アメリカ連合国大統領のジェファーソン・デイヴィスが就任演説で述べたように、「あらゆる生産国において欠かせない商品輸出をおもな関心事にする農耕民であるわれわれは、和平と、差しつかえのない範囲でもっとも自由な貿易とを真の政策とする……。商品交換に対する実際的な規制は最小限であることが望ましい」。

デイヴィスは、連合国大統領に就任した直後にエイブラハム・リンカーンに手紙を書き、平和な関係を欲していることを伝えた[30]。彼はワシントンに講和全権団を送りこんだ。リンカーンは会おうともしなかった。

開戦に向けたリンカーンの策略

サウスカロライナ州のサムター要塞はチャールストン港への船舶の出入りを監視するための施設だっ

た。北米大陸沿岸に設けられたいくつもの要塞の一つで、ここで関税の徴収も行なわれていた。[31] ここには合衆国軍の兵士が駐留していた。穏便に立ち退いてもらいたい連合国側は、すでに何週間も交渉を続けていた。そして、サムター要塞だけでなく、南部州にある合衆国の所有地すべてと引き換えに賠償金を支払うことを持ちかけた。リンカーン政権の国務長官のウィリアム・スワードはサムター要塞の明け渡しを約束したが、駐留軍司令官のアンダーソン少佐は立ち退きを拒否した。

一八六一年四月のことだった。南北戦争の発端となる弾はまだ発射されていなかった。連邦派として離脱に反対するジョン・ボールドウィン大佐は、ヴァージニア州で連邦離脱について話しあうために招集される会議のことをリンカーン大統領にこう報告した。「われわれはほぼ三倍の人数を擁し、多数派として支配できることは明白であります」評決で連邦派が勝つことに「完全なる確信を持って」いたのである。[32]

「サムター要塞の軍を撤退させてください」とボールドウィンは大統領に訴えた。「これは平和のためです……。そうしてくだされば、離脱州にも、国全体にも、閣下をお支えするために結集しようという空気が生まれます。閣下はこの国のどの人物にもなしえなかったほど多くの味方を集めるでしょう……。この方針を選んだがために失う味方がいるとしても、得る味方はその一〇倍にのぼるはずです。彼らは閣下のため、国としての平和の基準のため、そして合衆国のために馳せ参じることでしょう」[33]

しかし、サムター要塞は関税徴収所でもあった。[34]「税収はどうなる?」とリンカーンはいった。「税金はどう徴収すればよいのだ?」[35]

「閣下、年間に徴収する金額はどれほどでしょうか?」とボールドウィン大佐。

「五〇〇〇万から六〇〇〇万だろう」

「それでは閣下、たとえば、閣下の任期中に二億五〇〇〇万ドルを徴収するとしましょう。いま戦争の危機が迫っていますが、実際に開戦した場合に必要になる費用にくらべれば、これは雀の涙ほどのものです。やむを得ないならば、お諦めください。しかし、私は諦める必要があるとは思いません。閣下ならばことを治められると信じているからです……。サムター要塞で一発でも砲撃があれば――撃ったのがどちらの側かはどうでもよろしいが――すべては消え去ります……。それは天に神がいらっしゃるのと同じほど確実なことです。ヴァージニア自体、いまのところは会議参加者の多数派を占める連邦派が優勢ですが、四八時間以内に離脱するでしょう」

「いや、大佐、それはありえない」とリンカーンはいった。

「閣下には選択していただかなければなりません。それも、いますぐに。閣下はこの国の救い主たるワシントンに比肩するほどのお力をお持ちです。しかし、異なる道を選ぶならば、歴史に汚名を残すことになるでしょう(36)」

リンカーンは戦争を選択した。

ボールドウィンは正しかった。その一週間後、サムター要塞で南北戦争の発端となる一発の砲弾が発射されたとき、ヴァージニア、アーカンソー、ノースカロライナ、テネシーはまだ連邦を離脱していなかった。会議であれ住民投票であれ、最初の評決ではいずれの州においても離脱反対の結果となっていた(37)。これらの州の人びとは、合衆国に残留すること、合衆国を存続させることを望んでいた。だが、リンカーンが連合国に対して武力を行使するつもりであることが明らかになると、改めて投票が行なわれた。すると、今度は離脱賛成の結果となった。しかも、事前にボールドウィンがいっていたとおり、賛成票は圧倒的多数を占めた。

リンカーンは、サムター要塞での砲撃戦が戦争の火種になることを承知していた。それに、「合衆国政府が「離脱を求める」州に対して戦争をしかけるのは、合衆国憲法の精神および趣旨と矛盾する」こともわかっていた[38]。憲法に反するこの行為を正当化するため、彼は南部州を攻撃者に仕立てることにした。彼は補給品を積んだ非武装船三隻を送りこんだ。ボールドウィンからは、「よくご存じでしょうが、すでに彼らにはチャールストンの住民から食料が提供されています」と報告されていた[39]。

「増援部隊の投入は見せかけだった」と、当時の『ニューヨーク・タイムズ』紙が報じている。「目的は開戦のすべての責任をはっきりと反乱軍に押しつけることだった」[40]リンカーンは、サウスカロライナ側がサムター要塞もしくは補給船をめがけて砲弾を放てば、「連合国に開戦の責任をなすりつけることができる」と閣僚たちに話していた[41]。

補給船がサムター要塞に近づくと、連合国側は改めてアンダーソン少佐に要塞の明け渡しを要求し、またしても拒否された。そして四月十二日、砲撃を開始した。これでリンカーンの思うつぼだった。この行動は反逆と呼ぶに十分なものだった。いまや、「当局は」流血の惨事に「無理やりに巻きこまれた」[42]。とはいえ、砲撃によって命を落とした合衆国軍の兵士はおらず、アンダーソンはその翌日に要塞を明け渡した。連合国大統領のジェファーソン・デイヴィスは「まんまと罠にはまった」のである[43]。

南部州は北部を征服しようなどとは思っておらず、それを試みてもいなかった。南北戦争で戦場になったのはほぼ南部州で、ヴァージニアとテネシーがその大半を占めた。最北でもペンシルヴェニア南部だったのだ。南軍は守りに徹した。北軍を打ち破ることは不可能だった。北部州の人口が二二〇〇万人であるのに対し、南部州のそれは九〇〇万人に過ぎなかった。北軍の兵数は南軍のほぼ二倍にのぼった[44]。北部には工場、産業、製造業があった。デイヴィスは、南部州が連邦からの平和的な離脱を求めているだけであることと、連合国が合衆国との紛争を望まないことをくりかえし伝えていた。サムター要塞への砲撃は致命的なミスだった。これにより、リンカーンから平和的離脱への承認を得る、なけなしのチャンスが潰えてしまった。もはや南部は、犠牲者が増えるばかりであることに根負けした北部が、連合国に承認を与えてくれることを願うのみだった。

「計画は成功した」とリンカーンはいった。「彼らはサムター要塞を攻撃した――要塞は落ちたが、かえって大いに役立ってくれた[45]」

北部が平和的離脱を認めなかったわけと、南部が徹底的にやっつけられたわけ

リンカーンが大統領に選出されたとき、合衆国政府の財政はすでに傾いていた。南部州の連邦離脱後、関税収入は激減した。リンカーンはサムター要塞を眺めつつ「税収はどうなる?」と訊ねたが、それは無理もないことだった。政府の最大の収入源が失われようとしていた。

戦争に乗りだした理由について、リンカーンは連邦の存続のためだったと口にしていた。しかし、連邦は南部の関税収入に依存していた。「税収のほとんどは南部州の市民が支払った税金であり、彼らはそのことを知っていた」と、『ニューオーリンズ・デイリー・クレセント』紙が報じている。「また、連邦政府の奸計により、集められた税金はおもに北部州の市民のために使われていた。彼らは、同じ連邦に属しているかぎり、南部州から金を巻き上げたり、ぶんどったりできることを知っていた……。彼らは、それまで好きに味わえていた贅沢なごちそうを取りあげられることに腹を立てた。しかも、当時はいっそうの食欲に駆られ、まさに皿に向かおうとしていたところだった[46]」北部は南部を必要としていた。南部は北部を必要としていなかった。

南北戦争の費用を賄うため、リンカーンはいくつもの新税を設けなければならなかった。合衆国に初めて財産税が導入された。所得税も新設された。憲法違反かそうでないかはさておき、所得税が導入されたのは一八六一年のことだった——これは臨時税で、所得の八〇〇ドルを超える分に対して三％の税金がかかった。八〇〇ドル超の所得のある市民は人口の三％程度だったので、所得税導入は幅広い人びとから支持された。その翌年には基準額が六〇〇ドルに引き下げられ、税率が引き上げられた。

税金を確実に徴収するため、リンカーンは新たな政府機関として内国歳入庁、略してＩＲＳを設置した。一八六二年に承認された歳入法には、今日に残るある規定が含まれていた。つまり、海外在住のアメリカ人労働者は、政府関係の仕事に就いている者を除き、アメリカに納税しなければならないというものである。

しかし、この戦争は失われた関税収入よりも重要だった。ヨーロッパとの自由貿易に踏みきろうとしていた南部の連邦離脱州は、放置しておけないほど大きな脅威だった。そんなことを許していては、北部の企業——製造業、運輸業、そしておそらく、もっとも大きな影響にさらされていた金融業——が貿易ループの外に置かれてしまうからだ。その場合、『ボストン・ヘラルド』紙によれば、「北部は機能不全におちいる」のだった。[47] 連邦側にしてみれば、黙って見ているわけにいかなかった。北部の経済モデルが危険にさらされることになるのだ。リンカーンにとって、平和的離脱は選択肢ですらなかった。

下院議会で、奴隷制こそが南北戦争の原因であったと自由党のウィリアム・フォースターが断言したとき、そこかしこからこんな声が上がった。「違う、違う。関税だ！」[48] リンカーンが戦争に踏みきったのは奴隷制廃止のためではなかった。彼は、「この戦いのもっとも重要な目的は連邦の維持である」と、一八六二年八月の時点でも語っていた。「奴隷制の存続でもなければ廃止でもない。奴隷を解放することなく連邦を維持できるならば、そのようにする。すべての奴隷を解放することで維持できるならば、そのようにする。一部を解放し、一部を奴隷のままにすることで維持できるならば、やはりそのようにするだろう」[49]。南部での奴隷解放につながった奴隷解放宣言が公布されたのは、一八六三年一月になってからのことだった——それも、リンカーンがこう考えたためであった。「そろそろ切り札を出し、戦術を変えねばならない。さもないとゲームに負けてしまう」[50]。

一八六二年、イギリスを訪問したアメリカ連合国の外交使節団は、国家として承認してもらえるならば、奴隷制を廃止する用意があることを示唆した[51]。たしかに南部州は、少なくとも当面は、奴隷制を維持することを希望していた。南部の経済に奴隷労働は不可欠だった。だが、アメリカ連合国の存続のためならば奴隷制を廃止することもいとわなかった。一八六四年、連合国の外交使節団はヨーロッパを訪問し、同じような提案をした[52]。彼らにとっては国家として独立することのほうが重要だったが、北部はそれを許そうとしなかった。税収を必要としていたからだ。すぐそばにいるライバルが自由貿易を開始しようとするならば、それを黙認することはできなかった。

奴隷制のほかにも、相いれない点はいくつもあったのだ——たとえば、関税、連邦政府の支出、州境の警備、準州の平等利用、公用地の売却などである。だが、分裂の原因になったのは不公平な税制だった。南部州は自分たちの稼ぎを自分たちのものにしたかった。リンカーンおよび北部州は南部の富を自分たちのものにしたかった。一般的な歴史認識においては、南部州の行動は謗られ、北部州の行動は偉大で立派であると見なされる。だが実際は、南北は経済的利益をめぐって争っていたのである。

一八六一年、チャールズ・ディケンズは自分の雑誌『オール・ザ・イヤー・ラウンド』に長い記事を掲載した。「北部と南部のあいだの諍いは、いまのところは、たんなる財政上の諍いである……。南部側にとって決定的だったのはモリル関税だった……この関税が、南北をつないでいた最後の糸をぷっつりと切ったのだ(53)」

アメリカ南北戦争も、その他の内戦や反乱と同じことだった。いずれも、その本質に近いところに税金がかかわっているが、たいていは見過ごされているのだ。

第11章　大きな政府の誕生

税金は窃盗である。戦争は窃盗で得た金を資金とする大量殺人である。徴兵は、倫理上は誘拐に等しい。

ロジャー・ヴァー、企業家（二〇一八年）[1]

二十世紀に入るころ、イギリスは世界一リッチな国だった。ところが、二〇人のうちの一九人までは資産をまったく持っていなかった[2]。労働者は労働契約で保護されることがほとんどなく、多くは解雇および失業の不安につねにつきまとわれていた。労働環境はたいてい劣悪だった。カール・マルクスらの思想が人びとの支持を集め、ヨーロッパ各地で社会主義の潮流が生まれつつあった。このころ、政府はもっと富の再分配の努力をするべきだという言説がよく聞かれるようになった。

イギリスでは、財務大臣のデイヴィッド・ロイド・ジョージとその若い盟友のウィンストン・チャーチルが、この新しい言説の熱心な擁護者となった。彼らは協同組合の成功を再現したいと考えた。協同組合というのは、十九世紀にイギリス各地の共同体で生まれた有志組織で、組合員は年間所得からわずかな金額を会費として拠出した。そのかわり、組合員とその家族は、必要に応じて年金、福祉、医療保険などのサービスを提供してもらえた。ロイド・ジョージとチャーチルは、地方レベルではなく、全国レベルでこういう組織を運営したかった。

ロイド・ジョージの改革は一九〇九年の「人民予算案」の提出から始まった。それは、富の再分配という点において、当時としてはイギリス史上もっとも画期的な予算案だった。彼いわく、それは貧困との戦争の予算案であった。「これは戦争予算である。貧困および無秩序を容赦なく叩きつぶす戦争の資金を集めるためのものだ……。すべての国民に責任を分担してもらわねばならない[3]」そこには、地価税および相続税の新設と所得税の増税が盛りこまれていた。議員の多くが地主であった貴族院はこの案に反対した――だが、政府が有権者からの支持を勝ちとれば承認することを明確にした。一九一〇年一月、議会選挙が行なわれた。その結果、どの政党も過半数の議席に達しなかった。結局、人民予算は四月に承認された――だが、驚くにはあたらないが、地価税の新設は却下された。

財政支出計画を貴族院に邪魔されてはいけないと考えたロイド・ジョージは、一九一一年に議会法を成立させた。これにより、財政法案に対する貴族院の拒否権は事実上なくなった。貴族院がこの議会法案を支持したのは、ハーバート・アスキス首相から、貴族院での法案通過のために十分な議席を新たな貴族で埋めることが国王の意向であると告げられ、リベラルの大量流入を恐れたからだった。貴族院の権限がなくなると、それが戦争のためであれ社会改革のためであれ、税率引き上げへの道が開かれることとなった。税の歴史を研究するジェームズ・コフィールドによれば、こうして、社会の不備は「国家の介入によって改善されるようになった。所得は徴税によって再分配された。被雇用者は最悪の雇用者から保護され、人びとの生活、健康、自由に影響のある決断は、ますます増える公務員の集団によって行なわれた[4]」。旧来の、レッセフェール（自由放任）を基本原理とする十九世紀後半の自由主義は、だんだん勢いを失っていった。

やがて、一九一一年に国民保険法が制定されると、産業労働者に加入を義務づけられた健康保険制度が設置され、雇用者、政府、労働者の拠出金によって運営されるようになった。ところが、結果的に、この制度の手本であった協同組合が解散に追いこまれた。二つの保険に加入したがる者は——また、その余裕のある者は——それほどいなかった。そして、加入は一方は義務、もう一方は任意だった。どちらが生き残るかは明らかであった。国民保健サービスは今日も運営されているが、イギリス政府はその拠出金を、当初の計画どおりに貯蓄するよりも、むしろ会計士ならばひどく動揺するようなやり方で（とはいえ、相応の理由があってのことだが）支出している。

大きな戦争——大きな増税

ロイド・ジョージの人民予算では、所得税率はそれほど引き上げられなかった。年収二〇〇〇ポンド以下の場合は三・七五％のまま、二〇〇〇ポンド超五〇〇〇ポンド以下の場合は五％に引き上げ。五〇〇〇ポンド（今日の約五〇〇万ポンド相当）を超える場合は、五〇〇〇ポンドまでの分の税額に加え、五〇〇〇ポンドを超えた分の金額に二・五％を乗じた税額を納めることになった。所得税率はやがて少しずつ上昇するが、平時において税率を大きく引き上げれば、国民の不満を抑えるのは困難になった。ロイド・ジョージは福祉政策の財源を他に探さなければならなかった。彼は、ピット元首相と同じく、課税によって国民を敵に回すよりも、よそから金を借りてくることを選んだ。「彼は、最終的な請求額がいくらになるかをいっさい気にしなかった」と、銀行家のJ・P・モルガンが語っている(5)。

一九一四年の秋、イギリスは第一次世界大戦に参戦した。欧米諸国の政府のありようにターニングポイントがあったとすれば、それはこの世界大戦だった。戦時、税率の引き上げは正当化された。所得税の基準税率は、一九一四年には六％だったが、一九一八年には三〇％にまで引き上げられていた。所得額が基準を上回る場合、五〇%を超えていた。所得税納税者は一一〇万人から三〇〇万人近くにまでに増えた。[6] さらに、軍需産業で儲けている企業には超過利得税が課せられた。税収総額は、一九一三年から一九一四年には一億六三〇〇万ポンドだったが、一九一八年から一九一九年には七億八四〇〇万ポンドに跳ね上がった。これは一九〇五年の金額の一七倍にあたった。[7] とはいえ、それでも戦費の一九%から二五%に過ぎなかった。[8] それ以外の分は借入とインフレ——つまり非公式の税によって賄われた。

国の借金は、一九一四年には六億五〇〇〇万ポンドだったが、終戦時には七四億ポンドになっていた。完済に至ったのはその一〇〇年後、二〇一五年のことである。[9] 小ピットがナポレオン戦争のために借金したときと同じく、イギリス国民は戦時の負債を数世代にわたって背負いこむことになった。

インフレに関していえば、交戦状態に入った直後、イギリスは金本位制を放棄し、戦費のために通貨の価値を低下させた。一九二一年の国民の生活コストは、一九一四年のそれにくらべ、少なくとも二・五倍に跳ね上がっていた。[10]

納税する人びとの数が増えると、民主的合意および投票権の原則の適用範囲が広がっていった。結果として生まれたのが一九一八年国民代表法と一九二八年国民代表法だった。税が普通選挙制をもたらしたのである。

一世紀前のナポレオン戦争のときと同様、第一次世界大戦においても、所得税は対戦する国同士のあいだに違いをもたらしたといえる。ドイツは数十年かけて戦争に備え、軍資金として金六〇〇〇万ポンドをたくわえていた。そして、戦争はすぐに終結し、その費用は敗戦した敵国からの略奪によって回収できると考えていた。金の蓄えが尽きると、ドイツは借金をして戦争を続けた。その一方、所得税を課すことで国民の負担があまりにも大きくなれば、治安の乱れにつながりかねないと考え、全国レベルでの所得税導入は見送った。戦争終盤になってから戦時利得税、石炭税、取引高税を導入したものの、税収をすべてあわせても、ドイツの戦費一七〇〇億マルクのうちの八％に過ぎなかった。(11) それ以外の分は国内の銀行や一般市民からの借金で賄った。外国からの借金はきわめて困難だった。一九一四年に五〇億マルクだったドイツの借金は、一九一八年には一五六〇億マルクに膨れあがっていた。

ドイツは国民に金《きん》の拠出を呼びかけた。それと引き換えに紙幣を与えるという。だが、それは金地金《きんじがね》と交換できない紙幣であって、ドイツの通貨は法定通貨になった（政府によって発行され、流通を管理される）。物価統制にもかかわらず、戦争中はインフレが徐々に進行していた。一九二〇年代の初めごろ、史上最悪レベルの金融危機のさなかに、インフレは加速し、ハイパーインフレとなった。ドイツの戦時公債は紙くず同然になり、通貨自体の価値も失われた。

所得税がアメリカにやってきた

アメリカで初めて所得税法案が提出されたのは一八一四年のことだった。一八一二年に始まった対イギリス戦争の資金をつくるため、当時の財務長官のアンドリュー・ダラスが発案したのである。一八一五年に敵対関係が解消されると、法案は棚上げにされた。その後すっかり忘れられていたが、戦争になったことでふたたび持ち出され、一八六一年にエイブラハム・リンカーンによって所得税が導入された。南北戦争が終結すると、所得税は一八七二年に廃止されたが、十九世紀終盤、関税撤廃のかわりであるという布告のもとに再導入された。ところが、最高裁判所が、衆目を集めたある裁判――一八九五年のポロック対農民貸付信託会社事件――で所得税法を違憲と判断し、所得税の徴収はほぼ不可能になった。

所得税の合憲性に関して、アメリカでは議論が続いている。合衆国憲法は現在のような方式の所得税が広まる前につくられており、曖昧なところがある。結果的にグレーゾーンが生まれ、議論が終わらない。いまだ決着がついていないのである。建国の父たちならば、生まれたときから啓蒙思想になじみ、自由、小さな政府、代表あっての課税を旨としていたのだから、所得税導入を承認しなかったのではないか――そのように考えることは簡単だろう。一方で、そんな建国の父たちが、関税制度のもたらす不公平をよしとしたとも思えない。

たしかに、税は人口に比例していなければならないと合衆国憲法に明記されている。全人口の一〇分の一を擁する州は、納税義務の一〇分の一を担わなければならないわけだ。このような条項があれば、所得税は徴収することができなくなる。たとえば、人口は少なく高所得者は多い州と、人口は多く低所得者も多い州とがある場合に、調整をつけることが難しくなる。

合衆国憲法にはつぎのような記述もある。「連邦議会は、合衆国の債務を弁済し、共同の防衛および一般の福祉を提供するため、租税、関税、賦課金、消費税を賦課徴収すること。ただし、すべての関税、賦課金、消費税は合衆国全土で同一であること……」合衆国全土で同一であることと、所得税とは両立しえない。というのも、所得は人によってさまざまであるからだ。しかし、税はすべて同一でなければならないと明記されているわけではない――関税、賦課金、消費税のみがそのように説明されている。

だがこの議論は、少なくとも法的には、一九一三年に一段落している。議会は合衆国憲法修正第一六条を承認することで最高裁の裁定を回避した。「連邦議会は、いかなる源泉から生じる所得に対しても、各州のあいだで配分することなく、また、国勢調査あるいは人口算定に準拠することなく、所得税を賦課徴収する権限を有する」これにより、重税を課する国家への道、すなわち大きな政府への道が開かれたのである。

所得税はアメリカに禁酒法をもたらした

合衆国憲法修正第一六条の思いがけない副産物の一つに禁酒法があった。そして禁酒法は、世間にあまり知られていないオハイオ州の弁護士、ウェイン・B・ウィーラーの固い決意なくして導入されることはなかった。農場経営者の家庭に生まれたウィーラーは、少年のころ、酔った作男にピッチフォークで脚を突かれたことがあった。この事件のせいでアルコールを毛嫌いするようになった彼は、反アルコール運動に人生を捧げた。

一八九三年、学生だったウィーラーは禁酒についての説教を聞き、当時結成されたばかりだった酒場反対連盟（ASL）に加わった。彼はこの組織をアメリカ史上屈指の圧力団体に成長させることになる。実は、彼は「圧力団体」という言葉をつくった張本人であり[12]、圧力政治は「ウィーラリズム」と呼ばれることがある。

禁酒運動は数十万人もの支持者を集めたが、彼らが発信するメッセージにはまとまりがなく、彼らを束ねるリーダーもいなかった。たとえば、キリスト教婦人禁酒同盟は菜食主義の推進にもかかわっていた。禁酒党は森林保護と郵便制度に関する政策にも働きかけようとしていた。ウィーラーはASLの活動目的が一つであることを明確にした。つまり、アメリカ市民の生活からアルコールを排除することである。彼は、初めのうちは街から街へ足を運び、教会の信徒たちの前で演説をし、支持者を募った。だがやがて、電報での勧誘や、デモや、訴訟まで行なうようになった。ウィーラーの運動に賛同する者は、他にどのような主義を持っていても仲間だった。反対する者は敵だった。彼はこのように単純に割り切って考え、敵に対してはまったく容赦がなかった。

この方式で、ＡＳＬは一九〇〇年代初めにオハイオ州議会議員七〇人——議員全体のおよそ半数——に対峙した。この七〇人のなかには、共和党員もいれば、民主党員も、人民党員もいた。重要なのは彼らのアルコールに対する姿勢だった。その姿勢のために七〇人全員が敗北を喫した。ＡＳＬは、居住地域での酒類販売の禁止を、有権者の投票によって決定できるようにする法律を、議会に承認させることに成功したのだ。だが、オハイオ州知事である共和党のマイロン・Ｔ・ヘリックは、ウィーラーの法案を（彼の目から見て）もっと現実に即したものに修正してしまった。妥協を知らないウィーラーは激怒した。

オハイオ州は共和党を支持する傾向にあり、ヘリックはこの州の記録となる圧倒的多数の得票で州知事に当選していた。彼は、豊富な資金を持ち、有能で、人気者だった。競馬での賭博行為を禁止したことで教会から支持されていた。たとえそうでも関係なかった。ウィーラーはこのヘリックを敵と認定した。

つぎの州知事選挙が近づくと、ＡＳＬは三〇〇回以上もの反ヘリック集会のスポンサーになった。そして、ヘリックは酒類販売業者の手先であり、「虐殺工場の擁護者」であるなどと吹聴した。ビール醸造組合から組合員に宛て、ヘリックへの表立たない応援を要請する手紙が送られると、ウィーラーはそれを写真にとり、投票日に間に合うよう、数千もの教会に送りつけた。迎えた州知事選挙では、オハイオ州史上もっとも高い投票率が記録された。共和党候補にはヘリックを除く全員が指名された。ウィーラーはこう述べた。「どの政党であれ、州内の教会や道義的な団体からの抗議を無視することは二度とないだろう」。この件で、ウィーラーは禁酒運動の戦術で何ができるかを悟った。そして、州でしたことをのちに国レベルで再現することになった。

ウィーラーは、敵と味方とを分ける彼なりの基準をもって、ひどくちぐはぐに見える人びと同士を禁酒運動のために結びあわせた。たとえば、福音派牧師と、アルコールは労働者を無感覚にしておくための資本家の武器であると考える世界産業労働者組合。また、婦人参政権運動の活動家（ウィーラーはこういう人びとをとりわけ熱心に勧誘した。女性の多くは禁酒を訴える候補者に投票していると考えたからである）と、都市部の貧困層に対する飲酒の悪影響を案じる都市部の革新主義者。黒人、ユダヤ人、カトリックの移民の飲酒をさげすむクー・クラックス・クランと、当のユダヤ人、カトリックのアイルランド人およびイタリア人の団体。

禁酒法の導入について住民投票が行なわれていたならば、ＡＳＬは敗北を喫していただろう。禁酒党はアメリカ大統領選挙で勝つことがなかった。だが当時、数多の争点のなかからこの禁酒法の問題に焦点を当てるだけでも、とりわけ得票数が僅差になる選挙においては、禁酒派の候補者を優勢にするには十分だった。ウィーラーは、一人ないし二人の候補者に絞って有権者たちに投票を呼びかけ、選挙結果を変えることができた。「私は政界のボスたちと同じ手法でそれをやる、少数派を使ってね」と彼は語っている。(13) 目的達成に十分な数の少数派有権者のおかげで、彼は多大な影響力を行使することができた。

ウィーラーは禁酒法に賛成する人びとを擁護した。一方で、反対する人びとを攻撃し、中傷し、打倒した。第一次世界大戦の勃発後には、反ドイツの気運に乗じ、禁酒法に反対するドイツ系の企業や団体を攻撃しはじめた。とりわけビール醸造会社のパブスト、シュリッツ、ブラッツ、ミラーを標的にした。やがて、選挙に当選したければウィーラーの運動を支持しなければならないといっていいほどの事態になった。

かつての仲間が執筆した伝記によれば、ウィーラーはその後「六つの議会を支配し、二人の大統領に指図した……法案の承認を指示し……共和党と民主党の両方で勢力の均衡をはかり、他のどの者よりも手厚く支援し、正式な権限もなしに外側から政府を監督し、味方からも敵からも、アメリカで、個人としてもっとも手腕に優れ、大きな影響力を持った人物と認識されていた(14)」。

こういったことは、所得税なくして実現しえなかった。

一九〇五年にウィーラーがオハイオ州議会で大躍進を遂げたあとも、全国レベルでのアルコール禁止という彼の目標は妄想の域を出ていなかった。ドイツ、イギリス、アイルランドから移民してきた人びとが大勢いたため、アルコールは、ヨーロッパ北部でと同じく、アメリカでも文化の一部になっていた。数百万にのぼる人びとが個人の権利として飲酒を楽しんでいた。おそらくもっと重要なことに、アルコールは国内で五番目に大きな産業であり、アルコール税収は政府収入のおよそ四〇%を占めていた。ウィーラーが目標を達成しようとするならば、財政上それを可能にすることが先決だった。つまり、アルコール税がなくなった場合の穴を埋める、政府資金の調達手段を見つけなければならなかった。代わりの財源がなければ、禁酒法はありえなかった。ASLの方針要綱にはこうあった。「アメリカ全土に禁酒法を導入することに対するおもな反対意見として、政府は収入を得なければならないというものがある」合衆国憲法修正第一六条は、ウィーラーが探し求めていた解決策をもたらした。

一九一二年、民主党候補のウッドロー・ウィルソンは大統領に選出された。南部州出身の大統領は、南北戦争以降では四人目だった。ウィルソンが選挙戦出馬の際に提唱した「新しい自由」と題する政治理念では、関税の引き下げが目標の一つに挙げられていた。そして、実際に大統領に就任するやいなや、彼はその関税の引き下げを最優先事項とした。減収を補う手段として、彼は所得税を（後日には遺産税も）導入しようとした。だが、最高裁がつい最近に所得税を違憲と判断したことを考えれば、その再度の導入は容易ではなかった。

すでにウィルソンは、首都ワシントンがロビイストであふれているとたびたび警告することで、人びとの現状への不満をかき立てていた。彼はマスコミを通じ、憤った有権者たちが地元の議員に接触し、関税改革を要求していることを訴えた。民主党は上院でも下院でも優勢だったが、ウィルソンは、同じ政党でも南部州選出の議員と西部州選出の議員、とりわけ地元産業の保護に賛成する議員の場合、賛成はしないかもしれないことを感じとっていた。しかし、彼らの支持は不可欠だった。ウィルソンは彼らと徹底的に話しあい、過去一〇〇年以上、どの大統領もしていなかったことをした。連邦議会で演説し、人びとに訴えかけたのだ。その両院合同会議は世間の話題を呼び、新聞に書き立てられた。当日、議事堂は人であふれ、上院議員の議席はすべて埋まった。ウィルソンが話をしたのは短い時間だった。彼は関税改革の必要性を、その根拠を交えて語った。一八九四年の改革失敗の不面目をくりかえしてはならない、と彼はいい、改革案を承認するか、でなければ非難に直面するかに関する重責を自らの所属政党に負わせるとした。彼は意志を貫いた。

一九一三年歳入法案の承認により、関税率は四〇%から二六%に引き下げられた。この年、合衆国憲法修正第一六条が成立した。関税引き下げによる歳入不足を補うために所得税が導入された。だが同時に、政府はアルコール税依存を脱することになった。禁酒税反対論者がおもな理由に挙げてきた状況は消え去った。やがて第一次世界大戦が始まると、所得税でどれだけ歳入を増やせるかが明らかになった。一九一三年には所得が比較的高い人びとのみが課税され、その税率は一％から七％までのあいだだったが、一九一八年の時点では、最上位の高所得者に課される所得税率は、なんと七七％にのぼっていた[15]。

いったん所得税が法制化されると、ＡＳＬのいう「つぎの段階かつ最終段階」がやってきた。「合衆国憲法修正条項の採択による全国禁酒法の実現」である。第一次世界大戦の終結から五年、断固として禁酒運動を続けてきたウィーラーは、とうとう夢をかなえた。全国禁酒法――ヴォルステッド法――は一九一九年に成立した。法案のほとんどを作成したのはウィーラーだったが、法律そのものは法案を提出した議員にちなんで命名された。

ウィーラーは、アルコールの違法化には成功したかもしれないが、アメリカ人に飲酒をやめさせることはできなかった。禁酒法には抜け穴がいくつもあった。街なかで飲みたいと思えば、酒場を見つけるのは容易だった（ある警察関係者によれば、ニューヨークだけでも三万二〇〇〇軒のもぐりの酒場があったという）[16]。その一方で、思いがけない副産物があとからあとからあらわれた。禁酒法をきっかけに、それ以前には世間に知られていなかった組織犯罪という犯罪現象が目につきはじめた。警察官、裁判官、政治家のあいだで贈収賄などの汚職がよく行なわれるようになった。また、法律が軽視されるようにもなった。刑罰制度は過度に重くなった。失業者は数十万人にのぼり、経済にも人びとにもさまざまな悪影響がもたらされた。暴飲が習慣となり、健康を損なう人びとが相次いだ。巷のアルコール類は質の悪いものが多かったので、なおさらのことだった。低品質のアルコール類を飲んだことが原因で、五万人もが命を落とした[17]。また、犯罪急増の結果として亡くなった人も数知れなかった。アルコール問題を抱える人びとは、適切な治療を受けられなかった――それどころか、犯罪者と見なされた。数千軒の合法の酒場がつぶれ、かわりにあらわれた非合法の酒場は税金を納めなかった。このため、政府はいっそう所得税に依存するようになった――そして、アメリカ市民はいっそう所得税の負担に苦しむようになった。

しかし、これらの事情も禁酒法を廃止する理由にはならなかった。一九二〇年代後半、すでにアメリカ市民はこの法律にうんざりしていたが、それでも変わりはなかった。体制側はあいかわらず禁酒運動のロビー団体を恐れていた。重い腰を上げたきっかけは大恐慌による税収減だった。アルコールに課税できるという事実が、政治家たちに禁酒法を廃止させたのである。ローズヴェルトはニューディール政策の資金を必要としており、一九三二年の大統領選挙戦では、ビール税のみでも数億ドルが国庫に入ると断言していた。ウィーラーはすでに反対することができなかった。一九二七年に世を去っていたからだ。一九三三年、禁酒法は廃止された。アルコール飲料による税収額は、一九四〇年には六億一三〇〇万ドルに到達していた[18]。

一九三二年の大統領選挙戦で、ローズヴェルトの対抗馬だったフーヴァーは選挙運動の一環として世論調査を行なっていた。そのことが明るみに出たのはつい最近である[19]。その世論調査の結果によれば、アメリカ市民は大恐慌の責任が政府にあるとは考えていなかった。あらゆる点で、当時の最大の関心事は禁酒法だった。フーヴァーはこの法律を断固として擁護したが、廃止を求めるアメリカ市民の声は圧倒的だった。そして、共和党はその廃止を提案していた。フランクリン・デラノ・ローズヴェルトに政権を握らせたものは、ニューディール政策の有望性というよりも、むしろ禁酒法廃止の公約だったのではないだろうか。

第12章　第二次世界大戦、アメリカとナチス

市民からドルを引きはがすために設計された、史上最大の機械。[1]
『タイム』誌（一九四二年十月）

戦争の規模が大きくなればなるほど、それだけ税の負担も大きくなった。第二次世界大戦によって、各国の人びとはいっそうの重税を課された。アメリカ大統領フランクリン・デラノ・ローズヴェルトの言葉のとおりだった。「戦争は金がかかる」[2]

アメリカの場合、第二次世界大戦における軍事費のおよそ二二％が税収によって賄われた。[3]それ以外の分は借入と通貨発行によって用意された。だが、当時はアメリカ人のほとんどが所得税の課税対象ではなかった。ところが、一九四二年歳入法の成立によって状況は変わった。所得税を課されるアメリカ人の数は一三〇〇万人から五〇〇〇万人に増えた。突如として、アメリカの労働者の七五％が所得税納税者になったのだ。これで「アメリカ合衆国史上、もっとも多くの市民からもっとも多くの金が徴収される」と『タイム』誌は嘆いた。[4]

この一九四二年歳入法は「勝利税法」という別名で呼ばれ、この税の印象をよくするため、大々的な公報活動が行なわれた。所得税の納付方法を指南すると同時に、国民の反感を軽減しようとした財務長

官のヘンリー・モーゲンソー・ジュニアは、ウォルト・ディズニーに映画を製作させた。映画の題名は『新しい精神〔The New Spirit〕』、主人公はドナルド・ダックだった。政府は、愛国者の義務であり、喜びでもある納税のプロモーションを、その他のエンターテインメント業界の関係者にも委託した。アーヴィング・バーリンは歌をつくり、ジーン・オートリーがそれをうたった。題して「今日、所得税を払いました〔I Paid My Income Tax Today〕」。その歌詞は、働く人びとが支払う税金のおかげで一〇〇〇機の飛行機をベルリン空襲に送りこめるなどと、誇らしそうに褒め称えるものだった。税金と戦争のつながりがごくさりげなく描写されているこんな歌は、それまでにあっただろうか?

一九四四年、所得税の最高税率は九四%だった[5]。一九四四年二月の世論調査では、自分の納税額を妥当だと思うかという質問に対し、九〇%がイエスと回答した[6]。とはいえ、最高税率を適用されていた納税者ならば、それほど肯定的ではなかったかもしれない。

第二次世界大戦中、アメリカは大まかに、銃一三〇〇万丁、弾薬四〇〇億発分、戦車一〇万台、飛行機三〇万機、戦艦一〇隻、航空母艦二七隻、潜水艦二〇〇隻を購入した。経済的負担はきわめて大きかった。アメリカ政府にのしかかった戦費の総額は、第一次世界大戦のときの一〇倍以上にのぼった――約三二一〇億ドルである[7]。今回、税収によって賄われたのはそのうちの四八%だった[8]。それ以外の資金は借金とインフレによってつくられた。アメリカ政府の債務は六倍に増え、終戦時には対GDP比一一〇%に達していた[9]。インフレが計算に入れられることはめったにないが、そうするべきである。推定値では、通貨切り下げによって戦費の二一%に相当する金額が賄われたと思われる[10]。ヨーロッパでは、もっとひどいインフレが起こっていた。

第二次世界大戦については、アメリカの参戦によって連合国側の形勢が有利になったといわれている。

アメリカのこの戦争への関与の大部分は、新たな所得税によって支えられていた。借入金を別とすれば、所得税はいまやアメリカ政府のおもな財源になっていた。まさに、大きな政府の時代が始まっていた。

労働、福祉、戦争――ナチスドイツの財源

大恐慌のさなかの一九三三年、ドイツではナチ党が政権を握った。失業率は三〇％にのぼり、雇用保険制度は立ち行かなくなっていた。

一般的な歴史認識では、大恐慌、第一次世界大戦後に締結されたヴェルサイユ条約、それによってドイツに課された巨額の賠償負担がナチ党台頭の経済的要因だったとされる。しかし、一九三〇年から一九三三年に実施された調査のデータが示すところでは、要因はそれ以外にもいくつかあった。とくに、増税と支出削減の影響は大きかった。前首相のハインリヒ・ブリューニングがもっと拡張的な財政政策を行なっていれば、ナチ党が政権を取ることはなかったかもしれないといわれている。[11] ヒトラーも当時そのことに気づいており、ブリューニングの緊縮策が「わが党の勝利を後押しするだろう」と述べている。ブリューニング後の首相は経済刺激策を取り、ナチ党は実際に議席を失ったが、すでに手遅れだった。

政権を取ったナチ党は、ただちに大規模な公共事業計画――その大半は前政権によって決定されていたもの――に着手し、経済を刺激しようとした。衰退の程度からすれば景気回復は必然だったとはいえ、その効果は劇的だった。一九三四年末には、六〇〇万人近かった失業者数が二四〇万人に減っていた。ナチ党はすばやくその手柄を独り占めした。道路、スタジアムや学校や病院などの公共施設、再軍備、

産業振興[12]――これらすべてに巨額の公費が投じられた。一九三八年、ドイツは、基本的には失業者をゼロに抑え、賃金統制と物価統制によってインフレを防いでいた。一九三九年には一〇〇万人もの人手が不足していた[13]。そこで、不足を補うために侵略した国、とりわけポーランドの人びとを奴隷労働に駆りだした。

国家社会主義を奉じるナチ党は、公共福祉をたいへん重視していた。「もっとも優れた社会福祉を提供するのはわれわれであり、われわれのみである」と宣伝相のヨーゼフ・ゲッベルスは豪語した――そして、数えきれないほどの福祉制度が設定された。一九三三年、国家社会主義公共福祉という組織がつくられ、国民を「一つの民族共同体としてまとめる」事業の推進にあたった。約一七〇〇万の人びとを助けたこの組織は、「世界でもっとも偉大な社会機関」と見なされた。社会主義公共福祉は、ふつう手厚い福祉といって思いつくもののすべてを提供した。失業手当および障碍者手当、家賃補助、保育所、医療保険、老齢年金、老人ホーム。同様に、ナチスドイツ最大の労働者組織であるドイツ労働戦線も、悪名高い下部組織である歓喜力行団を通じ、組合員向けにたくさんの福祉サービスを実施した。教育もまた国家が提供した。

世の中のあらゆる公共事業と同じく、その目的――市民の面倒を見ること――は善意に満ちていた。問題は、費用をどうつくるかということだった。

一九三三年の選挙公約のなかでも、減税はナチ党がはっきり実現に失敗したものの一つであった。前政権下では国民に重税が課されていたが、それはナチス政権においても変わらなかった。税収総額に占める割合は、消費税収入が約二〇%、所得税収入が約三分の一だった。

通常の税金を支払うことに加え、雇用者も労働者も労働戦線に寄付金を納めなければならなかった。

そのため、これらを併せれば、平均的な賃金労働者は所得の約三〇%を徴収されることになった[14]。開戦が近づくころにも、国民の税負担は重いままだった。消費を抑え、軍備増強に回す金額を増やすためのことだった。

ヒトラー自身は税金の支払いに無頓着だった。一九三四年、所得税の申告と納税を怠ったためにミュンヘンの税務署から罰金を科された。八日間のうちに支払いをすますよう命じられたのだ。財務省からの申し入れののち、税務署はつぎのような通知を出した。「総統閣下の納税義務についてお知らせする納税通知書は、最初から無効でありました。したがって、総統閣下は納税を免除されております[15]」

概して、政府債務に対する税収の割合はそれほど大きくなく、ドイツの国民の税負担レベルはイギリスやアメリカと同じくらいだった。だがいったん戦争が始まると、ドイツでは、連合国を構成する国々とは異なって、税負担が急激に増加することはなかった。

歴史学者のゲーッ・アリーによれば[16]、「官僚は何度も税率を引き上げようとしたが、ナチ指導部がすぐに引き下げてしまった。こうして、ドイツの低所得者および中所得者は間接的に保護されていた」。新たに設置された国防閣僚会議は、戦時の課税計画の立案にあたった。この計画は、すべての国民の賃金に対して五〇%の加算税をかけるものであったが、「最富裕層を除くすべての国民は、ただちに対象から除外された……。結局、国民全体のわずか四%の賃金労働者が五〇%の加算税を支払うことになった[17]」。戦争の進行につれ、政府収入は約九五%増えたが[18]、政府収入に占める税収の割合はますます小さくなった。一九三九年、政府支出のうち税収によって賄われる割合は四五%だった。一九四四年には、それが一六%になっていた[19]。税収総額はドイツが借り入れていた金額の半分に満たなかった[20]。

ナチ党はある意味で運がよかった。政権を取った時点では、ドイツ政府の借金は比較的少なかったのだ。ハイパーインフレの記憶がまだ生々しかったこのころ、ドイツは借入や通貨拡大には慎重だった。また、ナチ党は前政権が一九三二年に結んだ取決めからも恩恵を得ることになった。それは、ヴェルサイユ条約によって規定された賠償金支払いについて、そのほとんどの期限を延長するという内容だった。おかげで一九三三年に剰余金が発生し、ヒトラーはそれを活用した。だが、やがて借入を開始した。一九三六年、ドイツ帝国銀行総裁のヒャルマル・シャハトはインフレの恐れを指摘したが、まもなく解任され、その警告は無視された。

一九三七年、ドイツの政府債務の対GDP比は四〇%にのぼった。名目上はイギリスのほうが高かったのだが、ドイツの場合、公表されていない債務が多くあった[21]。終戦時の政府債務の対GDP比は一〇〇%にまで上昇していたが[22]、実は、ドイツ政府の借金は極秘扱いされ、ナチ党から公表される情報は改ざんされていることが多かった。借金のほとんどは国内からの強制的な徴収によるもので、戦争の終盤には、いわゆる秘密借用、強制借用がよく行なわれるようになっていた。

借入、課税、インフレ税の手法のみでは、政府支出には足りなかった。ナチ政権は収入を得るさらなる手段を探した。

ホロコーストと税

ナチ党はユダヤ系ドイツ人を劣等民族、異質民族と見なしたが、彼らの持っている財産は別のことだった。ユダヤ人からの没収財産は、ナチスドイツによって遂行された戦争の費用の約三分の一を賄った[23]。ナチ政権下の税務当局は「ユダヤ人の経済的絶滅」を積極的に推し進めた[24]。一九三四年以降、ドイツではユダヤ人を冷遇する税法がいくつも制定された。ユダヤ人は、国内外の有形所有物および資産をすべて登録するよう求められた。隠し資産が見つかれば、禁固一〇年の刑を科されたうえ、すべての財産を没収された。さらに、宣戦布告がなされると、帝国議会議長のヘルマン・ゲーリングにより、ユダヤ人は二〇％の富裕税を徴収されることになった。ドイツの社会経済的集団のなかでも、ユダヤ人はたいへん裕福だったので、この富裕税は莫大な金額を集めることになった。どうにか外国に脱出できた人びとも、その際には出国税を納付しなければならなかった。

ユダヤ人は一部のセクターでの労働を禁じられた──公務員、法曹関係者、医療関係者として働くことができなくなったのだ。ユダヤ人税理士は国家資格を取り消された。ユダヤ人医師は公的（国民）医療保険基金からの医療報酬の支払いを制限された。ユダヤ人俳優は舞台や映画への出演を禁じられた。

ドイツでは、ユダヤ人への課税を目的とする役人の組織がつくられた。ミュンヘン大学のクリスティーネ・キュラーによれば、役人たちは「住まいや銀行口座を探しだし、その中身を空にした[25]」。また、絶滅収容所に連れ去られた人びとの痕跡を入念に消し去った。ナチ党は、絶滅収容所の収容者のみならず、国外脱出者からも所持品を奪いとり、それらを売りさばいて富を築いた。ユダヤ人の住居からかき集められた物品はオークションにかけられた。その利益はいったんゲシュタポの銀行口座に預けられ、のちにベルリンの帝国銀行に移された。バルト三国およびポーランドのユダヤ人の住居で略奪が行なわれたとき、税務当局は、奪った物品と、その輸送車両および輸送先をくわしく記した目録をつくった。入念に記録を取ったのは、ユダヤ人のためではなかった。

一九三八年、軍事費が膨れあがり、支出がかさんで手に負えなくなると、ユダヤ系ドイツ人の所有するすべての財産の国有化を定める法律がつくられた。ゲーリングは、ユダヤ系ドイツ人の財産を没収するかわり、彼らに戦時公債を発行した。それが償還されるのは、ドイツが戦争に勝利した場合にかぎられた。
ドイツが侵略した地域――北はスカンジナヴィアから南はギリシャやイタリアまで、西はフランスから東はロシアまで――に関してナチ党は、古くから征服者たちがたどってきた道をたどった。まず略奪し、つぎに課税したのである。略奪は手当たりしだいだった――兵士たちは人びとの身の回り品、備品、自動車などを盗んでいった。バスや列車までも持ちだされ、ドイツに送られた。税額控除があったため、ドイツ兵はいっそう略奪、収奪に励んだ。征服地の住宅、農場、商店などから盗みとった物品は、郵便袋に入るだけの量であれば、ドイツに送るとき関税がかからなかったのだ。一九四〇年、ソ連への侵攻開始から半年のあいだにドイツ兵が母国に送った略奪品は三五〇万袋分にのぼった。

ナチ政府は占領地に派遣されていた兵士の手当金を引き上げた一方、現地の通貨価値を引き下げたので、ドイツ軍の兵士の購買力は上がった。彼らは、商品（事実上、市場価値よりも安価だった）を購入してドイツに送付することを奨励された。現地では物資が不足し、物価が高騰したため、多くの住民が飢えに苦しみ、経済が行き詰まった。ギリシャの場合、結果的にハイパーインフレが発生した。

占領地の人びとは、近くに駐屯するドイツ軍部隊の衣食を支えるために多大な負担を強いられた。また、保有する金《きん》をドイツ中央銀行に送らされた。フランスでは、ドイツ側が証券取引所を掌握し、株式の一部を売却して費用を工面した。

占領地の人びとは、所有物を盗まれたうえ、労働力を奪われた。さらには、命さえも取られてしまった。最初はユダヤ人、政治的な反体制者、同性愛者、その他の犯罪容疑者が、そのつぎには戦争捕虜、一般市民が、占領地から連れだされ、強制労働収容所に入れられた。ポーランド人の場合、約五〇〇万人が収容所に連れていかれ、そのうちの三〇〇万人が命を落としたと考えられている。[26]歴史学者のマイケル・アレンの計算によれば、ドイツの工場および農場では、一九四四年には奴隷労働が総労働力の四分の一を占めるようになっていた。(27)

戦争に勝ち、平和を失った国

第二次世界大戦において、イギリスの納税者はアメリカの納税者と同じような経験をした。所得税の税率は過去最高となり、その納税者数も過去最多となった。一九三八年、イギリスの所得税納税者は総人口約四七五〇万人のうちの四〇〇万人だった。終戦時には、その三倍である一二〇〇万人を超えていた。(28) アメリカの高所得者の税率九四％も過酷だったが、イギリスのそれはなんと九七・五％に達していた。

イギリス政府の債務はほぼ三倍に増えた。一九三九年に八三億ポンドだったものが、一九四五年には二三〇億ポンド（約九二〇億ドル）になっていた(29)――対ＧＤＰ比二三七％に迫っていたのだ。だがイギリスは、国内からの融資をもって戦争に乗りだしたが、終戦時にはアメリカを始めとする諸外国の対外債権に頼るようになっていた。

イギリスは、戦費の調達ばかりでなく、戦後の復興にもたいへん苦労した。たとえば、南東部だけでもドイツ軍の空襲によって二〇〇万戸の住宅が破壊されていた（ヨーロッパのどの国もインフラを破壊されたことで難儀していた。アメリカやカナダの場合、パールハーバーを除けばこういう苦労はなかった。とりわけドイツは被害が大きく、ヴュルツブルクでは市街地の八九％、レムシャイトおよびボーフムでは八三％、ハンブルクおよびヴッパータールでは七五％が壊滅状態になっていた）。

戦争中、アメリカはレンドリース法を通じてイギリスに生活必需物資を提供していた。戦後には、新たに五億八六〇〇万ドルを貸しつけたほか、最大貸付金額を三七億ドル、返済を五〇カ年の年賦とした。イギリスにとって痛かったのは、この借金がドル建てだったことで、ポンドの価値が下がれば下がるほど、それだけ負債が大きくなった。イギリスは事実上の自治権を失った。アメリカは、保有する金《きん》およびドルの一部を売却するよう強く要求し、くりかえし監査を実施した。イギリスは、保有する資本的資産、とりわけアメリカに置いているそれの多くを売却せざるを得なかった。概して、イギリスはこの戦争によって国際秩序における立場と大英帝国としての地位を失った。

第一次世界大戦のときと同様に、インフレも大きな役割を演じた。国民の生活コストは一九三八年から一九四六年に六〇%上昇した。そして、一九五一年には二倍以上になっていた[30]。つまり、ポンドが五〇%以上も価値を下げたのだ。もう一つ、インフレの油断ならない影響として、所得税納税者はより高い所得額枠に分類され、それだけ高い税率を適用されることになった。

第二次世界大戦では、征服地での略奪、収奪、課税による収入が戦費に充てられていた前時代の戦争とは異なって、戦勝国の人びとが犠牲を強いられた。とりわけイギリスではそうだった。たしかに戦勝国ではあったが、勝利の美酒に酔いしれることはなかった。一九四六年から一九四七年の国民の税負担は戦前の三倍にのぼった[31]。ほんの少し前までは世界屈指の富裕国だったのに、一九五四年になっても食品配給制度を余儀なくされていた。同盟国のカナダとアメリカに対する債務の返済がようやく終わったのは二〇〇六年のことである[32]。ドイツが一九五三年にすべての対外債務の支払いを猶予された一方、概してイギリスは戦時債務を履行したといえる。ドイツと日本は「平和を勝ちとった」といわれるが、そのおもな要因はこの点であるといえそうだ。

第13章　社会民主主義の発展

ピーターから奪ってポールへの支払いに充てる政府は、いつでもポールからの支援をあてにできる。

ジョージ・バーナード・ショー（一九四四年）[1]

二つの世界大戦が終結したのち、政府支出は減ったが、税収は戦前の水準にならなかった。それに近くなることもなかった。むしろ、もっと高い水準に落ち着いたのである。

二十世紀、所得税はすべての人にとって、この時代の生活の特徴になった。戦争をきっかけに、所得税の負担はあれよあれよという間に大きくなり、もはやもとには戻せなかった。財政研究所（ＩＦＳ）はその過程を「つめ車の効果」と呼んでいる。[2] 再選の重圧のため、政治家は平時に増税することに消極的だったが、「戦争はこの重圧を消し去った」。[3] そして、いったん新税が設けられたり、税率が引き上げられたりすれば、それらが廃止されることはめったになかった。

今日でも、所得税率は第二次世界大戦にかかわった国のほうが高い傾向にある。たとえば、ＯＥＣＤ加盟国のなかでもっとも所得税率が低い（対ＧＤＰ比）チリは、第二次世界大戦にほとんど関与しなかった。[4] これは厳密な基準ではないが、それでも心に留めておく価値がある。ＯＥＣＤ加盟国のうち、歳出総額が少ないのはチリ、アイルランド、コスタリカ、韓国、スイスである――これらの国々は、歳出総額ランキングの上位五カ国、フィンランド、フランス、デンマーク、ベルギー、ギリシャにくらべ、第二次世界大戦への関与がないか、ごく小さかった[5]。

	1870	1913	1920	1937	1960	1980	2000	2010	2015	2018
オーストラリア	18.3	16.5	19.3	14.8	21.2	34.1	34.6	36.6	35.6	35.4
フランス	12.6	17.0	27.6	29.0	34.6	46.1	51.1	56.4	57.0	56.2
ドイツ	10.0	14.8	25.0	34.1	32.4	47.9	44.7	47.4	44.0	43.9
イギリス	9.4	12.7	26.2	30.0	32.2	44.7	37.8	48.8	43.2	40
アメリカ	7.3	7.5	12.1	19.4	30.0	35.3	33.9	43.2	37.8	37.8

政府の総支出の対 GDP 比（%）、市場価格

高税率が維持されたのは、戦争のあいだに政府がいくつもの新たな義務を背負いこんだためでもあった。戦債の返済、再建、戦争被害者の支援などである。また、人気を集めたい、あるいは業績を残したい政治家が、将来的に多額の支出を余儀なくされる政策を立案したことも理由の一つだった。もっと立派な道路、学校、福祉を約束する政治家は、簡単には放りだせない義務をつくりだす。約束されるものの規模が大きくなればなるほど、それだけ政府の規模も大きくなる——そして、二度の世界大戦を経たおかげで、いまや課税の構造はそういう約束にかなう形になっている。今日の納税者の背負う義務は、ずっと昔の決定の結果である。そのなかには、一〇〇年も前のものまである。今日の政府支出の約束も、未来の人びとに同じような義務を背負わせるのだ。

こうして政府は、従来の経済的領域——軍、警察、インフラ——から別の経済的領域、とりわけ教育、福祉、医療に手を広げていった。上は経済問題研究所によって作成された表で、一八七〇年以降の歳出の大幅な増加をあらわしている[6]。オーストラリアでは二倍、ドイツ、フランス、イギリスでは四倍以上、アメリカでは約五倍に増えている。

時代によって変動はあるものの、だいたいの傾向として、政府の規模は

大きくなっている。二十世紀に入るころ、ヨーロッパ諸国の政府支出の対GDP比は一〇%前後で、国民の税負担は軽かった。その一〇〇年後の二十一世紀初頭、政府支出の対GDP比はヨーロッパの多くの国で五〇%を超え[7]、税負担はより重くなっていた。この増加の多くの部分は、政府のもっとも大きな収入源である所得税によって賄われていた。

第二次世界大戦後から一九七〇年代まで、イギリスは比較的税金の高い国だった。政府支出の対GDP比は、一九四八年から一九七七年までのあいだに増加の一途をたどった。一九六〇年代後半における国民負担率の上昇は、戦時を除けば、二十世紀でもっとも顕著かつ長期の上昇となった。だが、一九七〇年代後半に風向きが変わった。マーガレット・サッチャーがイギリス首相に、ロナルド・レーガンがアメリカ大統領に就任したのだ。この二人のリーダーは低い国民負担率と小さな政府を信奉しており、増加しつづけていた政府支出の対GDP比は横ばいとなった。また、英米以外のほとんどの先進国でも、少なくとも一九八〇年代に入るまで、多くの場合はそれ以降も、政府の規模は大きくなりつづけた。

レーガンとサッチャーが政権を取ったのと同時期に、所得税の最高税率を引き下げる傾向があらわれた。それは世界的な現象だった。一九〇〇年、最上位の高所得者は所得に課税されることがほとんどなかった。最高限界税率は一九一〇年以降に導入され、以後上昇しつづけた。イギリスの場合、一九五〇年代から一九六〇年代の最高税率は、所得区分の超過分への課税額をあわせれば、実質九〇%だった（戦時のほうが高かった）。一九七八年、最高所得層の所得税率は、基本的には九八%だった（所得の全額ではなく、一定の額を超える部分に課税された）。当時はインフレが進んでいたが、所得区分は変わらなかったため、ますます多くの人びとが高所得区分に組みこまれ、より高い税率を課されることになった。一九八〇年前後から、多くの国で最高税率が引き下げられた。サッチャーは最高税率を六〇%に下げたのち、一九八八年には四〇%にまで引き下げた。今日のイギリスの最高税率は四五%となっている。ドイツとフランスはそれよりも数%高い。アメリカは三九・六%である。最高税率の引き下げは政府の規模縮小にはつながらず、規模拡大の速度を緩めただけだった。

地方自治体の緩慢な死

しかし、すべての税の税率が引き上げられたわけでもなければ、政府のすべての領域が大きくなったわけでもなかった。二十世紀の税制の目立った特徴に、地方レベルでの税収減があった。二十世紀初頭のイギリスでは、地方自治体の収入総額に占める地方税の割合は三分の一程度だった。それが、今日では三%から四%程度になっている[8]。そして、IFSがいうように、「いまある唯一の重要な地方税――カウンシル税――でも、地方自治体の支出総額のおよそ七分の一である[9]」。

アメリカでも同様の傾向が見られる。二十世紀に入るころ、地方自治体の税収は連邦政府のそれよりも多かった[10]。大恐慌の直前でも、地方自治体はアメリカ政府の収入総額の半分にあたる金額を集めていた。財産税――地方レベルで徴収されていた――だけでも四〇%を占めていたのだ[11]。しかし、財産税収入は大恐慌のさなかに激減した。第二次世界大戦の終結までに、地方自治体の収入総額のたった一〇%まで落ちこんだ[12]。その理由の一つは、その他の税――とりわけ所得税――の税率が大きく引き上げられた一方、地方税ではそれほどの引き上げがなかったことである。しかし、もう一つ別の要素もある。

おそらく、徴収しやすいところから徴収することが、課税の第一の法則になっているのである。国民から責任を追及しづらい相手、中央当局が源泉徴収する所得税は、徴収しやすい部類に入る。地方税の場合、概して、源泉徴収は行なわれない。納税義務の不履行の余地がより大きいのである。人は、すでに手中にある資金から税金を支払えといわれても、なかなかその気にならないものだ。すでに連邦レベルで納めているならば、なおさらそうだろう。よくいわれるように、「人は、中央政府への納税の際には悲しみを、地方政府への納税の際には怒りを感じる」。地方税の場合、税吏とのやりとりの機会がより多く、当局に責任を追及しやすい。

いうまでもないことだが、地方税――人頭税と揶揄されたコミュニティ税――をもっと徴収しようとしたマーガレット・サッチャー首相は、不評を買い、結局は政治力を失った。税収総額のほとんどが地方税収である北欧諸国の場合、このパターンには当てはまらない。だが北欧諸国では、地方税を含め、何種類もの税が給与から源泉徴収されている。

たいていの国で、税は中央で徴収され、地方に分配される。それにより、中央当局に力がもたらされる。税収を握る者が力を握るのだ。今日、政府はいっそうの中央集権化を進めており、国民から遠ざかりつつあると同時に、地域性を薄れさせ、さまざまな意味で、説明責任を果たすことが少なくなっている。中央当局が地方当局よりもずっとうまく収入を増やせるようになったことで、いまや政府そのものの性質が変わってきている。

デジタル通貨と付加価値税（VAT）＝納税申告書の拡大

二十世紀後半の税制の目立った特徴をもう一つ挙げる。税率が高い場合でも、中央政府の徴税の効率がぐんとよくなっている点である。

第二次世界大戦中とその終結直後、多くの国は源泉徴収を確実に行なうための新たな手法を取り入れた。アメリカは一九四三年に源泉徴収制度を導入した。その翌年、イギリスでも源泉徴収制度（ＰＡＹ

E）が開始された。それまでは、税金は年一回もしくは二回徴収されていた。それが毎週もしくは毎月になったので、政府はより迅速に金を集められるようになった。効率よく、迅速に徴収できるようになると、それだけ政府支出を賄う能力は上がった。アメリカ財務省によれば、「納税者にとって、また内国歳入庁にとって、徴税はたいへん容易になった」。また、率直にいって「納税者はいくら徴収されているかをたいして意識しなくなった。税の透明性が低下したわけである。そのため、将来の増税は容易になった[13]」。つまり、ガチョウは羽毛をむしりとられていることをたいして気にかけなくなったのだ。一九五〇年には、ほとんどの先進国、それに多くの開発途上国が源泉徴収制度を採用していた。

事実上、雇用者は政府から徴税業務を受け負った。納税義務を怠った者は多額の罰金を取られたうえ、さらにひどい目にあった。金融機関は政府の手下として働き、税金が適切に集められているかどうかを監視し、疑わしいことがあれば報告した。通貨は政府によって発行され、中央銀行によって管理されるため、この支配体制はいっそう強固になった。一九八〇年代から一九九〇年代にかけてのテクノロジーの進歩により、デジタル通貨と電子決済のシステムが誕生した。これらの自動化で、納税義務の不履行がいっそう困難になるとともに、徴税率も納税義務の履行率も高まった。

さらなる進化は、VATと売上税が徴収されるようになったことだった。一九六〇年、VATを導入していたのは一カ国――その発祥の地であるフランス――のみだったが、いうまでもなく、フランス以外の国ではそれ以前から商品税や売上税が徴収されていた。一九八〇年、VATを徴収する国は二七カ国だった。それが、今日では一六六カ国となっている[14]。各国政府は効率のいい税制をすぐに模倣する――「国民のポケットから金を奪いとる方法を、政府がよその政府から学びとる速度は、ほかとは比べものにならないほど速い」と、かつてアダム・スミスが評している。各国のVATの税率はまずまず一定であるといえ、一五％から二〇％までのあいだとなっている（北欧諸国では二四％から二五％）。EU諸国はもっとも低い一五％である。VATでも、事業者が徴税業務を請け負うことになった。総売上高が一定の金額を超える事業者は、VATを徴収し、政府に納付することを法的に要求されるのである。

事実上、政府は徴税業務の外部委託を行なっている。そして、義務を履行しない者がいれば、ただではすまない。

VATについては、累進課税ではないから不公平であるという声もある――誰でも税率が同じなので、保有する富に対する比率で考えれば、貧しい人びとはより多くを支払うことになるというのである。また、累進課税ではないからこそ公平だという意見もある――誰もが同じ税率だから、と。VATによって思いがけない結果がもたらされている。一つは物品税収の縮小である。消費税にかかる税であるVATには任意税のような性質がある。つまり、商品を買わなければVATを支払わなくてもいいのだ。となれば、VATによって商品の売買が減じるともいえる。産業振興のためにVATに対する免税措置を設ける国は少なくない。

読者がこの主張に賛成してくれるかどうかはさておいて、VATは政府の重要な収入源になっている。[15] 多くの国――たとえば、チリ、ロシア、中国など――で、VATは政府の最大の歳入源なのだ。税収総額に占める割合は、イギリスでは約一七％である。[16] ヨーロッパ大陸では平均二八％だ。[17] アメリカにはVATはないが、商品とサービスにかかる税による収入は歳入の一七％となっている。[18]

先進国は途上国よりも税金集めがうまい

先進国と途上国の顕著な違いについて、データ研究機関のウェブサイト「Our World In Data」が公表している。それによれば、たとえ税率が同じであっても、「今日の先進国は、発展途上国にくらべ、GDPに占める税収の割合がずっと高い」[19]。これにはいくつもの理由がある。

第一に、たいてい金融テクノロジー、銀行業務、税インフラがより進んでいる点である。また、途上国と比較して、国民の政治への信頼が大きく、法令遵守の意識が高いことも挙げられる。途上国の場合、たいてい関税と消費税への依存度がより高くなっている。さらに、途上国の多くは二度の世界大戦に本格的に参戦していなかったため、所得税率を高くすることが可能になっている。

だから、高所得国——とりわけヨーロッパの国々——の中央政府は、低所得国の政府にくらべ、GDPのより多くの部分をコントロールできるといえる。たとえば中央政府の支出は、フランスではGDPのほぼ五〇%である一方、ナイジェリアでは六%弱である[20]。

国が発展すれば、それだけ多くの税金を集められるようになる。たとえばトルコでは、税収が一九八〇年の二倍以上に増えている。中国では、所得税として個人および企業から集められた金額の対GDP比が、二〇〇〇年から二〇一二年までに二倍になった[21]。結果、先進諸国は途上諸国にくらべ、社会保障費に多くの金額を割いている。逆にいえば、途上諸国のほうが経済成長が著しく、不景気におちいることが少ない。効率のいい徴税方法と、金融テクノロジーの進化と、社会保障費の増加はたがいに関連している。時間がたつにつれ、途上諸国は先進諸国と同様、徴税をもっとうまく行なうようになるだろう。実際、すでにそうなりつつある。

政府支出の大きな変化

かつては政府運営に必要な資金を集めることが税法の唯一の目的だった。だが今日、税法にはもっとたくさんの側面がある。たとえば、所得の再分配、好ましい産業の振興、好ましくない行動の抑制などである。

アーサー・B・ラッファー（二〇一一年）[22]

第二次世界大戦が終わってても、アメリカの軍事費はかさみつづけた。冷戦、朝鮮戦争、ヴェトナム戦争のためである。その後アメリカは、現在も続いている中東紛争に巻きこまれた。いまやアメリカの国防費は年間八〇〇〇億ドルを超える――これは国家予算の二〇％以上である[23]。アメリカ国防総省はいまや世界最大の雇用者であり、およそ三二〇万人の職員を抱えている。そして、アメリカの軍産複合体は恐ろしく強力なロビー組織である。

しかし、金額はたしかに莫大であるとはいえ、アメリカの国防費は、対ＧＤＰ比でその他の費用と比較すれば、だんだん減ってきている。一九六〇年、国防費の対ＧＤＰ比は八％だったが、今日、それが三％になっているのである[24]。

国防費の減少は、ほかの国ではもっと顕著である。一九六〇年の対ＧＤＰ比の世界平均は六％だった。今日のそれは二％である。ヨーロッパでは、ＧＤＰのわずか一・五％が国防に費やされた[25]――比較すれば、アメリカの半分以下となる。イギリスの場合、ＧＤＰの一・八％である。一九五三年、イギリスの国防費は政府支出の二五％以上を占めていた。今日、それが五％足らずになっている[26]。

インフラや公営住宅などの設備計画への支出も減少した[27]。たとえばイギリスでは、一九六〇年代および一九七〇年代から今日までに、およそ半分になっている。今日、設備投資の対ＧＤＰ比が一七％足らずであるイギリスは、世界ランキングの一三二位につけている。設備投資には、民間資金や公民連携に頼るところが大きいのだ[28]。アメリカの場合、一九六〇年に世界ランキングの一五位だったが、今日では大きく順位を落とし、一〇九位である[29]。

インフラや国防にかける金額を減らしていても、政府の規模はまだ大きくなりつづけている。お金は別のところに使われている。第一次世界大戦後、イギリス政府は「英雄たちにふさわしい国」を提供することを期待された。そして、第二次大戦後にも似たような状況になった。新たな労働党政権下で、戦争ではなく、大規模な福祉施策、とりわけ国民保健サービス〔NHS〕に大金が投じられた。事情はヨーロッパのどの国でも同じだった。公的支出は、とくに一九四五年から一九八〇年までの期間に急増した。支出のおもな領域は、福祉、医療、教育であった。イギリスの場合、一九四八年の国家予算に占める社会保障費の割合は一五%だった。それが、今日では三〇%を超えている[30]。医療費は、一九五六年の八%から今日の二〇%超に増えている。NHS費は、二〇二三年までに対GDP比が三八%に達する[31]。教育費は、一九四〇年代、五〇年代、六〇年代を通じて増えつづけた。それ以降、おおむね国家予算の一一%前後に収まっている――対GDP比では四%から六%である[32]。この数値は国によって少しずつ異なる――たとえばアメリカは、意外に思う人も多いだろうが、たいていのヨーロッパの国よりも多くを医療費に割いている。だが、だいたいの傾向は同じである。国防費、インフラ整備費などが減り、医療費、福祉費、教育費が増えているのだ。富を再分配し、「資本主義における格差を縮小する」ために税金を使うことは、冷戦中に理念上の武器となり、今日もそうありつづけている。

一日単位では、変化はほとんど気づかない程度である。あれやこれやに予算の数%ずつが割かれていても、ごくわずかな金額に思えるかもしれない。だが一〇〇年単位で眺めれば、その緩やかな増加の影響により、政府の役割および規模に信じがたいほどの変化が生じている。ヨーロッパ大陸の多くの国において社会支出は、一九〇〇年には対ＧＤＰ比一％未満だったが、今日では三〇％超となっている。社会保障費は、デンマークやフィンランドでは政府総支出の四〇％。韓国やアメリカの場合は二〇％近くとなる。絶対値――先に記した相対値ではなく――の増加はもっと著しい。一人当たりＧＤＰがこの期間にかなり大きく成長したからである。

タックスフリーダムデー

一九四八年、フロリダ州在住のあるビジネスマンは考えた。平均的なアメリカ国民の納税額がいくらなのか、はっきりしたデータが出ていないのではないか、と。

ダラス・ホステトラーはいいアイデアを思いついた。一月一日以降の平均的なアメリカ国民の所得額が、納税額に達する日を特定する。その日以降、所得はすべて自分のものになり、自分（政府ではなく）の好きに使えるというわけである。

彼はその日をタックスフリーダムデーと名づけた。

その後二〇年間、ホステトラーは毎年、タックスフリーダムデーがどの日になるかを計算した。さらに、この名称を商標登録した。そして一九七一年、引退するにあたって商標をワシントンＤＣのシンクタンク、タックス・ファウンデーションに譲渡した。彼がやっていたことはこのシンクタンクが引き継いだ。現在、世界各国のさまざまな機関が自国のタックスフリーダムデーを算出している。イギリスのそれはアダム・スミス研究所によって割り出される。

致し方ないことだが、いくつもの平均値がかかわることから、算出される結果は正確とはいえない。

しかし、世界各国のタックスフリーダムデーを比較することで、それぞれの国民の納税額や、政府の相対的な規模や、国民の経済的自由度などが大まかに把握できる。これは、経済国における国民の税負担を理解するための、簡単でわかりやすいデモンストレーションなのだ。

アメリカとオーストラリアでは、タックスフリーダムデーは四月の最終週にやってくる。イギリスでは六月に入ってからであり、フランスとベルギーでは七月の最終週以降となる(33)。

二十世紀に入るころ、タックスフリーダムデーは一月上旬から中旬にやってきた。これは政府の規模拡大の度合いに一致する。つまり平均的な国民は、生涯のうち報酬をもらわずに働く期間が、少なくとも二〇年、たいていの場合は二五年あるということだ。

中世の農奴の場合、週に三日、地主の所有地で労働に従事しなければならなかった。そのかわり、地主からの保護と、自分の土地を耕作する権利を与えられた。二十一世紀には、一般市民の労働の四〇%から六〇%が国のものになり、そのかわりに国からの保護と、残りの労働の所有を認められることになる。今日の状況は、たいへん過酷だった当時のそれとはまったく異なる。中世の農奴よりも、われわれは表現の自由、移動の自由を行使できる。そして、ずっと大きな利益を獲得できる。だが、われわれが義務を果たすために時間を費やす点は、基本的には同じだと考えれば、物事がより理解しやすくなる。

第14章　非公式の税負担——債務とインフレ

若者たちは幸いだ。国の借金を受け継ぐことになるのだから。
ハーバート・フーヴァー（一九三六年）[1]

税金がいくら高くとも、たいてい政府支出は税収を大きく上回る。財政収支が黒字になることは稀である。国民への約束をかならず守らなければならない政府は、徴税以外にも、なんらかの手段によって収入を得なければならない。その第一は借金である。

借金は、もちろん厳密には税金ではないが、税金として見ることができる。政府がそれをどう使うかを考えれば、なおさらそうである。借金は「未来に課される税」なのだ。

第一次世界大戦中、アメリカはイギリスに金を貸した。その返済が終わったのは一〇〇年後の二〇一五年のことだった[2]。実質的に、私の世代は高祖父の世代がつくった借金の利息を支払うために働いている。未来の世代は、彼らの責任ではないながらも、今日のもっとずっと大きい財政責任を引き受け、その負債を返していかなければならない。

現時点で、アメリカの国の借金は二一兆五〇〇〇億ドルにのぼる。債務はジョージ・W・ブッシュ政権時代に倍加した。バラク・オバマ政権時代でまたもや倍加した。ドナルド・トランプ政権時代にも倍加することになる。財政収支がやや黒字だった一九九八年から二〇〇一年までの四年間（ＩＴバブルの影響があった）を除けば、アメリカは一九六九年以降、毎年赤字を計上している。

イギリスの国の借金は二兆ポンドにのぼる。ドイツは現時点で二兆一〇〇〇万ユーロ、フランスは二兆三〇〇〇万ユーロ、イタリアは二兆四〇〇〇万ユーロ。一兆がどれほど大きな金額か、念のために確認しておこう。一〇〇万に一〇〇万を乗じる。それが一兆だ。

これらの途方もない負債額は、いっそう途方もなくなるばかりだ。ほとんどの先進国は、大きな借金を抱えているうえ、ずっと赤字続きである。日本は一九六六年から連続して財政赤字を計上している。フランスは一九九三年から。イタリアは一九五〇年から万年赤字国となっている。[3] 結果、借金は膨らみつづけている。イギリス政府の債務残高の対ＧＤＰ比は八〇％以上である。フランスとスペインは九〇％台。アメリカは一〇〇％超。アイルランドは一一〇％、ポルトガルとイタリアは一三〇％。だが、その頂点に君臨するのは日のいずる国である。日本の債務残高の対ＧＤＰ比は、なんと驚愕の二三〇％なのだ。[4] 政府がどれほど努力をしても――多くの場合、努力をしようともしないが――支出を控えることはできない。果たすべき義務――前政権の約束に基づくもの――があまりにも大きいのだ。

しばしば疑問の声が上がる。「その金はどこから借りたものなのか？」アメリカの場合、債務の約三〇％が中国を始めとする外国政府と海外投資家からの借入である。また、社会保障基金、退職年金基金などを通じ、連邦政府自体から調達した資金が約三〇％。さらに、デジタル通貨発行の形態を取る量的金融緩和政策によって返済資金をつくっている連邦準備銀行が、連邦政府の借金のおよそ一二％分の債権を保有する。さらに、投資信託会社、銀行、年金基金、保険会社、その他の投資家が残りの分の債権者である。人類学者のデイヴィッド・グレーバーの考えでは、アメリカの海外からの借金は、実際には海外の駐留米軍のために課される、現代版の貢租であるという(5)。

イギリスの場合、国の借金の約二五%がイングランド銀行(連邦準備銀行と同じように、事実上、貨幣を発行することで借金額を減じている)からの融資である。さらに、二五%は外国の政府と海外投資家からの借入、残りの分が国内の銀行、住宅融資組合、年金基金、保険会社、その他の投資家からのものだ。国民は、政府の借金の一部を年金の形で背負わされていることが多い。だから、自覚を持っているか否かはどうあれ、国民は政府に対して金を貸しているのだ。国債市場は巨大な規模を持ち、一〇〇兆ドルを超える価値を有する。おそらく、その規模は世界の証券市場の二倍はあるだろう。より大規模なのは外国為替市場くらいである。

現時点で、アメリカの債務の未払い利息の金額は国家予算の約七%にのぼる。イギリスの場合、国家予算の六%近い(教育予算の半分を超えるほどである)。借金が膨らめば、金利がたいへん低いとはいえ、利息の支払いのみでも一苦労だ。返済となればなおのことである。金利が従来の平均的水準である四%から六%に戻れば、財政状況が大きく圧迫されることになる。

この借金の大半は、通貨価値を大きく引き下げることなしに返済することはできないと思われる。これは解決のほぼ不可能な問題なのだ。差し迫った問題には見えないため、たいていの政治家は——われわれと同様に——それを無視している。だが、赤字は続いており、借金は膨れあがっている。必然的に、圧迫が厳しくなるばかりなのだ。

まだ恐慌になっていないことに驚いている人びとは多い。もしもいま二〇〇八年のときのような金融危機が発生すれば、おそらく誰もが首をひねり、政府がこれほど借金漬けになっていたことを不思議がるに違いない。女王は、どうしてこれを予見しなかったのかと経済学者たちに尋ねるだろう。社会の片隅にいる人びとのうちの何人かは、手を挙げ、「われわれは予見していました」というが、目を留めてはもらえないだろう。しかし、ドイツ銀行の上級アナリストであるジム・リードの見解によれば、「ショックや危機が多く発生する時期というのは、債務残高も、財政赤字も高水準である」[6]。われわれがいま体験しているのは、戦時を除けば、前例のない状況なのである。

結果はどうあれ、窮地におちいった政府は税務当局に助けを求めることだろう。

今日の債務がもたらす結果をじかに見ることになる人びとの多くは、まだ生まれてすらいない。選挙権の有無から考えれば、彼らは積みあがりつづける借金に関して発言権を持たない。それでも、税金を支払うことで借金を返していかなければならないのは彼らである。悪くすると、返済しきれない借金によってもたらされる結果に直面することになる。債務とは、未来に課される税金であり、アメリカ独立戦争のモットーをもじれば、代表なき課税なのだ。

インフレ税

> 誰であれ、持っている者は与えられ、いっそう豊かになる。だが、持っていない者は、持っているものまで取りあげられる。
>
> マタイによる福音書　第一三章一二節

ルネサンス期の博識家のニコラウス・コペルニクスは、それを「潜在するもの」と呼んだ[7]──「隠れている」[8]から、と。ケインズによれば、その「実際のところを見きわめられる者は一〇〇万人に一人もいない」[9]。それはひそかに進み、目に見えず、読み違えられてしまうものである。

しかし、それは通貨と同じくらい古くからあって、歴史上の支配者たちは、財政が危うくなったときに偶然に、あるいは故意にそれに助けてもらってきた。古代ローマでも、オスマントルコでも、ロバート・ムガベ政権時代のジンバブエでも、また、理解してくれる人はあまりいないかもしれないが、今日のさまざまな国でも。

つまり、インフレのことである。

債務と同じく、インフレも厳密には税金ではないが、だからといってそれが存在しないわけではない。実は、故意に引き起こされることがたびたびあって、その効果はつねに同じである。一方の集団から富を奪い、別の集団に渡すのだ。給与所得者や貯蓄者から国に。債権者から債務者に。被雇用者から雇用者に。それは「とくに悪辣な課税形態」であると経済学者のヘンリー・ハズリットはいう[10]。ミルトン・フリードマンもつぎのように咎めている。「目に見えない税であり、初めはなんの苦痛もない。それどころか、快適に思えるかもしれない……。それは、とくに法律を制定しなくとも課税できる税である。まさに代表なき課税なのだ[11]」

現代は、途方もない水準の課税や債務、さらにはインフレのせいで、異常な時代となっている。グローバル・フィナンシャル・データベースでデータの集積を行なっている統計学者のブライアン・テイラー博士によれば、二十世紀は「歴史上の他の世紀に比較して」インフレがより顕著で、その程度がより深刻であった。「世界中のどの国も苦しめられた[12]」この状況は二十一世紀に入っても継続している[13]。政府は、借金を返せないとき、あるいは、フリードマンによれば「戦費の財源を得るために」、インフレを引き起こす[14]。

インフレとは、意味をはき違えられている言葉の一つである。しばしばテレビ番組などで、インフレ、あるいはデフレを生き抜くことができるのか、などといった討論が行なわれている。こういう議論に決着がつかないのは、言葉の意味をはき違えているからだ。今日、インフレは「物価上昇」、デフレは「物価下落」と定義されているが、いったいなんの物価が上下しているのだろうか？　中央銀行は、たいていい住宅価格や金融資産のインフレには目もくれず、消費者物価ばかりを重く見る。そのために、せっかく生産性が向上しても、デフレ圧力が働きやすくなる。

ここで明確にしておくが、本書ではインフレという言葉の従来の定義を用いることとする。インフレとは通貨量および信用量の拡大であり、結果的に物価上昇をもたらすものである。経済学者ならば「通貨供給量の拡大」とか「人為的な金融刺激」と呼ぶだろう。歴史学者ならば「通貨引き下げ」というのではないだろうか。どの言葉を使うにしても、経過は同じである。

金融テクノロジーが進歩するにつれ、支配者の通貨引き下げの手段と、その結果としての「インフレ税」課税の手段もまた進歩してきた。ローマ皇帝は貨幣に含まれる金と銀の量を減らした――いわゆるクリッピングである。中世の王も同じことをした。西欧諸国の政府はその一つ先に踏みこみ、一九一四年に貨幣から金と銀を取り除いて戦争の資金をつくった。ヴァイマル共和国、第二次世界大戦後のハンガリー、ジンバブエは価値の裏づけなしに通貨を発行した。今日の中央銀行の場合、金利を低く抑えたり、インフレを引き起こすうさんくさい手段を用いたり、量的緩和を取り入れたりする。やり方は変わっても、意図するところは同じである。通貨価値を引き下げれば、借金の価値を引き下げられる――債務を軽くすることができる。だがそれは、債権者からその価値の差額を奪うことでもある。

金本位制が定着した十九世紀、インフレはほとんど存在しなかった。ヨーロッパでもアメリカでも、第一次世界大戦までの一〇〇年の期間に、物価は下がっている――アメリカの場合、なんと四〇%の下落である。[15] 消費者物価の完全な記録が残っている唯一の国であるイギリスでは、十九世紀末の物価はその一〇〇年前よりも三〇％下落していた。[16] 英米では、緩やかなインフレとデフレはあっても、そのトレンドは一時的なものだった。たとえばアメリカでは、南北戦争中に軽いインフレが起こったあとデフレになり、ドルがふたたび金本位制を取ることになった。戦費をつくるために多くの紙幣を発行していたアメリカ連合国では極端なインフレが起こり、やがて通貨制度が破綻に至った。敗戦国にはよくあることである。

債務のことをわきへ置いておくとすれば、国が発行できる通貨の量は、国庫に保有する金もしくは銀の価値に、少なくとも緩やかに関連していた（とはいえ、そうでなくとも発行できる手段があれこれと考案されていた）。したがって、基本の通貨供給量を増やすには、採掘によってより多くの貴金属を手に入れるか、他国を征服し、その国が保有していた金銀を奪いとるかしかなかった。だから、通貨供給量の増加には限りがあった。そのため、物価は時間とともにごくゆっくりと上昇し（多くの場合、国ごとの借入能力によって変わった）、長期的には横ばいか、下降することが多かった。消費者や労働者にとっては、自分の持っている通貨の購買力が上がるのは、たいへん心強いことである。

しかし、一九一四年以降の一〇〇年間に発行された量があまりにも多かったため、通貨のほとんどは購買力が九五％以上低下した。低下の幅が九九％を超えた通貨も少なくなかった。イギリスの場合、一九一四年に十進制一ペンス〔一〇〇分の一ポンド〕があったとすれば、それは今日の一ポンドよりも購買力が高かった。[17] カーメン・ラインハート教授とケネス・ロゴフ教授によれば、概して世界中で、物価は一〇〇年前の三〇倍以上も上昇しているという。[18]

変化は一九一〇年の直後から始まった。おもに第一次世界大戦のせいである。一九一四年、イギリスとフランスとドイツは、戦費に必要な通貨を発行するため、金本位制を停止した。これら三カ国がそうしていなければ、第一次大戦があれほど長引くことはなかっただろう。支払いに足るほどの金銀はなかったのである。信じがたい思いつきではないか？　通貨の価値を下げること――インフレを起こすこと――で戦争を遂行できるようにしたわけだ。通貨の価値を下げる決断によって広範囲にとんでもない結果がもたらされることを、ほとんどの人が理解していなかった。イギリスでは、当時の借金がつい最近ようやく完済された。戦争によって失われた人命にくらべれば、ほんの些細なことではあるが。

イギリスは一九二五年に金本位制に復帰したが、一九三一年にふたたびそれを停止した。大恐慌による景気の底がやってきたのはその二年後、一九三三年のことだった。以降、イギリスの物価は二〇〇九年を除いて年々上がりつづけ、二〇一〇年の時点で一九三四年の六〇倍以上になっていた[19]。

アメリカドルは金本位制を保ち、それ以外の通貨は、一九四五年のブレトン・ウッズ協定に基づき、米ドルを基軸とする固定相場制を取ることになった。これが蓋のような作用をしたために物価の急上昇は抑えられたが、一九七一年にアメリカが金本位制を放棄したことで状況は変わった。

実際の通貨供給量に関していえば、二十世紀初頭には約七〇億ドルだった。そして一九七一年、アメリカの通貨供給量は四八〇〇億ドルにのぼっていた。今日、それは一九七一年の三〇倍超、一九〇〇年のおよそ二二〇〇倍にあたる一五兆五〇〇〇億ドルとなっている[20]。そう、アメリカのＧＤＰは一九七一年から約一六倍、人口は六〇％増えている（二億七〇〇〇万人から三億二五〇〇万人）が、通貨供給量の増加率はそれらよりもずっと大きいのである。

イギリスの一九七一年の通貨供給量は三一〇億ポンドだった。現在は二兆八〇〇〇億ポンドを超えている[21]。つまり、九〇倍（八九〇〇％）増ということになる。同じ期間に、イギリスのＧＤＰは一七倍になり、人口は五五〇〇万人から六五〇〇万人に増えた。通貨供給量の増加率は、これら経済および人口の成長率をしのいでいるのだ。

イギリスにおけるインフレ発生をひっそりと示すものは住宅価格である。一二九〇年から一九三九年までの六四九年間に、住宅価格は八八七%上昇した。ずいぶん上がったように思えるが、この期間が約六五〇年であることを考えれば、年間の上昇率はたった〇・四%で、同じ期間に採掘された金とほぼ同じくらいとなる。インフレ調整を行なえば、実際の住宅価格は四九%下落しているのだ。だが一九三九年以降、住宅価格は四万一三六三%(年八%)上昇している。[22]このインフレの原因は、他のどの国のインフレとも同じ、通貨供給量の増加である。

住宅価格の上昇について、住宅不足と人口増加に原因があると考える人びとは多い。だが、一九九七年から二〇〇七年の一〇年間では、人口が五%増えた一方で、住宅ストック数は一〇%増えている。[23]住宅価格がたんに需要と供給のバランスによって決まるとすれば、この期間にやや下落していることになる。ところが、実際には三倍になっている。[24]同じ期間に、住宅ローンの貸出額は三七〇%増加した[25]——これは、住宅価格の上昇にほぼ一致している。住宅価格上昇の原因は、債券発行を通じて通貨供給量が増えたことにある。その影響で、ひそかに大規模な富の移動が生じている。

いまや、あらゆる世代がジェネレーション・レント、すなわち賃貸世代を自称する。というのも、いつまでたっても住宅を購入する余裕ができないだろうと考えているからだ。こんな状況は馬鹿げている。住宅の建築に莫大な金がかかるわけではない。そして、イギリスの国土全体の九五%以上が何も建設されていない土地なのである。[26]

その件についてよくよく考えれば、通貨の購買力がびっくりするほど低下していることに気づく。だが、それは長いあいだに進んだインフレの影響である。その進行はたいへん緩やかで、ほとんど気づかないほどだ。一九一四年以降、人びとの保有する資金の価値は、利息分を含めたとしても、年三％から五％下落している。利息分を含めずに考えれば、初年度の一万ドルが二年目に九六〇〇ドル、三年目に九二一六ドルになる計算だ。五年後には八五〇〇ドル余り、七年後には七八〇〇ドル余りとなる。手元の資金で買えるものの価値が年々下がっているのだ。

二十世紀に購買力をもっともよく保った通貨はスイスフランだった。スイスフランは金本位制をもっとも長く（一九九九年まで）維持していた通貨でもある。

ドイツ銀行のジム・リードによれば、「そうは思えないかもしれないが、長い歴史に照らせば、現代はインフレの時代である」。

平均賃金は上昇しているが、通貨の購買力は、それでは間にあわないほどのペースで低下しつづけている。つまり、事実上、人びとの稼ぎは毎年減っているのである。足りない分を補うために、もっと多くの金を借りたり、長時間働いたりする。かつては二親のうち一人が働けば中流の生活水準を保てたところを、いまでは共働きでなければやっていけない。子供の数も、それほど増やせない。そんなこんなで、多くの人びと、とりわけ下層階級と中流階級に属する人びとは無理に無理を重ねてきている。どの世代も、税金とインフレという二つの重石に挟まれ、前世代よりも貧しくなっている。

中央銀行はインフレを抑制する権限を有し、その手段として利下げを行なうことが多い。ところが、彼らが用いるインフレの判断材料——小売物価指数（ＲＰＩ）と消費者物価指数（ＣＰＩ）——は、一定の商品の価格をはかるものに過ぎない。それ以外の経済セクターを考慮に入れていないのである。不動産価格も、金融資産も気にかけないのだ。つまり中央銀行は、物価上昇率を低いと判断し、金利を低く設定することにより、借金を促し、インフレを加速させることができる。

二〇〇〇年代の金利が通貨供給量の増加を反映していたならば、その数値は実際の二倍になっていたはずで、住宅バブルが発生することはなかっただろう。二〇〇八年の金融危機ののちには、金利がさらに引き下げられて〇%に近づき、量的緩和政策が導入された。この一件からわかるのは、危機に瀕したときにインフレを起こすことが、現在の当局の本能になっているという事実だ。

ここまでは、通貨価値の引き下げとインフレ税の取り立てが行なわれる方法について記した。その最終的な目標は、ほぼつねに、債務、とりわけ政府債務の価値を減じることと、財政支出を可能にすることだ。結果として、資産——すなわち国民の財——の価値は政府に移動することになる。ウラジーミル・レーニンはこう述べた。「政府は、インフレを維持すれば、人民の財の重要な部分をこっそりと、気づかれることなく没収できる[27]」

なかには、インフレのおかげで潤うセクターもある。新たに発行される通貨によって利益を得るセクター——たとえば金融、あるいは金融街のあるニューヨークやロンドンの不動産——に資産を所有する者、あるいはそこで事業を経営する者は大儲けできる。だが、こういう資産を持っていない者は——若者の大半がそうだろうが——置いてけぼりを食う。そして、経済的不平等が広がっていく。たいていの場合、財政支出が大きく膨らんでいる国で最悪のインフレが発生する。これは悲しい皮肉である。つまり、貧しい国民の面倒を見るために大金を投じている政府が、結局は彼らをいっそう貧しくしているというわけだ。ケインズによれば、「いまある社会基盤をひっくり返す、もっとも気づかれにくい、もっとも確実な方法は、通貨価値を下げることである[28]」。

ジャン＝バティスト・コルベールの言葉を改めて考えてみよう。「課税とは、ガチョウの悲鳴をできるだけ少なく抑えつつ、羽毛をできるだけ多くむしりとることである」。通知されない、目に見えない、納税者の理解を得ていないインフレ税は、声を立てさせることなくガチョウの羽毛をむしりとるようなものだ。コペルニクスがいったように、それは「潜在するもの」である——ステルス税と呼ばれる税のなかでも、きわめてステルス性が高いのだ。

第15章　労働の未来

人びとの雇用を奪うロボットには課税するべきだ。

ビル・ゲイツ（二〇一七年）[1]

ここまでは過去を振り返り、過去と現在の両方に大きな影響をもたらした、税金の驚くべき歴史をたどってきた。ここからの数章では未来に目を向け、もっとずっと問題の多いテーマを取り上げる。

われわれの生きるこの時代、経済は大きく変わりつつある。だから、課税方法もまた変わらなければならない。すると、政府の統治の方法も変わることになる。これから起こることについて、少しばかり考察してみよう。まずは労働である。

すでに述べたとおり、所得税は政府のもっとも大きな収入源である。しかし、目的が金のかかる公共事業の費用の補塡であれ、借金の返済であれ、政府がより多くの収入を必要とする際には、現行の課税方法ではなかなか難しくなってくるだろう。雇用者と被雇用者の関係は変わりつつある。従来の働き方は廃れつつある。ギグエコノミーが広がってきている。

ギグエコノミーの働き方をする労働者――単発の仕事を請け負う者、あるいはフリーランス――の推定人数は、調査機関によってさまざまだ。アメリカでは、労働統計局によれば、労働力の一〇％が有期雇用労働者である。[2]その他の調査結果では、もっとずっと多い。ギグエコノミー・データハブによれば、アメリカの労働者のうち「単発請負労働、インディペンデント・ワークに従事する」者は二七％にのぼる。[3]マッキンゼー社から公表されている調査結果もそれと同じである。連邦準備銀行は三一％と推定している。フリーランス組合によれば三六％。[4]リンクトイン社の最近の調査によれば、二〇二〇年には四三％まで増えるという。[5]推定値にばらつきが見られるのは、ギグエコノミーの定義が異なっているからだと思われる。ここに不法就労者や未登録労働者（いずれも正確な人数を把握するのはもっと困難である）を含めれば、データはいっそう不確かになってくる。アーンスト・アンド・ヤング社が行なったアメリカの有期雇用労働者に関する調査は、おそらく現状をもっともよくとらえている。それによれば、二〇二〇年にはアメリカの労働者の五人に一人が有期雇用契約のもとに働いていると考えられる。パートタイム労働者を含めれば、「二〇二〇年までに、労働力の四〇％から五〇％が非常勤労働者になる」。[6]どのデータを参照するにせよ、一つ確かなことがある。ギグエコノミーは拡大している。しかも、急速に――ハーヴァード大学のある研究によれば、二〇一五年までの一〇年に六六％も成長している。[7]そして、それ以降にもっと伸びていることは疑いもない。

これは世界的な現象である。イギリスでは、二〇〇〇年以降に個人事業主が五〇％増加した一方、[8]被雇用者はおよそ六％増加したのみである。[9]ロンドンはイギリスでももっとも先進的な都市である――概して、それ以外の地域はそのあとを追いかける。ここでは、二〇一〇年以降、ギグエコノミーが七三％拡大している。[10]二〇一七年、イギリスの労働力の一五％超が個人事業主だったが、[11]パートタイマーを含めれば、この数値はもっと大きくなる。そして、ヨーロッパ、オーストラリア、アジア全域でも同じような状況になっている。

ギグエコノミーに対しては、批判の声も上がっている。人びとを都合よく使いながら、与えるべき雇用保護を与えていないというのだ。一方で、称賛の声もある。調査からわかっているのは、雇用されている労働者よりも個人事業主のほうが、概して満足度が高いということである。リンクトイン社の調査では、フリーランスの六七％が自分の仕事に満足している、もしくは大変満足していると回答した[12]。また、ギグワーカーの大半は、今後も有期雇用労働者としてキャリアアップしたいと回答した[13]。こういう働き方を好む労働者が多いのは、いくつかの比較的小さい仕事を掛け持ちできるからである。だが、ここではギグエコノミーの良し悪しをいいたいわけではない。要は、これがいまのトレンドであるということだ。他に選択肢がないとか、そういう生き方が好きだとか、その両方だとか、理由はいろいろだろうが、ギグワーカーになることを受け入れる労働者はますます増えている。リンクトイン社によれば、フリーランスの八一％がギグエコノミーで働きつづける意思を持っている。アーンスト・アンド・ヤング社によれば、二〇三〇年までに、アメリカのフルタイム労働者の五〇％が有期雇用労働者になると推定できる[14]。世界のどの国も、今後同じような状況になっていくと思われる。

雇用者のほうでもギグエコノミーを歓迎している。長期雇用契約に縛られないため、経営側としてもより柔軟に動くことができる。ギグワーカーを使えば、正社員を雇う場合にくらべて費用が（たいていの場合、減税の形で）減り、その他の負担もずっと軽くなる。節約できた分を顧客に還元することもできる。結果として価格が安くなり、顧客側も喜ぶことになる。ウーバー社はギグエコノミーを活用し（見方によっては悪用し）、同社の配車サービスを利用する顧客は、より安い料金で、より高い水準のサービスを享受できる。アマゾン社も同様で、顧客はより安い商品を購入し、配送してもらえる。ギグエコノミーを奨励し活用する企業が、従来のモデルを採用するよりもずっと大きく成功する傾向にあるのは、この低価格・高品質のサービスが理由なのである。

一九九〇年、シリコンヴァレーのもっとも規模の大きい三つの企業は、時価総額が三六〇億ドル、社員数が一〇〇万人以上だった。だが、今日の三大企業――フェイスブック（フルタイム従業員が二万五一〇五人）[15]、グーグル（八万八〇〇〇人）[16]、アップル（一二万三〇〇〇人）[17]――は、社員数が当時の約二五％に減っているが、現時点における時価総額は、三社あわせて約二兆二〇〇〇億ドルにのぼり、一九九〇年の六〇倍以上となっている。世界最大の配車サービス会社であるウーバーは、従業員がたった一万六〇〇〇人である[18]。世界最大の民泊サービス会社であるエアビーアンドビーは、九〇五三人だ[19]。これを従来的な企業と比較してみよう。ウォルマートの従業員は二三〇万人以上、アメリカ司法省は三〇〇万人以上、フォルクスワーゲンは六〇万人以上である。

雇用者と被雇用者のいる従来の雇用関係は課税しやすいが、いまや廃れつつある。ということは、第一に、政府は以前にくらべて給与税を徴収できなくなっている。第二に、所得税を徴収しにくくなっている。いまのところ、有期雇用労働者を対象とする源泉徴収制度は存在しない。意図的か否かはさておいても、納税不履行の発生する余地が大きくある。ＩＲＳは、本来納付されるべき税額と実際の納税額との差額四五〇〇億ドルについて、その四四％が個人事業主の所得税納税不履行によるものであるとする[20]。アメリカで実施された調査によれば、フリーランスの六九％は、納税手続きに関して、仕事の発注者である「共有経済プラットフォーム」からなんの助けも得ていない。また、三六％は、保管する必要のある記録がどれであるかを知らない。三四％は、四半期ごとに申告しなければならないことすらわかっていない[21]。

「不安定雇用が大幅に増加すれば、労働者のためにならないばかりではない。政府の財政にも大きな損害となる」と語ったのは、イギリス労働組合会議（ＴＵＣ）の書記長のフランセス・オグレイディである。「ゼロ時間契約かつ低報酬の自営業は、その分だけ税収を減らすことになり、毎年経済に莫大な損失をもたらす。失われた税収は、学校や病院の財政難への対処や、高齢者の適切なケアなどに使えたはずなのだ[22]」

この言葉は正しい——少なくとも部分的には。だが、莫大な税収を失うのはイギリス経済ではなくイギリス政府である。実はギグワークは、企業がより安価で、より良質な商品を市場に送りだせるという点で、莫大な経済損失を防いでいる。ギグワークは、政府に負担をかけないことで成長しているのである。

テリーザ・メイ首相から雇用の実態調査を依頼された戦略家のマシュー・テイラーは、同一の業種における個人事業主と雇用されている労働者の年間納税額について、個人事業主のほうが二〇〇〇ポンド少ないことを明らかにした[23]。イギリスの平均的な労働者が年二万七五〇〇ポンドを稼ぎ、所得税および国民保険料として約五三〇〇ポンドを支払うことを考えれば、二〇〇〇ポンドは政府にとって少なくない損失である[24]。さらに、雇用者から徴収する税額にも損失が生じることになる。自宅で仕事をする人びとが増えれば、それだけ小規模な事業所が求められるようになるため、事業税収入が減ってしまうのだ。

要するに、ギグエコノミーが広がれば、政府収入が減るというわけだ。

その対処として、政府は今後、個人事業主の税負担を引き上げるだろうし、彼らの仕事の発注者である事業者に対し、改めて規制を設けるだろう。すでにイギリスでは、有限会社を通じて仕事をもらうフリーランスを対象に、税率が引き上げられている。また、個人事業主が支払うＶＡＴの税率も変更されている。一方、ウーバーや宅配便業者のハーミーズのような雇用者は、フルタイム雇用とギグワークの定義の見直しを求める人びとから訴訟を起こされ、圧力をかけられている。

税務当局は、仕事を発注するプラットフォームによる所得税の源泉徴収を検討するだろう。後日、個人事業主がそれぞれに経費等を申告し、実際の納税額との差額を請求する形にするのである。いまアメリカで行なわれている所得税の源泉徴収制度と同じようなことだ。「共有経済の提供者」に徴税業務を負担させることになるが、提供者側はそれに抵抗する手段を模索するはずである。この方法が一つの国でうまく行けば、他の国でも同じことが行なわれるようになる。とはいえ、それは容易にできることではないし、ギグエコノミーの大半は大規模なプラットフォームを経由していない。もしかすると、労働の対価が支払われた時点で、所得税を自動的に源泉徴収するシステムが構築されるかもしれないが、それもまた容易にできるものではないし、個人の自由の侵害に関して、さまざまな問題を引き起こすことにもなる。

この方法が取り入れられたとしても（その保証はないが）、従来的な雇用者によって所得税の源泉徴収が行なわれる通常の方法にくらべ、より煩雑になるに違いない。政府はもっと税金の集めやすい領域に目を向けなければならないだろう。

デジタル・ノマドは新しい非定住

武者修業中の騎士たるもの、税金、女王陛下の賦課金、貢納金、関税、通行税を支払うことなどあるものか。

ミゲル・デ・セルバンテス、『ドン・キホーテ』[25]

ウェブデザイナー、デベロッパー、グラフィックデザイナー、プログラマー、トレーダー、ブロガー、コンテンツ制作者、教師、翻訳者、あるいはコンサルタント。彼らはBBCの呼ぶところの「住所不定の新エリート」である[26]。つまり、いま増えつつある、デジタル・ノマドと呼ばれる「独立個人」のことだ。こういう人びとは二〇三五年までに一〇億人に達すると考えられている[27]。そのように語るのは、企業家で、自身がデジタル・ノマドであるピーター・レフェルスだ。一〇億とはとんでもない数に思えるが、レフェルスの理屈に耳を傾ければ、控えめな見積もりであるような気がしてくる。この増加には、いくつかの要因が重なっている。

第一に、若者、とりわけ新卒者にとって、国内では有望な仕事が見つけにくくなっている。その一方、先進諸国では住宅の所有にかかるコストが高騰し、多くの者、とりわけ一九八五年以降生まれの者は家を持つことができない。彼らが働いて得られる金額（税引き後）と、売りに出ている住宅の価格とのあいだに大きな差があるため、多くはその差を埋められないし、わざわざ埋めようとも思わない。そこで、彼らは住まいを借りる。先進諸国では、住宅所有率は低下しつつある。だが、たとえば南米や南アジアなどに居住するヨーロッパ人のデジタル・ノマドは、賃金の半分で二倍の贅沢ができる。とくべつ快適ではない物件のために借金を背負って奴隷労働に従事するのと、海外で面白おかしく生活するのとでは、後者を選ぶ者のほうが多いだろう。

価値観は変わってきている。いまは資産をあまり持たないアセットライト世代の時代で、彼らは形のあるモノよりも経験を重んじる。賃貸世代はロールスロイスをレンタルしても、購入することはない。「住宅所有者の大半は金持ちか老人のようだ」と、レフェルスは辛辣にいう。「われわれは家を持ちたくない。煩わしさを嫌っているのだ[28]」持ち物は資産ではない。重荷なのである。彼らも富を求めるが、所有にはこだわらない。彼らは「実世界の」経済で働いてはいない。デジタル経済で働いている。そこにはもっとたくさんの好機がある。デジタル経済ならばどこにいても働ける。だから、デジタル・ノマドはバックパックに入るだけの品だけを持って世界を歩きまわるのだ。

低下しているのは住宅所有率だけではない。婚姻率もまた下がっている——一九六〇年代には七〇%を超えていたし、一九九〇年代でも六〇%台後半だった。ところが、いまや約五〇%である。仕事であれ、家や家族であれ、比較的若い世代はそれほど執着しない。あるいは、ひとところに縛られない。

住宅価格はとんでもなく高騰しているかもしれないが、移動にかかる費用は劇的に下がったうえ、なお下がりつづけている。飛行機での海外への渡航費は一九四〇年代のおよそ二〇分の一、一九八〇年代のおよそ四分の一になっている。[29] ジェット燃料は一九九八年の一〇倍近くに値上がりしているが、[30] それでも空の旅にかかる費用は当時の五〇%くらいである。[31] 安くなっているばかりでなく、速くなってもいる。いまに、ヨーロッパから極東まで四、五時間で行けるようになるだろう。

インターネットにしても、世界中で通信速度が上がっている一方、接続料金が安くなっている。まもなく5G、6Gの時代がやってくる。ますます多くの人が、ますます遠い場所からリモートワークをするようになる。全世界で、週一回以上リモートワークあるいはテレワークをする人は、スイスのオフィスプロバイダーのＩＷＧの最近の調査によれば、七〇%にのぼる[32]（この調査は個人事業主ではなくフルタイムの被雇用者を対象にしている）。[33] リモートワークを開始した時期については、過去四年以内の人が七〇%以上である。[34] リモートワークを好み、そういう働き方をできるだけ長く続けたい人は八〇%を超えている（ある調査では九〇%である）。[35] 興味深いことに、リモートワーカーの約九四%は他人にもそういう働き方をするようアドバイスするという。[36] このことが、ギグエコノミーの拡大にじかに影響している。

レフェルスはいう。「まず、彼らは自宅で仕事をする。そのうち退屈し、あるいは孤独を感じ、コーヒーショップに出かけるようになり、やがて旅をするようになる」[37]

ブルッキングズ研究所の調査から明らかになったところでは、現在世界人口の半数以上が中流階級以上に属する。[38]旅への期待感に突き動かされ、ヨーロッパや北米の二十代、三十代の若者たちはアジア、アフリカ、南米に出ていくが、ヨーロッパや北米にはアジア、アフリカ、南米の若者たちがやってくる。デジタル・ノマドの増加は世界的な現象になりつつある。

作家のティモシー・フェリスはこういう働き方をテーマに『「週4時間だけ働く。」――9時－5時労働からおさらばして、世界中の好きな場所に住み、ニューリッチになろう。』と題する自己啓発書を著している。この本は四年間も『ニューヨーク・タイムズ』のベストセラーリストに掲載され、三五カ国語に翻訳され、世界中で一五〇万部近く売れている。[39]この数字から、こういう生き方が人びとの憧れになりつつあることがうかがえる。すでにデジタル・ノマド専用のソーシャルネットワーキングサイトがいくつも出現しており、数百万人の会員を擁し、どの季節にどの場所を訪れるのがベストかについて、クラウドソーシングによるデータベースや比較サイトを作成している。その規模は拡大する一方である。

世界人口は二〇三五年に九〇億人に達すると予想されている。レフェルスは、そのうち労働人口は約六〇億人、フリーランスはその半数にのぼるだろうと考えている。[40]このフリーランスの三人に一人がノマドになる。ノマドの数は二〇三五年までに一〇億人に達するとレフェルスがいうのは、このような見積もりによる。

こういう層が増えているのも当然ではないか？　ノマド生活は素晴らしい。賃金、税金、住宅ローンの奴隷にならずにすむ。私自身、子供たちが大きくなったらこういう生活をするつもりでいる。世界のいろいろな場所を見たい。そう思わない者がいるだろうか？

デジタル経済自体、実体経済とはくらべものにならないほどの速さで成長している。そして、そこにしか存在しないチャンスをノマドに提供している。人びとはチャンスを追い求める。いつだってそうだった。デジタル経済は一九八〇年代から一九九〇年代に拡大しはじめたが、それが本当に勢いづいたのはインターネットの普及以降のことである。今日、デジタル企業の評価はきわめて大きく、同業のアナログ企業がかすむほどである。収益はウォルマートのほうが大きいかもしれないが、時価総額ならばアマゾンのほうが勝っている。おもな先進国経済は、機械や建物などの有形資産よりも、無形資産――デザイン、ブランド、ソフトウェアなど――に多くを投資している。見ることも触れることもできない資産に未来の富があるのだ。デジタル経済は活発に動いている。デジタル・ノマドはそこで仕事を見つけるのである。

ギグエコノミーと同様に、デジタル・ノマドの生活もまた柔軟性が高く、コストが低い。つまり、住宅ローンも通勤もなく、先進諸国にくらべて生活費が安上がりであるというわけだ。そのうえ、人生最大の出費を抑えられる――国への支払いを減らせるのである。デジタル・ノマドは、たとえば、カウンシル税、給与税、国民保険料を支払わない。VATの納税額も、どこに住んでいるかによるが、たいていは低くなる。だが、所得税はいくらになるだろう？　また、それをどの国に納めるのだろう？

諸税法がつくられたのはひと昔前のことで、当時この新しい経済はまだ誕生していなかった。厳密には、税金は本人が居住者になっている国に支払うことになっている。居住者とは、その国に年間一八三日以上住んでいる者と定義されている。多くのノマドはその日数に達するずっと前によその国に移ってしまう。

なかには、本人が市民権を持つ国に納税する人もいるだろう。外国に居住するアメリカ市民は確定申告の義務がある（それを定めた法律はエイブラハム・リンカーンの時代に、北部州の税収をなんとしても守るという彼の熱意からつくられた）。だが、たいていの国にはそういう法律がない。たとえば、もはや国内に住んでいないイギリス国民が、タイに住んでいるときにイスラエルの会社から仕事を請け負ったとする。その後、ブラジルに渡ってから仕事を片づけ、メキシコに渡ってから報酬を受けとった。この場合の納税義務ははっきりしない。また、経費についても同様である。

所得税はデジタル・ノマドが頭を痛める問題の一つである。つまり、どのように支払うのか、どこにいくらを支払うのかということだ。なかには、いまだに母国の国民であるかのように支払っている人もいる。手続きがあまりにも煩雑であるために、支払わずにすませている人もいる。故意に支払わない人、合法的に支払わずにすませる方法を見つける人もいる。デジタル・ノマドには自分の母国に義理を感じていない人が多い。住宅価格の高騰、雇用機会の不足を考えればなおさらである。そこにはもう居住していないし、長期間滞在する気もない。母国の社会福祉事業の世話になることもない。そこに子供はいないし、配偶者もいない、自宅もない、投資しているものも所有するものもないので、なんの義務感もないのだ。納税などする必要がないではないか？

母国での税負担が重くなれば、結果的に、デジタル・ノマドになりたがる人が増えるのかもしれない。前回の総選挙〔二〇一九年〕の直前、私はあるツイッターアカウントでこんなツイートを見かけた。「自宅で仕事をしている。ネットでね。税金なら喜んで支払う。イギリスの税制は公平だから。増税となれば出ていくよ。そうなれば、政府に入るのは〇％だ」(41)

大量のリプライ――「同じ考えです」などなど――を受けとった彼は、「出ていく」場合の方法について書き並べた。「実際に移動するとはかぎらない。たんに、課税対象の所得をイギリス以外に置く方法もある」「僕なら、イギリス、デンマーク、ノルウェー、フランスに数カ月ずつ住み、冬には極東に行く」デジタル・ノマドは納税義務を怠りやすい。国内に居住していない者、転居をくりかえしている者に対して税金の申告と納付を徹底させるのは、かなり難しいことなのだ。

定住せずに生活するというのは、かつてはスーパーリッチの専売特許のようなものだった。納税義務を軽くするためにパナマ、モナコ、スイスに居住するのである。だが、テクノロジー革命、とりわけフィンテック〔金融テクノロジー〕革命により、いまや一般の人びともそういう生き方を選べるようになった。

デジタル・ノマドを呼びこみたい各国の都市は、競ってその魅力をアピールしはじめるかもしれない。中国の天府新区——面積六〇九平方マイル〔約一五七七平方キロメートル〕——などは、まさに転居をくりかえすデジタル・エリートを引きつけるために建設されている。レフェルスの指摘によれば、ロンドン、ニューヨーク、東京などの国際都市同士は、たとえばロンドンとバーミンガム、ニューヨークとフィラデルフィアといった同じ国の都市同士よりも、共通点がたくさんある。レフェルスの予想では、ひとところに留まらない新しい労働者層を引きよせたい各都市は、独自にノマド向けの税制および税制優遇措置を設けると思われる。それにより、国際都市が国民国家の枠から分離しはじめることになる。

ノマドにしても、年齢を重ね、家庭を持てば定住するのではないかという意見もある。しかし、そうはっきりとはいいきれない。デジタル・ノマドは子供の数がより少なく、子供を持つ年齢がより高い。レフェルスによれば、彼らの多くは非定住生活に慣れ、家庭を持ってからもそれを続ける。自分頼みでありつづける。学習は、おもにインターネットを利用した自宅学習である。そしてそのことが、税の平等の裏側にある一つの問題を提起する。つまり、これからの公的サービスの役割のことである。ノマドが実際に定住するとすれば、それはどこだろう？　税金が高く、生活費も高い国だろうか？　あるいは、税金が安い国だろうか？

ロボットはわれわれの雇用を奪うのか

第四次産業革命がやってくると語るのは、世界経済フォーラムの創設者で主宰のクラウス・シュワブである。(42)そのインパクトがどれほどのものかは誰にもわからないが、ロボットや人工知能（ＡＩ）が、これまで労働者、とりわけブルーカラーおよびホワイトカラー労働者（こういう定義づけにしても、すでに時代遅れではあるが）が手がけていた仕事を引き受けるようになってきた現在、一つたしかなことがある。課税しやすい従来の雇用形態に、さらなる混乱がもたらされるということだ。

ＡＩ、機械学習、ますます高速かつ高性能になるコンピューター、ロボットまたはアルゴリズム、３Ｄプリンティング、バイオテックまたはブロックチェーン……。いずれにせよ、科学技術はますます高度化し、統合化している。一部には、数百万人が失業し、再就職もできなくなるという声もある。人びとは失業者として覇気なく日々を送るようになる。また、機械の導入によって生産性が高まり、富が増え、雇用の見通しが改善されるという声もある。産業革命では、下っ端の工員、農業労働者、年季奉公人、奴隷がやっていたつらい仕事を機械が引き受けるようになった。そして今日、当時のように経済を上向きにするのは科学技術である。すると、仕事は増えるのだろうか、減るのだろうか。あるいは、たんにいままでとは異なる仕事が出てくるのだろうか。

オックスフォード大学が二〇一三年に実施した調査では、「アメリカの雇用の四七％が不安定になる」

と結論されている。[43] イングランド銀行が二〇一五年に発表したところでは、「イギリスの全仕事の半数」が「高性能な機械」に任されるようになると考えられる。また、アメリカの八〇〇〇万にのぼる仕事もそれと同様であるとのことだった。[44] 二〇一七年、マッキンゼー社は調査結果の公表にもっと公平な表現を用いている。それによれば、アメリカにおける仕事の五一%は「自動化の影響を受けやすい」。これは賃金でいえば二兆七〇〇〇億ドルに相当する。[45] また、八億にのぼる仕事――全世界の仕事の三〇%が「なくなり」、「職種」を変更しなければならない人びとは全体の一四%にのぼると考えられる。[46]

たとえデータに基づくものであっても、こういう予測は問題を含んでいる。まだ考案されていないものについて、予想を立てなければならないからだ。いま、まさに世を席巻している技術革新――インターネット――の雇用に対する影響を調べれば、多くの業務が消滅している一方、それ以上とはいわないまでも、同じくらいの量の業務が新たに創出されていることがわかる。大半の業務は変化している。労働の場においてわれわれは、二〇年前には必要なかった作業をしなければならなくなった一方、その逆に、必要だったいくつかの作業をしなくてもよくなっている。

ジェフリー・チョーサーの『カンタベリー物語』は一三九〇年前後に書かれた小説で、ロンドンのカンタベリー大聖堂にある聖トマス・ベケット廟への巡礼に出かけた人びとのうちの二四人が、それぞれに物語を語りきかせる体裁になっている。そこには、騎士、商人、学僧、五人の職人、法律家、粉屋、料理人、船長、医者、地方役人(代官)などが登場する。それから六〇〇年以上たつ現在、世の中はずいぶん進歩しているが、それらのどの職業も、いくらか形を変えつつ、あいかわらず存在する。もちろん、仕事の性質は変わっているが、役割は当時から変わっていない。今後大変動が起こることは疑いもない。産業革命の場合、最終的には数多くの仕事が創出されたが、農業労働人口は大きく減少した。

たとえば、運転手である——タクシー、バス、トラックの運転手、さらには旅客機のパイロットもそうだ。自動運転の車両や航空機が主流になれば、彼らの需要はだんだん減っていく。運輸業界は変わりつつある。この変化はしばらく前からのことだが、自動運転システムを実際に採用するとなれば、それはあっという間のことだろう。おもな障壁は規制面であると思われる。だが、そのインパクトは絶大だろう。現在、アメリカの労働者のおよそ三%——四四〇万人以上——がなんらかの運転手として働いているのだ。

同じような大変動にさらされるセクターはほかにもある。飲食店はウェイターのかわりにタブレットを設置するようになった。これを使えば、メニューの内容や、おすすめの料理を教えてもらえる。私などは、ついこのあいだ東京でバーテンダーロボットに給仕してもらった。商店は店員のかわりにセルフレジを置くようになった。なかには、店頭で商品を選び、そのまま店を出れば、自動的にアカウントに代金を請求されるシステムを導入しているところもすでにある。米軍は世界最大の雇用者である。一般の兵士からパイロット、監視担当士官、爆発物処理班兵士まで、人間のかわりにロボットが使われている例は多い。倉庫業や製造業も大きく変化している。すでに自動車の八〇%はロボットによって組み立てられている。健康管理、データ入力、法律事務、税務書類作成、経理、銀行取引、資金運用、金融取引は、すべてロボットのほうがうまくできるようになっている。すでにＡＩは、翻訳、顔認証、運転、記事の執筆、金融商品の取引、がんの診断において、人間を上回る成果を上げている。

ロボットはミスが少ない。機械知能はたいへん優秀で、自分の試行錯誤からばかりか、他人の失敗からも学ぶほどである。ロボットは人間よりも長時間働ける。手当、休暇、保険を必要としない。病気で、あるいは無断で欠勤することもない。家庭問題にも、精神的な病にもかかわりがない。人間らしい弱点に悩むこともない。だから、ロボットの利用が増えているのももっともである。

しかし、新しい仕事もいくつか生まれるだろう。それらは、いまのところどんなものかが不明なので、列挙することは難しい。またそれらは、どこに生まれるかも不明である——たとえば、オクラホマのみで雇用が創出されるとすれば、ニューカッスルの人びとにはたいしてうまみがないということになる。

一方、多くの仕事とそれに付随する義務は、たんに変化するのみだろう。軍人という職業はなくならないだろうが、前線で戦闘に従事する人びとはもっと少なくなるかもしれない。経理係もなくならないが、データの入力や処理は機械が行なうことになる。今後、輸送される人も商品もますます増えるだろうが、運転手の仕事は少なくなると思われる。ギグエコノミーの拡大とともに、フルタイム従業員として働くのではなく、いくつかの小さい仕事を請け負う人びとが多くなるかもしれない。

二〇一六年、総合コンサルティング会社のプライスウォーターハウスクーパースは、イングランド銀行と同様に、労働者の今後をたいへん悲観的にとらえていた。ＡＩの導入により、イギリスの労働者の約三〇％が失業する、というのが同社の予測だった。だが二〇一八年、同社はこの見方をやわらげた。業務は、全体の二〇％が影響を受けるものの、消滅したのと同じくらいの数が新たに創出されるというのである。イギリスの雇用に対する全体的影響は、「概して中立」であるという。[47]

労働者を自動化の波から守る手段を講じても、解決にはならないだろう。近年、そういう手段が裏目に出ている。労働者の権利を求める声が高まったことで、自動化がいっそう進んでいるのである。

人員削減によって所得税が取れなくなった分、ロボットに税金をかけようと主張しているのは、ビル・ゲイツを始めとする人びとだ。いいアイデアのように思えるが、これには実務上の難しさがある。ロボットの定義がはっきりしないのだ。タスクを実行する、実体のある機械？　データを分析するアルゴリズム？　それでは、機械はどこにある？　ＩＰはどこに？　生命のない物体から税金を取る方法は？　納税額の評価基準は？　稼働時間？　生産力？　かつての誰かの稼ぎを基準にすることはできない。仕事の性質がすでに変わっているからだ——馬車をあやつる御者の稼ぎを基準に、自動車に税金を課すようなものなのである。

たぶん、ロボットの名目上の賃金を計算し（それ自体が難題であるが）、企業がその金額に対応する税金を納付することになるのだろうが、それが世界的規模で行なわれるのでないかぎり、企業はたんに、所有するロボットを、ロボット税の安い国や地域に移転させるだろう。ロボット税制を機能させるには、政治的意思のみならず、多くの手立てが必要になる。ところが、ことがすんなり運ぶとはかぎらない。労働よりもむしろ資本にかかる税金であることから、なんらかの提案がなされても、それに反対する企業がさかんにロビー活動を行なうために、なかなか前に進まないかもしれない。

それでも、国内にあることが明白であるロボットには、いまに税金をかけられることになるだろう。たとえば、自動運転車（ロボットといえるのだろうか？）への課税はほぼ不可避である。自動運転車の場合、外国に移すわけにいかない——ＩＰならばそれが可能だろうが。だから、課税のターゲットになりやすい。私の予想では、一種の走行距離税が導入されるのではないだろうか。都市、とりわけ都市中心部での走行では単位当たりの税額が高くなる。走行距離はリアルタイムで測定され、税額は自動引き落としされるのかもしれない。地方当局によって徴収されることも考えられる。

この経済の大変動において確実といえることは数少ない。だが、間違いないのは政府の最大の収入源である所得税が影響を受けることである。

第16章　暗号通貨――税務署職員の悪夢

いまは二〇一八年の冬。私はロジャー・ヴァーと夕食をとっている。彼は初期のビットコインの推奨者としてもっとも有名な人物ではなかろうか。この新しいテクノロジーを熱心に売りこんだことで「ビットコイン・ジーザス」と呼ばれている。そして、抜け目なくこの分野に投資したことで億万長者どころではない大富豪になった。いまや bitcoin.com のＣＥＯである。私は、これから「デジタル・ノマド」の労働人口がぐんと増えることを彼に強く印象づけようとしている。また、それによって政府の収入源がダメージを受けるということも。だが、それは釈迦に説法といったところである。

「いわれなくても知っているよ。毎日目にしているからね」と彼はいった。「僕はそういう人たちに仕事を与える側だから」

「bitcoin.com で働いている人は何人いるんです?」と私はいった。

「たぶん一三〇人、一四〇人かな。ともかくも、その全員がノマドだ。彼らの多くは、どこにいるのかわからない。リスボンか、チェンマイか、来週にはメデジンに移っているかも」

「彼らの出身地は？」

「いやあ、いろいろだよ。アメリカ人もいるし、ヨーロッパ人やアジア人――中国人、韓国人、日本人、インド人、インドネシア人――それに南米人も。少なくとも二〇カ国はある」

「賃金の支払いはどうやって？」

「ビットコインキャッシュだ」と、彼は即答した（ビットコインキャッシュとはビットコインから分岐した仮想通貨で、よりすばやく受け渡しできるようになっている）。「実務上、一人一人の母国の通貨で支払うのは厄介だし、金がかかる。彼らはボーダーレスなデジタルサービスを提供している。そして、われわれはボーダーレスなデジタル通貨を支払うんだ。これしかうまくいかない。ともあれ、彼らはビットコインキャッシュでの支払いを望んでいる。だからこそうちで働きたがっている」

仮想通貨は価格が乱高下することで知られる。「価格変動リスクについてはどうなんです？」

「彼らはそういうリスクを喜んで引き受けている。受けとってすぐ母国の通貨に交換することもできるが、僕の知るかぎり、ほとんどの者はそうしない。彼らはビットコインキャッシュを信頼している。これにできるだけ多くの注目を集めたいと思っている」

「税金については？」

「いやあ、それぞれの国の税制に応じて税務手続きをするとか、専門家を雇うとか、社員の誰がパートタイムで、誰がフルタイムかとか――今後どうなるのか、考えたくもないな。彼らはノマドだからね。九時五時で働いていない。自分のスケジュールを自分で組んでいる。税金の手続きも自分でやる」

「全員が納税していると思いますか？」

「それは彼らに訊いてみてくれ。それは彼らの責任だから――彼らと、彼らの国の政府とのあいだのことだから。まあ、納税している者もいるだろうが、何年も帰国していない、帰国するつもりもない者もいるから。母国の政府を支持していないわけだ――だから、納税して政府に資金を供給することに反対しているんじゃないかな。それから、ほら、彼ら自身は義務を果たしたい、法律を守りたいと思っていても、税法に彼らの勤務形態の規定がないって場合もある。勤務状態がはっきりしないから、当局はわずらわしく思うのかもしれない。たいてい、棚上げにするほうが楽だってことになる」

急増するこの労働人口は国境をまたいで仕事をするが、彼らが使う通貨も国境をまたいでいる――従来の銀行業の外にある非法定通貨なのだ。こういう通貨の場合、取引を監視することも、監督することも、そこから徴税することも困難である。

デジタル・ノマドは二〇三五年までに一〇億人に達するというピーター・レフェルスの予測を憶えているだろうか？　彼は「知り合いのノマドの半数以上が仮想通貨経済で働いている」という。現在のトレンドが継続したならば、法定通貨をいっさい使わずにすませる人びとの数は、二〇三五年までに五億人に達することになる。馬鹿馬鹿しく思えるかもしれないが、実状に通じた仮想通貨の推奨者たちならば、もっとずっと多いはずだというだろう。

クリプトアクティビズム

政府の収入を脅かしつつあるもののなかでも、暗号資産テクノロジーはもっとも大きな脅威かもしれない。

二十世紀の「大きな政府」モデルは法定通貨と一体だった。実際、このモデルは法定通貨によって可能になるものなのだ。政府は管理通貨制度によって強大な力を得た。資金がもっと必要になれば——戦費調達などのためだが、近年には金融セクター救済を目的とする例もあった——通貨をもっと発行すればいいのである。非法定通貨の流通はその力を弱めてしまう。政府は管理外の通貨の価値を引き下げられない——つまり、インフレ税を取ることができない。源泉徴収、VAT、売上税あるいは取引税を徴収することと、それらを監視することも困難になる。代替通貨、とりわけオンラインと海外に置かれたそれを使う人びとが増えれば増えるほど、それだけ税金を取るのが難しくなるのだ。

ビットコインなどの仮想通貨を理解していない、あるいは理解したくない人びと——高名な経済学者（ポール・クルーグマンからヌリエル・ルービニまで）や銀行家（ジェイミー・ダイモン）も含まれる——の多くは、たんにそういうものを念頭から排除している。だがそうすることで、おそらくインターネット以来となる著しいテクノロジーの進歩を拒絶している。そして、彼らの意見にしたがう人びとは、今後いっさい訪れそうにないほど大きな金儲けのチャンスをふいにしている。最初の価格は二〇〇九年十月の〇・〇〇一三〇九ドル(1)だったが、二〇一七年十二月に約二万ドルの高値をつけたビットコインは、一五〇〇万倍以上も値上がりしたことになる。その間、八〇％以上の暴落が少なくとも五回あった。ビットコインがいつか廃れるというならば、すでに何年も前に廃れていてもおかしくなかった。ところが、むしろ一兆ドル近い産業に成長している。この科学技術の新しい可能性に、世間は熱狂している。一九九〇年代のインターネット登場以来の大騒ぎである。

通貨制度とテクノロジーはともに進歩してきた。一方がもう一方を後押しするのだ。古代メソポタミアでは、粘土を焼いてつくったトークンで借金の額を記録していたが、やがて粘土板に絵を刻みつけるようになった——それが人類史上もっとも古い文字の始まりとなった。金属の含有量を一定に保つことが可能な鋳造という方法で硬貨がつくられるようになると、貝殻、クジラの歯などの原始的な貨幣は廃れていった。印刷機の登場で紙幣がつくられるようになると、貴金属を使った貨幣は使われなくなった。銀行業務が電子化されると、小切手が廃れていった。ただし、小切手の使用状況は国によって異なる（アメリカなどでは現在も広く使われている）。今日では、非接触型決済の普及によって不便になりつつある現金が、やはり廃れつつある。市場においては、たいていは利便性が勝つ。通貨は科学技術である。ビットコインやそこから分岐した仮想通貨はその進歩の最先端であり、インターネット専用のキャッシュとして設計されている。一般の人びとの大半がスーパーでの買い物にビットコインを使う日がやってくるとは思えないが、オンライン取引での仮想通貨の使用は今後いっそう広がっていくだろう。

利便性を念頭に、仮想通貨の多くは特定の目的のために設計されてきた。たとえば、完全な匿名性を持つもの（モネロ、グリン）、決済スピードが重視されたもの（ライトコイン、ダッシュ）、チップなどの小口の支払いに特化したもの（ステラ、ドージコイン）、アプリ構築用につくられたもの（イーサリアム、カルダノ、イオス）などがある。現金の代替となるアルトコインはすでに三〇〇〇種類以上ある。法定通貨が時代遅れに思えるほどである。

遠くない未来に、ＰＣやスマートフォンに複数のウォレットを入れておくことが一般的になるだろう。それぞれのウォレットには、特定の目的に応じた仮想通貨がしまってある――気に入ったブログ記事や動画へのチップの支払いから、株・貴金属・債券の取引、さらには非合法市場からの商品の購入まで。政府は、プライバシーを侵害することなくこういう取引のすべてを監視し、適正に課税するための効果的かつ効率的な手立てを講じられるだろうか？

非法定通貨である仮想通貨は体制を打倒する可能性を含んでいるが、実は意図的にそのようにつくられている。仮想通貨のテクノロジーを生みだしたのは、一九九〇年代に出現した反体制的なプログラマー集団、サイファーパンクだった。彼らが団結するに至った原因は、インターネットという新技術への懸念だった。彼らは、インターネットに潜在する可能性を認めつつも、企業や国家がそれを利用することで、個人のプライバシーが侵害されるのではないかと考えた。彼らはそれを強く恐れた——そして、それ以降に起こったことを考えれば、まさに彼らの危惧したとおりになった。そこで彼らは、プライバシーの保護のため、オープンソースのテクノロジー、とりわけ暗号技術の開発に乗り出した。

サイファーパンクの動機となった考え方は、アナーキズムではないにせよ、まさしくリバタリアニズムだった。彼らは国家に大きな不信を抱いていた。この集団の創設者はカリフォルニア州在住のコンピューター科学者で、名前をティム・メイといった。彼は一九八八年にクリプト・アナーキスト宣言を著し、暗号技術の進歩は「法規制の性質も、情報保護の能力も、さらには信頼や評判の性質までも一変させるだろう」と述べた[2]。

そして、つぎのように続けた。「活版印刷技術は中世のギルドの力を弱め、社会の権力構造を変えた。暗号技術にしても、経済取引における企業および政府の干渉の性質を根本から変えるだろう。このところ新しく出現した情報市場とともに、クリプト・アナーキーは文字と画像に置き換えることのできるありとあらゆるマテリアルを扱う、流動性の高い市場をつくりだすだろう」

サイファーパンクの夢を実現するためのカギは、匿名性の高いインターネットキャッシュのシステムだった——つまり、仲介者（たいてい銀行）による取引処理なしに、金額の大小を問わず、AからBにじかにオンライン送金できるシステムである。しかし、ティム・メイを始めとするサイファーパンクたちの勇ましい言葉とはうらはらに、ある技術上の問題がその実現の妨げになっていた。それは「二重支払い」の問題だった。つまり、基本的には、たとえば文字であれ、画像や動画であれ、通常のデジタルコードならばコピーとペーストが可能なわけだが、それを不可能にするための対策を講じなければならなかった。二〇年以上のあいだ、この問題は未解決のままだった。取引処理をする中心体がなければ解決は不可能であるとコンピューター科学者の多くは考えていたから、なおさらだった。多くのサイファーパンクは彼らのアナーキーな夢をあきらめた。そんなとき、サトシ・ナカモトという人物がビットコインという新発明を携えてあらわれた。あとのことは語るまでもない。

　暗号化技術のおかげで、人びとは大企業や政府の目の届かないところでのコミュニケーション、ブラウズ、商取引が可能になった。その結果、情報は――したがって人びとも――管理しにくくなり、課税しにくくなった。なんであれ暗号化はごく易しく、暗号化解除はごく難しい。「それは卵のようなものだ」と、科学技術専門の記者のジェイミー・バートレットはいう。「割るのは簡単だが、割った殻をもとどおりにするのは困難だ[3]」もう一人のサイファーパンクのジュリアン・アサンジにいわせれば、「宇宙は暗号化を信じている」。それは国家への挑戦であり、不正な手段にも公正な手段にも使われる。何よりも、それは国家の通貨独占および徴税能力への挑戦なのである。

　テクノロジーとともに、サイファーパンクの世界観もまた急速に普及している。暗号化を推進するコミュニティの人びとは政府に大きな不信感を抱いている。政府のつくるルールは間違っている、そんなルールにはしたがいたくない、と考えているのだ。左翼権威主義的世界観がいっそう深く根づきつつあるなかで（アメリカではミレニアル世代の半数以上が社会主義を好意的にとらえている）、それと同じくらい熱意に満ちたリバタリアニズム的信念がひときわ目立ちはじめている。そのイデオロギー上の心臓は暗号化にある。『サピエンス全史』の著者である人類学者のユヴァル・ノア・ハラリならば断言するだろう。人類の進化にまつわる言説のもたらす影響を過小評価してはならない、と。これは本書の内容から離れた筆者の私見であるが、かつて人びとの指針となる言説は宗教的信条から生まれていた。二十世紀に入ると、宗教とはかかわりのない社会主義思想、社会民主主義思想が世の中を席巻した。そして現在、つぎの一〇〇年にもっとも重要になるイデオロギーはリバタリアニズムである。

ペイパル社の創業者のピーター・ティールは、二〇〇九年に発表したエッセイ「リバタリアンの教育〔The Education of a Libertarian〕」のなかで[4]、資本主義と民主主義は両立しないと主張している。彼にいわせれば、資本主義は「大衆に人気がない」。大衆は、再分配および規制という形を取った、もっと大幅な譲歩を資本家に求めているという。ティールの意見では、政治的アクティビズムを通じて意義のある政治的変化を引き起こすことは不可能である。「こういう目的を達成する方法について、私はすっかり考えを改めた」彼によれば、政治的変化はむしろテクノロジーを進歩させることで引き起こせる。「脱出の手段には、われわれを未発見の国に連れていってくれる、これまでに試されたことのない、新しいプロセスが含まれていなければならない。だから私は、自由のための空間をつくりだすと思われる新技術の開発に全力を傾けることにした」ティールのいう「未発見の国」は、サイバースペース、外宇宙、あるいは洋上にあるという。

ティールがこのエッセイを書いたきっかけの一部には、彼自身の苛立ちと、二〇〇八年世界金融危機の際の体制側の対応——金融機関の救済、大幅な金利引き下げなど——があった。憤った者、解決策を講じようと考えた者は、彼だけではなかった。ビットコインをつくったサトシ・ナカモトも同じ思いに突き動かされた一人で、彼がその発明品を発表したのは、ティールがエッセイを執筆し、またもや金融機関のための救済策がとられたことを伝える『タイムズ』紙の見出しについて言及するほんの二、三カ月前のことだった。のちにナカモトは、「中央によって管理されている通貨にひそむ意図的なインフレのリスクから逃れよ！」と採用者《アダプター》に要請している。(5) ビットコインは、政治的変化を引き起こすことを可能にすると思われる「テクノロジーの進歩」とティールのいうものの一種だった。

ティールやナカモトのようなリバタリアンは小さな政府、低い税率、自己責任を信条にするが、新しいテクノロジーのワイルド・ウェストには同じ考えの人びとが大勢いる。彼らは政府が時勢に遅れていることを知っている。彼らの多くは自らアンキャップ――無政府資本主義者〔anarcho-capitalist〕――と称する。コンピュータープログラミングの領域で活動する、非常に有能な人びとが、同じ志のもとに展開するこの運動は、いまやますます拡大している。彼らの目標は世界秩序の破壊と改善である。その手段は政治的アクティビズムではなくテクノロジーの進歩だ。税を始め、広い範囲に影響が出てくる。

コインベースのＩＲＳとのいざこざが物語る、仮想通貨と政府の未来

ビットコイン・コミュニティは、ビットコインの非常に大きな可能性から目を背ける批判者たちを指していう、独自の呼称をつくっている。ノーコイナー〔nocoiner〕である。ノーコイナーは、ビットコインが「あまりにも大きく」なれば、政府によって違法化されるだろうと主張する。マネーロンダリングや闇市場に使用されかねないことを考えれば、政府がその違法化の決断を正当化する理由はいくつもあるだろう。実際のところ、おもだった取引所を閉鎖することも、金融機関に対してビットコイン関連会社の口座の維持を禁止することも、ビットコインの使用を違法とすることも政府には可能である。だが、ビットコインを廃止することは不可能だ。そのわけはビットコインの基本構造にある――それは、中心に障害点のない分散型ネットワークである。どの領域にも、どの組織にもつながっていない。それに、

違法化によってその使用を止められるわけではない。麻薬戦争を見ればわかることだ。他のピアツーピア・ネットワーク――少し前の動画共有サイト――を閉鎖する試みもうまくいかなかった。政府がビットコインの使用をやめさせようとしても、国民は匿名で通信できるＶＰＮとＴｏｒを使って取引を行なうか、保有するコインをオフライン環境に移すだろう。

しかし、仮想通貨はいまや数十億ドル規模の産業を打ち立てている。禁止すれば訴訟をいくつも起こされることになる。ブロックチェーン技術の開発により、現金を代替するオンライン通貨のシステムにとどまらないアプリケーションが無数につくられている――その多くに関しては、廃止する根拠になる要素は見当たらない。独裁主義的な政府ならば何がなんでも禁止するだろうが、そうなればこのニューエコノミーは、歓迎してもらえる国や地域に移転するのみだろう。その国や地域は新しい科学技術とともに到来する経済成長を享受し、独裁主義的な政府のほうは後れを取ることになる。たとえ世界の国々の政府が手を組み（ありえないことだろうが）、全世界で仮想通貨が非合法になったとしても、止めることはできないと思われる。政府はそれを地下に追いやることはできる。しかし、すでに発明されたものをなかったことにはできない。もはや手遅れなのだ。

それでも政府は、おもだった仮想通貨取引所に対して報告義務を課すだろう。二〇一六年、ＩＲＳはアメリカ最大の仮想通貨取引所であるコインベースに対し、約五〇万人分の顧客記録を提出するよう勧告した。税金の申告漏れを調査するためである。コインベースはこの勧告について法廷で争った。ＩＲＳは要求を緩め、二万ドル以上のビットコインの取引履歴のあるアカウントの詳細な記録のみを提出することとした。コインベースはこの要求も不当であると主張しようとしたが、判決はＩＲＳに有利なものだった。この判決に賛成した連邦地方判事のジャクリーン・コーリーは、「勧告は、仮想通貨として得た利益の連邦税納付を怠っているかもしれない顧客の調査という、ＩＲＳの正当な目的にかなうものである」と記している。結果として命じられたのは、当初よりもずっと少ない一万四三五五個のアカウントの詳細な取引履歴と、九〇〇万件以上の取引記録を引き渡すことだった。

そもそもＩＲＳが勧告するに至ったわけは、税金の不払いだった。二〇一三年から二〇一五年までに、ビットコインの価格は一三ドルから一一〇〇ドル以上にまで上昇したが、税金を適切に申告したアメリカ国民はたった八〇二人だった[6]。おそらく、多額のキャピタルゲインを手にした人びとの総数からすれば、これはほんのわずかな人数だろう。

この話にはいくつかの教訓がある。第一に、仮想通貨、とりわけキャピタルゲインとして得るものにかかる税金の脱税はひんぱんに行なわれている。第二に、政府は未払いの税金をできるだけ取り立てようとする。仮想通貨の価格が上昇すれば、もっと積極的に取り立てようとする。第三に、一つの国もしくは地域集中型のコインベースのような取引所は、争いを法廷に持ちこんだとしても、弱い立場に立たされやすい。税務当局からの要求に屈することになるのである。しかし、仮想通貨の取引をもっと安全な国や地域の取引所、あるいは分散型の取引所で行なうようにすれば、要求を押しつけられにくくなる。当事者がノマドであればなおさらである。

一九九〇年代のファンドマネジャー二人の予言が実現

ジェイムズ・デイヴィッドソンとウィリアム・リース＝モグは、一九九七年の共著『独立個人〔The Sovereign Individual〕』のなかで、国民国家《ネイションステート》は消滅に向かっていると主張した。五〇〇年前、教会は監督機関だった。今日の政府が提供する公的サービス——たとえば、教育や貧困者救済など——の多くを提供していた。「政治〔politics〕」という言葉がまだなかった時代のことである。だが、活版印刷などの新技術の発明により、情報が解き放たれ、教会の力は徐々に弱まった。空白を満たしたのは国民国家だった。そして今日、インターネットの発明により、国民国家もその政治力も弱まりつつある。

税金の観点から見れば、この論にはすんなり納得できる。体制はますます多くを要求するようになっている。その燃料として必要である税収はどんどん少なくなっている。

デイヴィッドソンとリース＝モグによれば、国民は一定の自由をあきらめて税金を納付し、一定の権利を確保している。国家は国民の信頼を維持するために統制力を必要とするが、通貨、国境、情報、企業、犯罪、そして何より信用を統制できなくなれば、社会通念は崩壊してしまう。国民との取引は終わる。産業基盤の社会から情報基盤の社会への転換によって、国民は解き放たれ、政府は力を弱める。国民国家はいまある形のままでは存続できない。勝者になるのは、抜け目のない者、進取の気性に富む者、迅速に動ける者である。サイバースペースは所在にかかわらないチャンスをつくりだす。国境は重要ではない。政府の強制力の届かないところで資産をつくるほうが容易になる。過去に例のない経済的自立が可能になる。居場所がどこであれ金を稼げるならば、重税を課される国、自由を制限される国に住む必要はない。いまいる環境がわずらわしくなれば、さっさと荷物をまとめ、別の場所に行けばいい。「独立個人」は明日にも荷造りしてどこかに移住できる。ソフトウェア会社もそうだ。だが、製造会社となるとそうはいかない。

あまりにも多くの負担を強いる政府は、事実上、上得意を逃がしてしまうことになる。今後、国家の主権は商品化される。人びとは保険を選ぶのと同じように国や地域を選ぶようになる。程よい価格で適切なサービスを提供することのない国や地域は、要領の悪い企業と同じく、破産の圧力にさらされる。

ますます多くの事業や財がオンラインに移り、国境も形もないデジタル資産に切り替われば、それだけ政府の税収は減ってしまうだろう。税収がもっと多いと予測して借金をしている国にとって、これは頭の痛い問題である。やがて金融危機が起こり、政変につながるかもしれない。それ自体、国民国家の未来に不利益をもたらすことになる。

間違いなく、デジタル・ノマドはデイヴィッドソンとリース＝モグのいう「独立個人」である。彼らがやりとりするお金は仮想通貨だ。明らかに、彼らが描いてみせた未来像は現実になりつつある。

スマートフォンと科学技術のスケーラビリティ

いまどきは、テロ攻撃や、なんらかのパニックが発生すると、かならず誰かがスマートフォンで動画を撮影するようである。数分もしないうち、その動画はアップロードされ、拡散され、大勢の人の目にさらされる。プロのニュース番組制作チームは移動に時間がかかるので、スマートフォンを持った通行人に先を越されてしまう。つまり、世界中で、あるいはインターネットに接続できる場所ならばどこででも、いま起こっている出来事を知ることができるのだ。

想像してみてほしい。第一次世界大戦中、塹壕のなかの兵士たちがスマートフォンを持っていたら。いまの人びとと同じように、目の前でくりひろげられている光景を撮影したはずである。毎日、数千、数万もの言語に絶する残酷な映像がネット上に送信され、共有される。ただちに戦争をやめてほしいと、ヨーロッパ中の人びとが懇願していたに違いない。

テクノロジーによって、民衆は力を手にする。指導者の責任を問いただすことも可能になる。つまらないことまで細かく調べられ、お世辞程度のたわいのない嘘まで暴かれる。些細な違反も衆目にさらされてしまう。

いまや、かつては不可能だった非常に多くのことが可能になっている。無尽蔵の情報に無料でアクセスできる。世界中のほぼ誰とでも、コストなしで連絡を取りあえる。二〇年前ならば数百万ドルの予算を必要としたであろう映画を製作できる。スマートフォンさえあれば。

先日の朝、私がトラファルガー広場に面したセント・マーティン・イン・ザ・フィールズ教会の前を通りかかると、ホームレス向けの慈善事業が行なわれていた。寝袋や身の回り品を持った二〇人ほどが壁にもたれて座り、朝食が配られるのを待っていた。なんと、その八割がスマートフォンをいじっていた。ホームレスでさえスマートフォンを持っているのだ。知識、コミュニケーション、メディアはすでに社会に浸透している——医療、教育よりもずっとうまく。つまり、それらは、ほぼコストなしで、誰にでも手に入れられるようになっている。しかも、政府の関与なしで。

国連の二〇一三年の調査によれば、世界には、自宅にトイレが設置されている人よりも、携帯電話を所有している人のほうが多い[7]。また、ソニー・エリクソン社によれば、二〇三三年までに、携帯電話のほとんどがスマートフォンになる[8]。世界の人口は八〇億人、スマートフォン台数は七〇億台に達するという[9]（契約数とユーザー数はかならずしも一致しないが、ユーザー数は契約数の七〇％くらいと見積もっても不合理とはいえないだろう）。一方、世界のモバイルブロードバンド契約数は二〇二三年までに九〇億件に達するという——人口よりも多くなるわけである。いまに、人口のほとんどがスマートフォンを使ってオンライン接続できるようになる。世界中の貧しい人びとの多くにとって、スマートフォンは初めてインターネットを体験するツールになるだろう。

突然、発展途上諸国の人びとは膨大な量の情報——先進諸国の人びとにとっては当たり前のもの——にアクセスできるようになる。それまでは、通信手段がないせいで不可能だったことである。手に入れた新しい知識を、彼らはどのように利用するだろう？　以前ならば不可能だったことを可能にしてくれるアプリがたくさんある。インターネットが彼らの世界を広げようとしている。これから新たに知りあう人、新たに加わるネットワークとともに、彼らは何をするだろう？　おそらくもっと重要なのは、いまやファイナンシャル・インクルージョン〔金融包摂〕の好機がもたらされたことである。

発展途上国の都市をぶらぶらしていると、話しかけてくる人、何かを売りつけようとする人、持っているものを交換したがる人が引きも切らない。世界には、学習したい、交流したい、商売したいと思っている人が大勢いる。さらに、自分の境遇をよくしたいと思っている人も。だが、ファイナンシャル・エクスクルージョン〔金融排除〕——金融機関に口座を持っていないため、金銭をやりとりする手段がないこと——により、近所以外の場所で商売に携わることができない人は多い。

金融排除は、携帯電話の契約数とは異なって、固定電話の契約数が伸びていないおもな原因である（固定電話契約数は二〇〇六年の一二億六〇〇〇件をピークに年々減りつづけている）[10]。固定電話を引くには銀行口座がいる。途上国の人びとの大半は銀行口座を持っていない[11]。電話会社から投資に見合う場所と見なされておらず、インフラの整備が行なわれなかった。だが、携帯電話に銀行口座は必要なく、現金さえあればいい。携帯電話を手に入れられる人びとは増え、需要に応じてその供給量も増えている。結果、携帯電話のおかげで、生まれて初めて大量の情報にアクセスできるようになったばかりか、金融排除の問題から解放された人びとも増えている。今日も世界人口の三〇％以上――二〇億人――が銀行口座を持っていないが、たった三年前には世界の約半数が持っていなかった。金融テクノロジーとインターネットのおかげで、その人数は急速に減りつつある。

そんなわけで、世界中の貧しい人びとは、かつてならばありえなかった可能性を手にしている。自己学習、新たな交流、創作、売買。一方、先進諸国は、仕事の委託、商品の販売、商品の購入の相手になりうる人びとを新たに数十億人得たことになる。たいへんな数の取引が行なわれるようになる。取引と交換によって、われわれは進歩するのだ。

しかし、初めてのスマートフォンでネット環境を手に入れた人が金融サービスを利用しようとするならば、仮想通貨を使うのがもっとも手っ取り早い。数秒もあればウォレットを持ち、商品やサービスの対価として仮想通貨を受けとれるようになる。初めてネットに接続した途上国の人びとが真っ先に仮想通貨を使えるようにする意味はきわめて大きい。市場での売買は大きく進歩しつつある。たとえば、中部アフリカで仮想通貨を通じた売買が行なわれるようになった。国際通貨になりうる仮想通貨のスケーラビリティは、国内でしか使用できない国内通貨のそれよりもずっと大きい。

今後、わくわくするような面白い時代がやってくる。スマートフォンはその入口である。世界の貧困の解決のために政府がどれだけ多くの援助をしても、スマートフォンとそれに付随する科学技術のほうが大きな効果を上げる。取引と交換が可能になることで、人びとは繁栄に向かう――やがて、以前には利用できなかった下水設備などの基本サービスを利用できるようにもなる。

人口の多さを考えれば、今後の可能性はとてつもなく大きい。私の意見では、いまわれわれは歴史上まれに見る世界的好景気の入り口に立っている。産業革命は多くの人びとを地方での貧乏暮らしから脱出させ、一世代のうちに中流階級という新たな社会的階級を創出したが、いまそれと同じようなことが、もっとずっと大規模に進行しようとしている。この好景気は、おもにサイバースペース、無形商材の取引、課税しにくいデジタル商品およびサービスの領域で生じるだろう。非政府通貨を使うことの多い、国境がはっきりしない世界である。

もちろん、すべての進歩が「善」であるとはかぎらない。新たに発見した力を不埒な目的に利用する者も少なくないだろう。だが、大まかな流れは有益で、革新的であるはずだ。それから、進歩は平等に訪れるわけではない。おそらく、政府が専制的、あるいは抑圧的であったり、地理的条件が不運であったりするせいで、なかなか前に進めない国や地域もたくさんある。その場合、進歩は遅れることになる。だが、大いに繁栄し、進歩しているその他の国を見れば、これは戦争であり、国民を抑えこむ国は負けてしまうということがわかる。そして、この繁栄はすぐに訪れるわけではない。時間がかかる。これは世代交代である。とはいえ、これは人の成すことの避けがたい潮時なのだ。

世界的な好景気は税収の増加につながるが、経済活動が活発化している領域のほとんどが実体のないボーダーレスなデジタル世界に属するならば、そうともかぎらない。また世界的な好景気は、ますます多くの人びとが科学技術の恩恵によってさまざまな情報を得られるようになり、国境を超えた取引が増え、政府への期待がより高まり、政府への責任追及がより容易になることにもつながるのである。

第17章　デジタルは自由を得る

租税回避は、やればやっただけの見返りのある、唯一の知的探究である。(1)
ジョン・メイナード・ケインズ

アマゾンは、実店舗を所有せずに欧米最大の小売店に成長した。実店舗よりも安い金額を取って商品を自宅に届けることで、従来の小売業をひっくり返した。この会社は、実店舗に必要な費用も、資産税も、ビジネスレート〔非居住用資産にかかる固定資産税〕も支払わずにすんでいる。それから、ギグワーカーを雇うので、雇用関連の税負担の多くを免れている。さまざまな国や地域に現地法人を設けているので、法人税を低く抑えることができている。また、商品の海外発送を行なうのは出品者なので、たいていはVATを支払っていない。

アマゾンだけではない。成功している大型オンライン店はたいてい、ライバルよりも高品質の商品やサービスを、低価格で提供する能力を備えている。低価格を実現できるのは、「従来の」費用をまるきり支払っていないからだ。政府から課されるコストは、それが規制の形であれ、課税の形であれ、一企業にとってはきわめて大きな出費になる。これを、不評を買わずに、合法的に避けられるのならば、それに越したことはない。余分なコストの差は成功と失敗とを分けるカギになることが多い。

中国のアリババは世界最大の小売店で、在庫品を持っていない。ウーバーは世界最大の配車サービス会社で、車両を所有していない。フェイスブックは世界屈指のメディア企業だが、コンテンツを制作していない。エアビーアンドビーは不動産を所有していない。トリップアドバイザーはホテルを所有していない。これらはみな「プラットフォーム」企業である。国境なきネット上のデジタル世界で、これらプラットフォーム企業の拠点はいったいどこにあるのだろう？ 知的財産は？ 提供するサービスは？ 実際に金を稼いでいるのは、会社のどの子会社だろう？ 納税先はどの国？ 納税額は？ そして、その根拠は？

アイフォンは、各部品がいろいろな国で生産されている。中国で組み立てられ、それ以外の国で販売される。アップルは、税金をいくら、どの国に支払うかをある程度まで選べる。EUの見積もりによれば、同社の利益は一〇〇〇億ドル以上、納税額はその〇・〇一％未満であるという。[2] 税制はイノベーションに追いついていないのだ。

アマゾンは、アメリカの最高裁が一九九二年に下したある判決を都合よく利用している。その判決というのは、州内に実店舗などの実体的存在物を所有していない企業は、州税を納付する必要はないというものだ。たとえば、アーカンソー州在住の人びとはアマゾンから商品を購入できるが、アマゾン社はその州内に実店舗を所有していないため、州税を支払う必要がない。[3] 税金を支払うビジネスモデルと支払わないビジネスモデルの二つなら、どちらが成功するかは言わずもがなである。

だがこういうプラットフォーム企業は、現行の税体系の網の目をくぐっているだけでなく、ルールに従っている会社を廃業に追いやっている。ウーバーは地方の小型タクシー会社を倒産させている。アマゾンのような企業のせいで廃業した個人商店は、いったいどれだけあるだろうか。こういう地方の会社がなくなれば、それらが政府に支払っていた税金もまたなくなる。その一方、プラットフォーム企業の収入は所在のわからない本社にそのまま流れこむ。

企業が金を稼ごうとしないわけ

昔むかし、企業は人びとが欲しがる商品やサービスを提供し、それによって金を稼いでいた。今日、おもに法人税率が高いせいで、企業の利益はほぼ負債のようになっている。

一九七〇年代から一九八〇年代、アメリカでは大手のケーブルテレビ局が続々と開局した。それらは多くの視聴者を引きつけ、業界で圧倒的優位に立とうとするなかで、知らず知らずのうちに今日の多国籍ITプラットフォーム企業の様式をつくりあげていた。利益は税金を意味し、税金は、テレコミュニケーションズ（TCI）の会長だった億万長者のジョン・C・マローンにいわせれば、「漏損」だった[4]――不必要であり、可能であれば回避するべきものであった。租税回避のために事業買収を行ない、借入によって会社の損失額を引き上げた（利益を帳消しにするため）彼は、税金を支払うよりも利子を支払うほうがましだといいはなった。TCIでは、利益はゼロだったかもしれないが、キャッシュフローはずっとあった。EBITDA（金利・税金・減価償却等の償却前利益）は、いまや標準的な事業評価の概念であるが、もともとはマローンが自社の投資家たちに向けて語ったことだった。

今日、ウーバー、フェイスブック、ネットフリックスを始めとする、納税額をできるだけ抑えつつ拡大を続ける巨大企業は、それとまったく同じことをしている。ただし、その規模はずっと大きく、世界各国にまで広がっている。こういう企業は、課税対象になる利益はなくとも、事業を大きくし、ユーザー層を広げ、収益を増やしている。株式市場でのパフォーマンスや投資家向けのCEOのステートメントを見れば、商売が繁盛していることはよくわかる。しかし、こういう企業の多くは節税策を講じ、ほんのわずかな税金しか納めていない。つい最近発表されたところでは、フェイスブックの二〇一八年におけるイギリスでの納税額は、イギリスでの売上高である一三億ポンドのわずか一％未満になるという。合法的な損金処理を行なっているのだろうが、フェイスブックがその納税額から示唆されるよりもずっと多くを稼いでいることを、誰もが察している。

数百億ドル、数千億ドルもの企業価値を誇る巨大企業の多くが、節税のため、意図的に利益をごく小さくしている。課税対象になる利益を相殺するため、事業買収、研究開発投資などの形で事業を拡大している。算入されるはずだった利益の大きな部分を、税率の低い国や地域に設立した、ブランド、商標、特許、知的財産を管理するオフショア法人の利益として計上している。たとえばスターバックスは、自社の利益のほとんどがブランドによって生じていると主張する。スターバックス社の国内事業は、売上高は莫大であるにもかかわらず、利益はほとんどないと思われる。一方、同社のブランドを所有し、国内事業からブランド使用料を徴収している子会社は海外にあるから、それで税負担が軽減されている。ルパート・マードックのメディア帝国も似たようなことをしている。道徳的卓越性の拠りどころを公言する『ガーディアン』紙でさえも、ケイマン諸島にあるオフショア法人を利用して節税している——二〇〇八年に中古車情報サイト『Auto Trader』を売却して三億二〇〇〇万ポンドを獲得したときも、そうして税金を回避した。

嫌悪感を覚える人も少なくないだろうが、この節税対策は完全に合法である。国ごとに税制が異なるグローバル化された世界にわれわれが住むかぎり、この方法はずっと用いられるだろう。それに、世間の人びとの節税叩きも続くことになる。それというのも、法律が不十分なのである。こういう手立てを阻みたければ法律で規制すればいいのだが、いまだにそれがなされていない。一方で、税処理にこの方策を用いることのできない事業者は、過度に高額の税金を支払うことになり、あからさまな不公平に、徐々に不満を抱くようになる。

企業価値を決めるのは市場占有率であり、収益性である。今日に得ている利益よりも、明日に得られる利益の可能性のほうが重要になる。ディズニー社の収益はネットフリックス社の三〇倍ほどだが、これら二社の時価総額はだいたい同じくらいである。市場が考慮に入れるものは、未来の純利益、粗利益、そして今日の市場占有率だ。

しかし、企業が利益を得なければ、政府に税金が入らない。

市場占有率が重視されていることから、多くのテクノロジー企業はサービスを無料で提供している。そして、デジタルバーターと呼ぶべきものが登場している。よくいわれるように、「インターネットが無料ならば、ユーザーは商品である」。巨大テクノロジー企業は、データという非常に価値の高い商品がやりとりされる、まったく新しい市場をつくりだした。とりわけユーザーの個人情報は、ほとんど通貨のような価値を持っている。たとえば、ユーザーはGメール、グーグルマップ、グーグルサーチを無料で利用する。そのかわり、グーグル側はユーザーの情報を入手する。グーグルはインターネットに対する支配力をいっそう強めており、このように市場占有率を上げることで、自社の企業価値をいっそう高めている。だが、税務当局には一銭も入ってこない。

グーグルが手に入れたデータを販売したり、広告スペース販売のために利用したりすれば、その取引を課税対象にできる。しかし、それが別の国や地域で行なわれた場合には、課税対象にできなくなる。いまに、そういう巨大テクノロジー企業は独自の通貨制度をつくりだすだろう。おそらく、ビットコインのような、一種の仮想通貨モデルを土台にするのではないだろうか。ただし、もっと中央化されたモデルを採用するだろう。こういう通貨は商品やサービスに交換できる。プラットフォーム企業はそれ自体で完結した経済共同体になり、ユーザーは彼ら同士で、たとえばウーバードルやエアビーアンドビーコインなどで取引をする。ここからどう税金を徴収できるだろう？　未来のコンテンツクリエイターは、金銭を受けとるのではなく、フェイスブックコインやユーチューブコインで「報酬」をもらうので、彼らから税金を取るのは簡単ではない。今後、現行の租税構造を迂回する、まったく新しい経済構造が出現するだろう。というのは、通貨そのものが変化しつつあるからである。そのとき政府は、たとえばフェイスブックコインでの納税を受け入れるだろうか。そして、政府からの支払いにフェイスブックコインを使用するだろうか。

競争力を高めたい企業は、政府に納める費用をなんらかの方法で抑える必要がある。かつては税吏の手を経て国庫に納められていた税金だが、もはやそうではなくなっている。政府は人びとからどのように税金を集めるかを再検討する必要に迫られる。

間違いなく、このイノベーションは持続するだろう。さまざまな面で、テクノロジーが二十世紀の「大きな政府」モデルに対してしたことは、二〇〇〇年代にインターネットがメディアと出版業界に対してしたこととまったく同じである。かつての音楽業界や新聞業界は不意を衝かれてしまったが、いまの各国政府もそうなりつつある。ただし、その衝撃はもっと大きい。

テクノロジー企業と政府のあいだで戦いが始まろうとしている。国や地域が異なれば、手法もまた異なる。アメリカのドナルド・トランプ政権の解決策は、大まかにいえば、減税と特別措置である。企業を国内に戻すため、トランプは法人税を三五％から二一％に引き下げた。四割の大幅ダウンである。さらに、海外に法人を置く企業の場合、その法人税をアメリカの税率ではなく、現地の税率で支払うこととした。だから、メキシコとイギリスに子会社を持っているアメリカ企業の場合、メキシコの会社はメキシコの法人税率で、イギリスの会社はイギリスの法人税率で納税することになった。

それから、海外から国内への資金の引き揚げを促すため、海外に資本を保有する企業の場合、八年の期限を設け、現金および現金同等物（通常は債券）の本国送金にかかる税金の税率を一回にかぎり一五・五％および八％に引き下げた（それまでは三五％だった）。

新たな税制が導入されたとき、海外に保有されていた資金は約三兆ドルにのぼっていた。八企業（アップル、マイクロソフト、グーグルなど）がその約三分の二を保有していた。そして半年後、そのうちの約四六〇〇億ドルが本国に引き揚げられていた[5]。

一方、ＥＵは、おそらく他のどの国や地域よりも積極的に、巨大テクノロジー企業に戦いを仕掛けていった。この戦いは、アイルランドにとっては痛手になりかねなかった。しかも、ＥＵ自体の構造に変化をもたらしかねないものでもあった。

ＥＵのテクノロジー企業との戦争

一九九〇年代、アイルランドは法人税率を敢えて引き下げ、ＥＵ進出を求める多国籍企業を呼びこもうとした。この決断はよい結果を生み、英語を話す、高学歴の労働力を有するアイルランドは、海外直接投資にもってこいの国となり、多くの海外企業を引きつけた[6]。この国の経済成長ぶりは「ケルトの虎」と呼ばれるほどだった。ここに拠点を置いている企業といえば、やはりアップルがもっともよく知られているのではないだろうか。だが、もちろん他にもたくさんある。一〇〇〇社を超える、さまざまな業種の多国籍企業が、ヨーロッパの拠点としてアイルランドを選んでいる。グーグル、ヒューレット・パッカード、ＩＢＭ、フェイスブック、リンクトイン、ツイッター、ファイザー、グラクソスミスクライン、ジェンザイムもそうだ。

ＥＵは、三年間を調査に費やしたのち、二〇一七年に滞納税としておよそ二億五〇〇〇万ポンドをアマゾンに、そして、なんと一三〇億ポンドをアップルに請求した。アップルはすでに納付し、アイルランドはそれをエスクロー口座に寄託している。しかし、この件をめぐっては裁判になっており、判断が下されるのはもう少し先になる。推論するに、もはやアイルランドには自国の定める法人税率を徹底できるほどの権限がない（ＥＵはかねてからアイルランドの法人税率に難色を示していた）。税率がたいへん低いとはいえ、アメリカで減税政策が進められているために、アイルランドの海外企業を引きつける魅力は薄れ、同国のビジネスモデルは先行きが危うくなっている。アップル裁判の結果は、アイルランドにもＥＵにも、根幹にかかわるほどの大きな意味を持つだろう。権限はどちらにあるのだろうか？

それにＥＵは、大企業の提供するデジタルサービスに対し、三％の売上税を課そうとしている。この案はしばらく前から検討されていた。これには賛成の声も批判の声も上がっている（売上税はたいへん大きな問題を含んでいる——利益と売上はまったく異なる、厄介なしろものなのだ。だから、売上税が導入された場合の影響はビジネスモデルによって変わってくる）。しかし、ＥＵレベルで税法を制定する場合、すべての加盟国から賛同を得なければならず、そういう売上に関する税法が実際に施行されるかどうかは不確実である。そのため、ＥＵは法改正に乗りだしている。

二〇一七年、欧州委員会のジャン＝クロード・ユンケル委員長は、「特定多数」——人口の合計がＥＵの総人口の六五％以上を占める、加盟国の五五％が賛成すれば、「デジタル産業に対する公正な税」

を課するには十分であるとした。だがその一方で、その他の税関連の議案についても、この「特定多数」の賛成があれば承認してよいだろうと述べた。たとえば、ＶＡＴに関する「比較的単純な意思決定」や、「連結法人税課税標準の統一」や、金融取引税などの件である。また彼は、全会一致ではなく多数決にすれば「より一つにまとまることができる」と二〇一八年に付け加えている。[7] そのように法律で規定されれば、事実上、ＥＵには新税の導入に関するより大きな権限が与えられることになる。ＥＵにとっては、その根幹にかかわるほど大きな変化である。影響は計り知れない。

これは、これから多国間および国内のパワーダイナミクスにもたらされる変化の一例である。必然的に、税法は改正されることになる。

３Ｄ印刷や「モノのインターネット」に対する課税方法

テクノロジー企業への課税は複雑になるばかりである。税法は価値連鎖に追いついていないので、ある企業がその規定どおりに納税したいと思っても（そういう企業が大半である。法律に違反したくないのだ）、困難である場合が少なくない。複数の国や地域に設置されたサーバーから他のさまざまな国や地域にデータが配信される場合、利益の所在地はどこになるだろう？　費用は？　ＩＰは？　創出される価値は？　ＶＡＴの納付場所は？　二重課税のリスクはどうなる？　これらを始めとする数多くの問いは、いまだに答えが出ないままになっている。

３Ｄ印刷についても似たような問題が生じるだろう（この技術を用いた商売が軌道に乗ればの話だが）。読者の自宅やその近くに、３Ｄプリンターを持っている人がいるかもしれない。こういう商品を購入すると、別の国や地域（たいてい、土地や光熱費の安い、安全だが遠距離の場所である）にあるサーバーから使用説明のデータが送信される。その際に使用されるプログラムは別の国に、ＩＰはこれまた別の国にある。この場合も、創出される価値の所在地はどこになるだろう？　利益は？　儲けを得るのは誰だろう？　課税はどうなる？　どこに納税する？　地理上の困難は数かぎりなく存在する。一方、製造業は、工場、倉庫、輸送機関が――それに、通関手続きも――迂回されるので、やり方を一新せざるを得なくなる。商品の移動やサービスの提供に課税するという従来の決まりきったやり方は、そのまま継続することはできないだろう。政府の収入が脅かされている。

「モノのインターネット（ＩｏＴ）」の発展により、これから自宅にも、職場にも、インターネットに接続できるデバイスがどんどん増えるだろう。そこかしこにさまざまな種類のセンサーがついている。それらはお互い同士でデータをやりとりする。簡単にいえば、暖房器具はもうすぐ住人が帰宅することを感知する。スマートウォッチに組みこまれた位置情報トラッカーにつながっているからである。そこで、自らスイッチを入れ、住人が帰宅したときに快適な室温になるよう部屋を暖めはじめる。照明器具は、住人が部屋に入ると点灯する。大都市レベルのエネルギー管理もこれと同じ原理で行なわれる。通行人が一人もいないとき、街灯をともしておく必要はないというわけである。ＩｏＴ向けにつくられるアプリは、輸送、製造、農業、医療、看護、教育、資産管理、環境モニタリングなど、多岐にわたる――実際、ＩｏＴの入りこまない領域を見つけるほうが難しいくらいだろう。

こういうデータのやりとりは、課税しやすい取引、すなわち商品やサービスの販売をともなう。たとえば、キッチンの冷蔵庫が、牛乳やチーズなどの食品が切れているのを感知し、配送を依頼する。すると三〇分後、商品を搭載したドローンが到着する。とはいえ、たいてい、こういうわかりやすい販売方法がとられるのではなく、たんに情報あるいはデータの交換が行なわれるのみだろう。そして、この交換によってなんらかの富が築かれるとしても、課税できる金融取引が生まれるとはかぎらない。たいていの場合、何が商品で、何がサービスかの定義があいまいである。取引に法定通貨が使われないかもしれない。前述の、国境をまたいだ地理上の難題はここにも存在する。政府がこういうものにどう課税するのかについては、いまもって定かではない。たとえば、売上税や取引税、一種の通信税、電気通信税あるいはインターネット税を適用するのかもしれない――しかし、後者の徴収は、アメリカでは困難である。というのも、連邦議会が「インターネットアクセス税、また、電子商取引に課されるさまざまな差別税の施行について、恒久的一時停止」を宣言しているからだ。

「世界の工業国の政府どもよ、肉と鋼鉄のからだを持った、退屈きわまりない巨人どもよ」と、グレイトフル・デッドの楽曲の作詞家であるジョン・ペリー・バーロウは「サイバースペース独立宣言」に書いた。「私は精神の新たな本拠、サイバースペースから生まれでた。未来のために要求しよう。過去に属するおまえたちは、われわれにかかわるな。おまえたちはわれわれに歓迎されない。われわれの集う場所に、おまえたちの支配はおよばない……。サイバースペースは、おまえたちの国境の内側には存在しないのだ」(8) 一九九六年に書かれ、広く出回ったこの文書は、もちろん法の裏づけを持たないが、いま政府を悩ませている問題をつくりだしたインターネットの基本的な側面をとらえている。その問題というのが、複数の国にまたがって存在するデジタルという無形物に、どのように課税するかということである。

課税モデルの混乱はこれからも続くだろう。二〇二〇年代には自律分散型組織（DAO）が続々と出現する。DAOは本社を持たない。中央に公式組織を持たない。どこかの国や地域に拠点を持つわけでもなければ、中央に障害点を有するわけでもない。ビットコインと同じく分散型ネットワークであり、主体を持たないため、閉鎖させることも、課税することもできない。通貨は、法定通貨をやりとりする既存の経済活動とは別に、自ら発行するトークンを使う。ＤＡＯのプラットフォームと事業運営はプログラムによって自動化されている。このプログラムはたいてい公開されたソースコードから作成されている。ＤＡＯの開発者の多くはクリプトアクティビズムもしくはリバタリアニズムの世界観を持ち、国家に取ってかわる意向をはっきりと口にしている。二〇〇〇年代から二〇一〇年代、巨大テクノロジー企業によって従来の税収モデルを壊されてしまったときの政府は、予期せぬことに面食らっているように見えたかもしれない。だがこのＤＡＯは、政府にとってはそれよりも思いがけないものになる。

　政府は新たなテクノロジーによっていまの窮状に追いこまれた。現行の税法は、非デジタル時代に、国境がはっきりした世界のために定められたものだ。形のないデジタル世界に、公正に課税する方法をどうにか編み出さないかぎり、大きな政府の社会民主モデルはうまく行かないだろう。このモデルが生き残れるほどの税収はなくなる。ある集団が重税を課され、別の集団が節税策によって課税を免れるという経済的不平等は、長くは続かないだろう。人びとの猛反発を招くことになるからだ。

「征服王」ウィリアムはイングランド各地に査定官の一団を派遣し、国土の価値を評価させた。彼らの調査結果は、地租課税のための土地台帳、ドゥームズデイ・ブックにまとめられた。いまも昔も、評価額の算出とは、有形のものを計測し、勘定し、評価することである。イギリスの発明家のマイケル・ファラデーにはこんな逸話がある。電気とそれに関連する自分の発見について、当時の大蔵大臣のウィリアム・グラッドストンに説明していたところ、グラッドストンはだんだん苛立ちはじめた。そして、「結局、それはなんの役に立つのだ？」と不機嫌に訊ねた。ファラデーは即座にこう答えた。「いや閣下、おそらく、閣下はすぐにこの電気というものから税金を取れるようになりますよ！」[9]

国境のないデジタル経済から税金を徴収する方法を、政府はどうにか見つけなければならなくなる。株式市場でさえ、形のないテクノロジー企業の価値を従来のやり方で評価しようとし、四苦八苦している。結果、古いやり方に固執する人びとからは、実体のないバブル企業だという批判の声がしばしば上がっている。経済は変化している。税制も変化しなければならないのである。「政府がもっとも効率よく徴収できる税は、動かないものに課する税である」と述べたミルトン・フリードマンには先見の明があった。「サイバースペースは政府の徴税をもっとずっと難しくするだろう。そしてそのことは、政府の担いうる役割の削減に、非常に重要な影響をもたらす[10]」

あとの章で明らかにするが、そんな政府の助けになるのが大量のデータの処理である。科学技術は問題を引き起こすかもしれないが、解決策にもなるのだ。

第18章　データ——税務当局の新たな味方

「デジタル技術は原因であり、救済策なの」と話すのは、大手会計事務所のＫＰＭＧで国際税務を担当するメリッサ・ガイガーだ。私は、メリッサと、彼女の同僚で、税務部門のパートナーで、ＩＴの専門家でもあるクリス・ダウニングに会っている。クリスも彼女に同意した。「税務当局はデジタルを愛し、デジタルを憎んでいるよ」

ここはロンドンのカナリー・ワーフ地区の素敵なオフィスである。私がここに来たのは、税の未来に関する答えを求めてのことだ。とくに、政府にとって悩みの種になりつつある、無形経済への課税方法について尋ねたい。現時点では、魔法のような解決策は存在しないようだ。だがそういうものが見つかるとすれば、それはテクノロジーという乾草の山のなかだろう——とりわけ、データ分析の領域である。

何よりも、デジタル技術は現行の徴収業務の効率を上げる。

「デジタル技術は、いわゆるタックス・ギャップの問題に対する、これまでなかった解決策だ。タックス・ギャップというのは、本来納付されるべき税額と実際の納税額との差のことだよ」とクリス。「たんなる非公式経済でも闇経済でもない。現金のやりとりでもない。たとえていえば、会計士のもとに大量の領収証を持っていくと、いくつもの間違いが明らかになるといったことだ。いまの時代、われわれはデジタルで情報を入手する。電子インボイス、ブロックチェーン、即時報告──こういうもののおかげで政府は、これまでならば不可能だった方法で税収を最大化できるようになっている。適正な金額を徴収することが可能になれば、税務基準額をいじったり、新税導入についてわざわざ政策を立てたりする必要もなくなる。そうして税収を二%、三%あるいは四%も増やせれば、その他のいくつかの点はたいして重要ではなくなってしまう」

そして、デジタル技術は徴収業務そのものの効率をよくする。単純なものでは、自動運転車に搭載されたコンピューターが、走行距離一マイル当たりの税金を自動的に徴収するというやり方も考えられる。デジタルのデータベースすなわちブロックチェーンは、周知のとおり、情報の記録や、通貨、データ、資産といった価値の移転に利用されるが、これを税金の徴収に応用することもできそうだ。たとえば、貨物を搭載した大型コンテナ船の入港時である。貨物の種類に応じ、保険料、手数料、関税、その他の税の金額が自動的に調べられ、人手を介さずに支払われる。このシステムのほうがより安価だし、より正確である。

世界各国の中央銀行の多くは、ゆくゆくは国の通貨にブロックチェーンの技術を取りこむことになると見て、あれこれと騒いでいる。おそらく、真っ先にこれを採用するのはエストニアだろう。この国では、国民保険、司法、立法、安全保障、商業などの情報データベースに、すでにブロックチェーンの技術が使われているのである。もしも中央銀行がブロックチェーンの技術を導入すれば──本当にもしもの話だが──すべての取引情報が記録され、送金元と送金先のデータが監査可能になる。意図的か否かにかかわらず、税金の未納はもっとずっと難しくなり、タックス・ギャップは劇的に小さくなる。ＩＴは公的機関がしていた仕事をするようになる。あなたがなんらかの行動を取ったことで税金もしくは罰金を支払わなければならなくなった場合、ＩＴはその金額をあなたのウォレットから自動的に取り立てる。何もかもがプログラムコード化できるのである。

電子インボイスも主流化しつつある。「ブラジルでは、税金の徴収にかかわる処理のほぼすべてがデジタル化されている」とクリスが教えてくれた。「インボイスは即時に電子送信することになっているから、データは即時に提供される。帳簿は電子化したものを期末ごとに提出する決まりだ。だから、いつ発生した事業活動であれ、政府は『三次元の視点』でとらえることができる。納税義務が生じるかどうかを事業者本人と同時に、ことによるともっと早く知ることもできるようになる。違反があれば、一〇〇％確実に罰金を取る。事業者側には、よほどうまくやらないと、納税義務を加重させるリスクがある」

これではあまりにも全体主義的かつオーウェル的で、私は好きではない。私はそれを伝えた。

「面白いことがある。もっとも進んだ技術を導入している税務当局はどこにあるかといえば、おそらく新興国だろう」と彼はいった。「どうしてかというと、新興国の場合、世論をいっさい気にせずに物事を進めてしまうから。こういう国は民意を気にする必要がない。やることをやるだけだ。ブラジルやメキシコがそうだよ。中国もそうなりつつある。メキシコはすでに電子インボイスの制度を導入している。事業者は、顧客宛てに発行したすべての請求書を行政機関のポータルに送信し、データとして保管してもらわなければならない」

「すべての請求書を？」と私はいった。

クリスもメリッサも頷いた。「すべての請求書だ。ごく小規模な事業者でもね」とクリス。「VAT超過額の還付を請求する場合、インボイスを行政機関のポータルに送信し、認証を取得する必要がある。認証がないと還付を請求できない。こういうポータルは情報の中央ハブで、ありとあらゆるものを認証する。巨大企業からごく小規模な事業まで、故意か偶然かはどうあれ、間違いがあればかならずバレる」

「その他の国々も同じ方向に向かうだろうか?」と私は訊ねてみた。

「すでに向かっているわよ」とメリッサ。

イタリアはインボイス制度を導入しようとしている。EUは加盟国の企業と政府に電子インボイスの導入を要求している。法律がすでに時代遅れであっても、監査報告の要件と税金の徴収方法はつねに進化している。税務当局が企業に要求する情報はどんどん増えている。仕入先と顧客の情報、デジタルインボイス、取引の発生時刻、会計項目。当局はAIやロボット工学の技術を用いてそれらの情報を確認し、他の税記録と照合する。より多くの情報によって武装することで、より積極的に税金を徴収できるようになる。

「私が、たとえば一五人の配管工を雇っているとする。すると、彼らの納税額も、収入も知ることになる。突出して高額な人がいれば、すぐにわかる」とメリッサ。「でも、実際にはもっとずっと抜かりがない。ある国では――どことはいわないけれど――新聞記事に掲載された支出やR&D(研究開発)の数字から、その企業がどれだけの納税義務を負うと考えられるか、算出できるようになっていた」

われわれはいま、データ、データ分析、機械学習の力を目の当たりにしはじめている。アマゾンは、購入履歴だけでなく、思いもよらない関連性に基づき、私が実際に文字を入力するよりも先に、何を買いたいと思っているかを察知するようである。ターゲットは、早くも二〇一二年には、ある十代の少女が妊娠していることを本人よりも早く知っていた。二〇一五年に実施されたある調査から、フェイスブックのユーザーのたった三〇〇個の「いいね」を基準にすれば、そのユーザーが質問にどう回答するかを、その配偶者よりも正確に予測できることがわかった[1]。大統領選挙戦のときのドナルド・トランプ陣営は、複数の情報源から入手したデータの分析に基づいて「説得しうる有権者」を絞りこみ、彼らの関心に合わせた広告を打つことで、ペンシルヴェニア、フロリダ、オハイオ、ミシガン、ウィスコンシンという重要なスイングステートで勝利を収めることができた[2]。たとえば、小さい子供のいる女性がターゲットならば、ソフトな声のナレーションで、未来を心配する気持ちを伝える。若い男性ならば、もっと勢いのある、押しの強いコマーシャルをつくる。この仕事を任されたケンブリッジ・アナリティカ社は、アメリカ車を好む人びとはトランプに投票する気になりやすいと気づいた。そこで、データを参照し、たとえばこの数年以内にフォードやシボレーを購入していて、まだ投票していない有権者がいるとわかれば、彼らを「説得しうる有権者」として広告のターゲットとした。せっせと汗かき仕事をしてくれるのはボットであり、アルゴリズムだった。

税金についても似たようなことが起きている。たとえば、英国歳入関税庁〔HMRC〕はコネクトという強力なコンピュータープログラムを持っている。コネクトは英国図書館に収蔵されているすべてのデータよりも多くの情報を蓄積している。それと同時に、データ収集能力をいっそう高めている。アマゾン、アップル、エアビーアンドビー、ペイパルのようなプラットフォーム企業に、販売主や広告主の氏名や住所などのデータを強制的に開示させることもできる[3]。すでに大半の納税者の詳細な実状を把握しており、必要であればさらに多くのデータを取得できる。アマゾンがユーザーの買いたそうな商品を予測できるのと同じように、税務当局は国民の納めるべき税額をしっかりと予測できるのである。

導入後まもなく、コネクトはある手柄を挙げている。ロンドンを所在地とするあるプライベートIPアドレスを通じ、連続してクレジットカード決済が行なわれていることに気づいたのである。その所番地にある住宅は数百万ポンドもする豪邸だったが、納税記録のない人物によって即金で購入されていた。その人物の収入といえば公的年金くらいだった。インターネット検索によって、所番地を同じくするエスコートエージェンシーの広告が見つかった。HMRCが調査に乗りだすと、実はこの豪邸の所有者はそこで六年以上前から商売をしていた。

税務当局は、ある種の行動が脱税のシグナルであることを知っているから、行動パターンのデータを機械でかき集めるようになるだろう。大ざっぱにいえば、グーグルでタックス・ヘイブンの情報を検索し、高級ワインを購入し、リヒテンシュタインのビットコイン取引所にアカウントを開設している男ならば、鉄道模型を趣味にする公務員にくらべ、手間暇かけて調査する価値があるというわけだ。ボットは証拠固めのためにソーシャルメディアをあさりまわる。申告税額の少ない販売業者が休暇先で贅沢している写真をフェイスブックに投稿していれば、それと察しがつくというものである。テレビのドキュメンタリー番組「マイ・ビッグ・ファット・ジプシー・ウェディング」に出演した数人は、カメラの前で、家族の結婚式のために数千ポンドもの大金を使っていた。HMRCはそれが申告していない所得であることに気づき、すぐに調査を始めた。危険要素の有無によって納税申告をランク付けすることで、IRSは調査数を増やすことなく、それまでの二五倍もの脱税をあぶりだせるようになった。(4) 執筆代行業や副業の気配があれば調査の対象になる。世界中の地主はいまや不動産の登記を現地の行政機関から要求されるようになっている。結果的にライセンス制が導入された場合、その手続きには税登録も必要になるだろう。脱税のあった取引例との一致が見つかった企業には、やはり詳細な調査が行なわれる。その場合も、やはりボットが活躍することになる。

機械が多くを学習すればするほど、それだけ納税者は細かく詮索されるだけでなく、数値化され、順位付けされる。そのデータは、本人の仕事の内容、融資額、保険料、さらには公共サービスの対象者かどうかの判定に影響してくる。何もかもが価値評価の対象になりうる。ＩＴは情報に基づいてあなたのことを予測する。いつ死ぬか、あるいはいつ病気になるか。勤勉に働きそうか。仕事で成功を収めそうか。配偶者に誠実でありそうか。犯罪を行ないそうか。金を稼ぎそうか。破産しそうか、それとも脱税しそうか。サイコグラフィックのような、心理的な特性のデータを用いれば、正確なプロファイルを組み立てることができる。プラットフォーム企業はかならずしも人びとを平等に扱うとはいえない。好ましい性質を持っている者は、そうでない者よりもいい扱いを受けることになる。ある企業の主張によれば、現在の機械学習の性能では、たった一枚の顔写真から、その人物が犯罪者になるかどうかを九〇％の正確性で予測できる(5)。また、状況証拠から犯罪の発生を予想できるという。税金の徴収における可能性予測の場合、その道徳的な意味合いを無視することはできない。

権威主義者ならば、隠したいことがなければ心配する必要などないではないかと主張するだろう。リバタリアンならば、こういう行為はプライバシーと自由の両方を侵害すると主張するはずだ。あなたがどちらの意見に賛同するにせよ、また世界のどの国や地域にいるにせよ、これからはそういう状況になっていく。テクノロジーの進歩と政府の財政赤字がその未来を避けられないものにしている。

「デジタル生活世界は、人間の監視しあう能力に変容をもたらす」と、ジェイミー・サスキンドの著書『未来の政治』にある(6)。「第一に、記録することが不可能である、あるいは、完全には把握できないほど複雑である『人生』の全体を、監視の手段を有する人びとが見て理解するようになる。第二に、この監視はしだいに『密接』の度合いを増し、それまで『プライベート』ととらえられていた空間におよぶ。第三に、監視によって収集された情報はしだいに『不滅』の度合いを増し、われわれの記憶を超え、寿命を超えて存在しつづけるようになる。第四に、われわれの行動は、未来予測をタスクとする機械にとって、もっとずっと予想しやすくなる。最後に、われわれの人生はしだいに評価しやすくなり、採点、評定、格付けの対象になる……。いくつもの要因が重なった結果、われわれが過去に経験したものとはくらべものにならないほどの監視が行なわれるようになると同時に、われわれを支配する力がいっそう大きくなる」

税金はあらゆる手段を用いて徴収されるようになる――監視、自動での源泉徴収。よかれあしかれ、われわれはそういう未来に向かっている。

税務当局は、大量のデータを保有していることを包み隠すことなく、租税回避や脱税の抑止のために人びとの不安や罪悪感を利用するだろう。租税回避は起訴につながる恐れがあるが、自発的に名乗り出れば軽い罰則ですむことになる。

クリスはこう話した。「ブラジルは、税務当局のデジタル化がずいぶん進んでいる。世界一かもしれないね。それに、企業の法務部の規模がものすごく大きい。法令を順守するために、また法令に対処するために大勢を雇っているからだ。会社の二人の社員が金を稼ぎ、一〇人の法務部員がその業務にかかわる法令の混沌を取りあつかうという未来のシナリオを思い描けるかい？　思うに、こういう物事の仕組みに整合性や一貫性を見いだせないとしても、だいたい思い描けるんじゃないかな」

これはいたちごっこである。徴税者と納税者、自由と税負担、できるだけ多くかき集める努力と、事業活動を妨げない努力。ツールは変化している。だが、堂々巡りは終わらない。

これは国際的な取り組みである

データの共有と分析は国際的な取り組みになりつつある。各国の税務当局はすでにデータやその他諸々の共有を開始している。共通報告基準〔CRS〕の制度が設けられたおかげで、世界四七カ国の銀行預金残高、利息、配当、キャピタルゲイン、所得の詳細を、それらの政府のあいだで共有することが可能になった。国境を超えた共同作業のもう一つのあらわれは、スイスの金融機関、クレディ・スイスが最近イギリス、フランス、オランダから同時に調査されたことである。

それでも、税制度そのものの質の均一化は行なわれないままである。「法令は細かく分かれていて、バラバラ──無茶苦茶よ」と、メリッサがため息をついた。「うちのクライアントの大半がそれに苦労している──いくつもの異なる法令を順守するなんて、いったいどう対処すればいいのか」

クリスはこう話した。「ほとんどの人は、確実性をもっと高めることを強く欲している。ところが、OECDから、国別調査報告書とか、そういう重要資料が発表されるたび、各国がそれぞれに異なる解釈をするものだから、結局は五七通りもの解釈が生まれることになる。そのどれもが同じことをいっていない」

クリスもメリッサも、今後は分裂がもっと進むだろうと考えている。競争がその原因だ。彼らによれば、それによって法人税が引き下げられることはほぼ確実である。

それに関しては、いわゆるタックス・ヘイブンの役割について考察するべきだが、タックス・ヘイブンの定義は政治体制によってさまざまだ。一人が競争力の高い税率だと主張しても、別の一人はそれを租税回避と呼ぶのである。しかし、各国がそれぞれに異なる税率をもって海外から企業を、また投資を呼びこむことに賛成しつづけるならば、競争は続き、法人税は引き下げられる。税制改革を訴える活動家のなかには、世界各国が力を合わせてタックス・ヘイブンの取り締まりに乗りだし、通商禁止などのペナルティを科すよう求める人びともいる。だが、世界の経済大国が足並みを揃えて積極的な手段を取るのは、とうてい無理であるように思われる。フランスがスイスとの通商を停止？　イギリスがアイルランドと？　アメリカが自国の州、デラウェアと？　国際貿易の五〇％以上がタックス・ヘイブンを経由していることは、ニコラス・シャクソンの著書『宝の島』に記されている(7)。ガブリエル・ズックマンの著書『失われた国家の富』によれば、約七兆六〇〇〇億ドルにのぼる個人資産がオフショア・タックス・ヘイブンに置いてあるという。これは世界の世帯資産の約八％に相当する(8)。これでは、どこもかしこも通商停止ということになりそうである。

タックス・ヘイブンは国際社会で重要な役割を果たしている、と強く主張する人びともいる。より過酷な重税を課そうとする政府に歯止めをかけ、私有財産をほとんど尊重しない独裁主義国家からの脱出手段を個人に与えるというのである。政治的合意がどうあれ、私有財産は公有財産ではない、と。

「結局、課税は二種類に分かれるのではないかと思う」とメリッサ。「一つは有形のものに対する課税。国内に存在していなければならず、税率は二〇％か三〇％。それから、無形のものに対する課税。世界のどこにでも移動可能で、アイルランドなら一二・五％、イギリスなら一〇％。さらに、旧世界の物理的な取引に対する課税と、新世界の非物理的な取引に対する課税との中間に、二段階課税制を設ける」

アイルランドをタックス・ヘイブンと見なす人びともいる。法人税が一二・五％だからである。三万八五〇〇ポンドを超える所得に四〇％の所得税がかかる現地の労働者にしてみれば、そうとはいえないかもしれない。そして、その点にもう一つの問題がある。つまり、経済圏のさまざまな領域に、さまざまな税率で課税することによって、経済に歪みが生まれているのである。重い所得税と軽い資本税は、近年顕著になっている経済格差の拡大と、その結果として生じている政治不安のおもな要因なのだ。それについては次章で取りあげる。

おそらく、標準化は正規の手続きによらずに進められるのではないだろうか。多国籍企業は、ほぼ例外なく、会計業務にロボティック・プロセス・オートメーション（ＲＰＡ）を採用している。人間とは異なって一日二四時間稼働しつづけるＲＰＡは、企業が行なうすべての取引を分析し、支払い、販売、法人税申告などの通常業務を自動化し、ますます多くの情報を蓄積し、それらをもとに絶えず意志決定を行ない、判断を下す。その間にも、その性能は機械学習によって迅速に向上する。企業のすべての地域、すべての部門のデータは中央リポジトリに送られる。中央リポジトリとは、世界中のスプレッドシートから集まってくるデータが蓄積される、事実上の倉庫である。解析作業によって、インボイスは会計データ、仕入先からの情報、顧客からの情報と照合される。そうして効率性を高めるとともに、会計士のいうように「税金対策の機会を見きわめる」。データとデータ解析の質は絶えず向上する。これは税務当局のデジタル化である。税制はところによって実にさまざまだが、このソフトウェアには同調性が備わっている。中央に集められたデータは、異なる国や地域の、異なる会計監査の処理に使うことができる。よその政府が会計監査に関する契約を結んだと知ったある政府が、同じ、あるいはよりよい条件の契約を求めることも考えられる。かくしてわれわれは、「世界共通の税制」に、正規の手続きを経ることなく近づきつつある。

「いつかはそうなるかもしれない」とクリスはいった。「しかし、道のりは長い。その前に、細分化がもっと進むだろう。新たな元首になろうとする立候補者、あるいは再選をめざす現職――彼らは『投資を促すために税制改革を進めよう。トランプがしたように』と考える。当選、あるいは再選を果たしたいという思いを優先し、OECDからの指示を後回しにする」

「やがて、私たちは合意形成の段階にたどりつくでしょう」とメリッサ。「でも、それは分裂の段階を経たあとのことになる」

ITは公正な税制を求めて戦う人びとの武器になる

税法はテクノロジーの進歩から取り残されているのかもしれないが、メディアに携わる人びとの多くはそうではない。彼らは、新しいテクノロジーと自前のプラットフォームの両方を用い、不正を行なっていると彼らが考える個人や企業を攻撃し、その所業を暴露する。

多国籍企業が税金逃れのために、故意に税務当局の裏をかこうとしているという論調に、クリスもメリッサも賛成していないらしい。法令順守はいうほど容易ではないことが多い。メリッサはこう話した。「面白い意見ね。だって、私が一緒に仕事をしている企業の大半は、正しい税額を支払うことを大前提にしているから、法律で定められているとおり、税金をきちんと支払っている。裏をかく意図があるとは思えない。世論はビジネスに重要なものだしね。データとテクノロジーは、いま起こっていることの可視性を高め、透明性をもっと大きく高める。そのことを世間はよくわかっている」

事業者は、法律の許すかぎり納税額を低く抑えたがる――そして、それを確実に実行する構造をすでに備えている――が、物議をかもすことは望まない。いまや、大手会計事務所の多くは「税務係争への対応」を専門にする部署を設置している。企業の風評リスクに対応するためである。租税回避叩きが生じた場合、たいてい税務の改革が行なわれることになる。今日では、渦中の企業が法律の文言どおりに税務を処理していたとしても、たいていは法的コンプライアンスが不十分であり、メディアから望みもしない注目を集めることになってしまう。

アップル、グーグル、フェイスブック、アマゾン、スターバックス、ボーダフォンのような国際企業は、その税務処理の手法をめぐってひんぱんにニュース種になっているようである。だが、これらだけではない。企業の税関連の不祥事は世界各国で発生している。そして、企業のみにとどまらない。富裕層の個人や一族の税金対策がマスコミに追及されている。少し例を挙げれば、サッカー選手のリオネル・メッシ、クリスティアーノ・ロナウド、歌手のシャキーラ、ジャスティン・ティンバーレイク、マドンナ、俳優のキーラ・ナイトレイ、アミターブ・バッチャン、さらにはイギリス女王エリザベス二世やチャールズ皇太子も、やはり望みもしない詮索を受けている。

二〇一五年にはスイスリークス事件が発生した。大規模な脱税計画に関与した疑いのある銀行口座一〇万口座とオフショア会社二万社が閉鎖された。そして、二〇一六年にパナマ文書の流出が起こった。実名を伏せてジョー・ドウを名乗る情報提供者が、約一五〇万件の情報の掲載された文書を『南ドイツ新聞』の記者にリークしたのだ。その機密文書には、オフショア会社二一万四四八八社分の、一九七〇年代以降のくわしい財務情報と法務情報が記されていた。

アマゾンのウェブサイトで「税金」というキーワードを検索してみてほしい。税制の過去、現在、未来という重要なテーマについて書かれた本は、あるとしてもわずかだ。ところが、オフショア口座利用という極悪非道について書かれたものはごまんとある。悪事をあばく映画、テレビ番組、ラジオ番組は数多くつくられている。ブログもたくさんある。こういう事例を調査する人びとはたいへん粘り強い。

おそらく、きわめて強力な動機に突き動かされているからだろう。その動機とは、不正撲滅のために力を尽くしているという意識であり、善と悪の闘いにおいて、道徳的に優位に立っているという意識である。租税回避叩きは、すでに白熱している政治およびイデオロギーの戦争の武器にされている。この動機は、政府収入が不十分であるために公的サービスの予算が削減されれば、いっそう強力になる。

租税回避叩きの風潮はますます広がっており、これから数年以内に大きなテーマになってくるだろう。二〇一六年、『インターナショナル・タックス・レヴュー』誌のグローバル・タックス五〇――租税の世界において大きな影響力を発揮した個人、組織、出来事のランキング――で、国際調査報道ジャーナリスト連合が二位に選ばれた（一位は欧州委員会で競争政策担当委員を務めるマルグレーテ・ベステアー。数ある多国籍企業のなかでも、とくにアップルの税務の問題に切りこんだ）。二〇一七年、企業の租税回避を厳しく追及する調査ジャーナリストたちがフィフス・エステートというグループを結成し、手を携えて活動しはじめた。このグループはグローバル・タックス五〇の四位に入っている。

「納税額が最小になるよう税務処理を行なう」人びとは名指しで非難されるので、庶民はいっそう憤りを募らせる。それは、世界各国で政治不信が高まっているおもな要因であり、人びとの怒りを買っている社会の不平等の象徴である。競争の場は公平ではなく、人によって特別ルールが適用される。この点は、今後も人びとの不満の大きな部分を占めつづけるだろう。

ＨＭＲＣも名前を公表する。三カ月に一度、二万五〇〇〇ポンドを超える租税回避をした者に関するくわしい情報を一覧にし、ウェブサイトに掲載するのである。そこには氏名もしくは事業名、回避した税額、それによって科された罰が記載される。一方、税務当局は不正や租税回避を通報するよう呼びかけている。これを復讐に利用する人びともいる。昨年度の通報件数は一一万三〇〇〇を超え、それに対して支払われた報酬は総額五〇万ポンドを超えた。

しかし、これには大きな問題がある。

法令を順守している企業あるいは個人は、一部のメディアや庶民をどれほど激しく怒らせたとしても、法令を順守していることに変わりはない。要は、法律に不備があるのだ。デジタル技術は政府に強大な力を与えたかもしれないが、その根底にある問題——具体的な形のないオンラインのデジタル世界に対する課税問題——はまだ解決に至っていない。目に見える、透明度の高いサプライチェーンは世界中に——税務当局の手が届きそうで届かないところに——存在するが、その価値に課税する方法を見つけた者はまだ誰もいないのである。

ジョン・ペリー・バーロウが「サイバースペース独立宣言」で述べたとおりである。政府は「われわれが恐れるような強制力を持たない……。サイバースペースを構成するものは、われわれのコミュニケーションの網の内に、定常波のようにずらりと並ぶ交流、関係、思考そのものである。われわれの世界はどこにでも存在すると同時にどこにも存在しないが、実体ある人びとの暮らす場所には存在しない……。おまえたちの所有、表現、アイデンティティ、運動の法律上の概念は、われわれには適用されない。それらはすべて物質に基づくものだが、ここに物質は存在しないのだ」[9]

世界各国の法制度の均質化が実現するのは、グローバル化された無形のデジタル経済に対する課税の問題に、実行性ある解決策を考案してからのことだろう。それまでは分裂状態が続き、国ごとにさまざまな方法を試すと思われる。

徴税業務そのものは、現行の制度のもとで実施されているよりも冷酷に、侵害的に、攻撃的になるだろう。税務調査では、会計士、弁護士からファイナンシャル・アドバイザーまでの誰もが情報開示を求められることになる。政府は金欠状態である。だから、そうするしかない。だが、扱いは公平にならないと思われる。ある対象（有形経済）は、その他にくらべて目をつけられやすいのだ。おそらく、不正行為よりも、うまく機能するシステムを発見することに力を注ぐべきである。そういうシステムが見つからなければ、政府の役割を考えなおさざるを得ない。

政府の仕事を減らさなければならなくなる。

第19章　税制の不備

税金がかかるとなれば、同じ収入額であっても、公正な人はより多く、不公正な人はより少なく支払うことになる。還付金が出るとなれば、公正な人は少しももらわず、不公正な人は得をする。

プラトン（紀元前三八〇年）[1]

今日の社会民主主義は、ある原則を土台にする。政府は、国民の保護のみならず、富の再分配とライフチャンスの均等化――つまり市場経済の不平等の相殺を役割にするというものだ。税金の徴収はこの目的を果たすための手段と見なされていた。

しかし、社会はいまだにたいへん不平等である。見方によっては、自由世界において不平等がなくなったことはないともいえる。

経済格差はとんでもなく広がっている。ＮＧＯのオックスファムが毎年公表している、不安を抱かせるような内容の統計調査にも、そのことが明示されている。今年公表されたものによれば、アメリカのＣＥＯは平均的な労働者の年収に相当する金額を一日で稼いでいる[2]。また、億万長者は一般労働者の六倍のスピードで財産を増やしている[3]。そして、世界の上位一％の富裕層の財産を合わせれば、残りの九九％の財産を合わせた金額よりも大きくなる[4]。

一方、健康格差もまた大きく、さらに広がりつつある。健康の度合いをはかるのは当然ながら実に困難だが、その指標としてもっともよく使用されるのは平均余命と乳児死亡率である。イギリスでは現在、富裕層と貧困層の平均余命の差がかつてなかったほど大きく[5]、最貧困層の乳児死亡率とその全国平均の差も、やはりたいへん大きくなっている[6]。

健康格差の拡大はイギリスのみで見られる特異な現象というわけではない。アメリカでは、中間世帯所得が年間二万五〇〇〇ドル未満の地域の平均余命は、年間五万三〇〇〇ドル超の地域よりも約一四年短い[7]。これら二つの地域が隣りあっていても、裕福な地域の住人は、より貧困な地域の住人にくらべ、余命が三〇％以上長くなっている[8]。

それから、機会格差というものがある。世界のさまざまな国で、私立学校で教育を受けた人のほうが、公立学校で教育を受けた人よりも優れた能力を発揮している。イギリスの場合、私立学校で学ぶのは全生徒のたった七％だが、彼らは最高位の職業の過半数を占めている。たとえば、医師全体の六一％、判事全体の七四％が彼らなのだ[9]。

この格差のほとんどは、税と通貨の制度に原因があるといえる。

たとえば、富の不平等である。富をほとんど持たない人、とりわけ社会に出たばかりの若者ならば、頼みは自分の労働のみとなる。だが、労働には重い税金がかけられ、定期的に取り立てられる。その理由の一つに、所得税は徴収しやすいということがある。しかし、労働に重い税金がかけられている場合、立身出世のため自分の労働のみを頼みにする人びとの可能性が制限されてしまう。

しかしスーパーリッチは、たしかに勤勉に働いてきたのかもしれないが、賃労働の結果としてその立場にたどりついたわけではない。ただし、稀ではあるが例外もある。とんでもなく報酬の高い、たとえば多国籍企業のＣＥＯやスポーツ選手などだ。多くの場合、事業の拡大、資産——住宅、土地、会社、株式、債券、美術品など――価値の高騰によってスーパーリッチになっている。所得とは異なって、こういう資産は毎年税金を取られることがない（私は、毎年取るべきだといいたいわけではない）。売却の際にも（そういうときが来ればの話だが）、売却益にかかる税率は比較的低いことが多い。たいていは、売却できてもそうしないか、売却益が課税対象利益にならないよう、再投資による回避作戦を取るかのどちらかである。

要するに、ある集団――労働者たち――は、より高い割合の税金を納めている。所得と資本は同じように課税されるわけではなく、そこに格差が生じる。アメリカの資本・労働比率は、一九六〇年代から金融危機後までの期間に、六七対三三から五六対四四に下がっている。いいかえれば、労働の相対的価値は劇的に低下している。自動化によって雇用が失われれば、さらに下がるだろう。二元的な課税制に不平等が内在することは明らかなのだ。

インフレ税も勝者と敗者をつくる。実際、インフレ税は資産――不動産、会社、株式、さらには美術品や骨とう品――を所有する人びとに恩恵をもたらす。通貨の価値が下がれば、こういう資産の価値が上がりやすいからだ。それと同時にインフレ税は、給与や貯蓄を頼みにする人びとに損失をもたらす。彼らが稼いだ通貨の価値を引き下げる一方、彼らが買いたがる資産、とりわけ住宅の価格を、手が届かないほど高く引き上げてしまうからだ。ビジネスパーソン階級はこの両面で打撃を受ける。

税制は人びとを平等に扱わない。不利になる人もいれば、得をする人もいる。だからこそ、資産の保有に目を向けるようになった経済国は数多い。われわれの税と通貨の制度は、実は不平等を引き起こしている。

この先、いま、ますます権利を奪われている中流階級と労働者階級が、ますます偏向を募らせている税負担を、文句もいわずに引き受けつづけるとは思えない。このままでは、社会不安、政治不安がいっそう大きくなると考えられる。

健康と教育の格差についての考察は、本書の趣旨からは外れている。公営の教育制度や医療制度にうまくいっている例はたくさんある。そして、嘆かわしい例もそれと同じくらい見つかる。しかし、これらの格差をめぐって延々と議論が続いているのは、それだけ不満が高まっている証である——食料品、衣料品、ITなど、政府が供給にそれほど関与していない経済領域においては、そこまでのことはない。解決策としてしばしば提案されるのは、医療、教育、福祉にもっと多くの予算を割りあてることだ。偶然かもしれないが、第二次世界大戦以降のイギリスで、健康格差がもっとも開いた期間（一九九七年から二〇〇七年）は、NHSの医療費の対GDP比がもっとも大きくなった期間でもあった。たんに金額を増やしても、それで解決するわけではないと思われる(10)。

その逆に、医療や教育などのサービスの費用を税金で賄うのをやめたらどうなるだろう？　徴収するはずだったお金を国民に取っておいてもらい、その使い道を決めさせたら？　医療、福祉、教育は人間の基本的なニーズである。なくなることはないはずだ。十九世紀の共済組合は、当時としては素晴らしい成功を収めていた。それらは、政府からの援助なしに、たいへん組織的に始まった。今後、共済組合の二十一世紀版が立ち上げられることも考えられる。

アダム・スミスの四つの規範

『国富論』で、アダム・スミスはすべての税制の基礎とするべき四つの一般原則を提示した。この本が出版されたのは一七七六年だが、これらの原則は現代にもあてはまる。

スミスいわく、第一に、課税は公平でなければならない。市民は「それぞれの能力に応じ、政府を支えるためにできるかぎりの拠出をする」。すでに概略を述べたとおり、いまは所得税とインフレ税の負担がたいへん大きいため、この原則は守られていないと考えられる。

インフレ税などの目に見えない税金は、スミスの第二の原則にも違反している。「支払いの時期、方法、金額は、納税者にとって明瞭かつ平易でなければならない」。インフレをわきへ置いても、現代の税制は――香港やシンガポールなどの例外はあるが――明瞭でもなければ平易でもない。いまいましいほど複雑である。なかでも、二万一〇〇〇ページに一〇〇〇万語が詰めこまれた、世界最長の税法典を擁するイギリスは、世界最悪の違反者だ[11]。ちなみに、その分量は聖書のおよそ一二倍である。世界一長い小説としてギネスに登録されているマルセル・プルーストの『失われた時を求めて』は一二六万語、イギリスの税法典はその八倍だ。一〇〇〇万語というのは、たいていの人が一生のあいだに読む量よりも多い。

しかし、イギリスの税法典を読むのと、それを理解するのとでは別の話だ。その文章のほとんどは難解きわまりない。

一九八三年から一九八九年まで財務大臣を務めたナイジェル・ローソンは、予算案を提出するたび一つの税の廃止を提案することにしていて、実際に六回そうした。また、所得税の階層区分を二つに減らした。しかし、そのあと税法は急激に量を増していった。これは、おもにゴードン・ブラウンの仕業だった。税法典はブラウン政権時代に三倍に膨れ上がったのだ。財務大臣に就任したときのジョージ・オズボーンは、イギリスの税法典は「複雑さ、不透明さにおいて」世界屈指であると述べ、大幅な簡素化に踏みきることを約束した。その業務を受けもつ税制簡素化局まで設立したのだ。しかし、税法典は彼の任期にまたもや倍増した。

税についてこれほど事細かに規定されているのは、イギリスにかぎったことではない。欧米諸国には税法を増やしたがる性質があるようだ。現在のアメリカの内国歳入法典――二四〇〇万語――は、一九五五年の約六倍、一九八五年の約二倍になっている。さらに、この法律の実地での適用について明解にするため、ＩＲＳから七七〇万語にのぼる規則が追加で公布されている。そのほか、六万ページ余りの税関連の判例法もあって、会計士や税務弁護士がクライアントの納税額を計算するうえで欠かせないものとなっている。[12] よく知られた逸話だが、アルバート・アインシュタインは確定申告書類を前にして困惑し、こう断言したという。「世界でもっとも理解しがたいものは所得税だ[13]」

一方、香港の税法は二七六ページである。この量はイギリスのそれの一・五％くらいだ。

複雑さは格差をいっそう広げる。個人であれ企業であれ、法の抜け穴をくぐるためにプロを雇う人びともいる。実際、抜け穴は多い。その他の人びとはそうする余裕がなく、比例ベースでより多くを支払うことになる。税法が複雑になる原因の一部は、税の控除や免除、租税補助金の制度がたくさん設けられていることで、それ自体が格差をつくりだしている。補助金や税控除――その根拠が金銭的利害であれ、信念であれ、その両方が少しずつ合わさったものであれ――を求めるロビー活動は当たり前に行なわれるようになっている。そのロビー活動にしても、行なう余裕のある人びともいれば、そうでない人びともいる。たしかに、全員に同じルールが適用されるべきなのだ。

それに、複雑さはミスを引き起こす。税務をつかさどるＩＲＳ、ＨＭＲＣのような行政機関がミスを犯すことはよく知られている。複雑さをなくし、制度を簡素にし、ミスや租税回避の余地を小さくすると同時に、納税に関する条件にもっと公平性を持たせるべきである。

スミスの第三の原則は、徴税は「納税者にとって都合がいいと思われる時期に、あるいはそのような方法で」行なわなければならないというものだ。源泉徴収、あるいは支払時に差し引かれる形での徴収は、スミスの主張する要件をほぼ満たしているが、納税者の便宜のためではなく、税額の最大化のために行なわれている。

第四の原則は、徴税のコストはできるだけ抑えなければならないということだ。税額一ドルを徴収する際のコストが五〇セントならば、その税の存在意義はほぼ認められないだろう。現行の税制のあり方からすれば、このコストはたいてい納税者の負担となる。雇用者は所得税の徴収を義務とする。販売者はVATの徴収を義務とする。[14] アメリカでは、経済界が税務コンプライアンスによって負担するコストは年間四〇九〇億ドルにのぼる。これは三六の州の総生産額を合計した金額に等しい。アメリカ人は、IRSから義務として要求される納税申告のために約八九億人時を費やす。[15] つまり、他に何もせず、納税申告の書類作成だけをせっせとやる労働者が四三〇万人いるに等しいということだ――四三〇万人というのは運転手として働くアメリカ人の数とほぼ同じである。

イギリスでは、金融などの分野でテクノロジーが進んでいるにもかかわらず、政府の徴税のコストは五〇年前と同様に大きい。[16]

世界のほとんどの地域でおかしな状況になっていることは、想像に難くない。

「沈みゆく太陽に向かって激しく怒れ」

二〇〇八年の世界金融危機ののち、欧米諸国には不安と不満が満潮のように広がった。その影響はさまざまな形であらわれた――思いがけないドナルド・トランプ大統領の誕生、ブレグジット、フランスの「黄色いベスト」デモ、カタルーニャ州の独立運動。世界的な傾向として、政治家は右翼か左翼かにかかわらず強い男性が注目を集め、人気を得ている一方、中道派は度外に置かれている。これにどう対応すればいいのかわからず、当局は途方に暮れている。これをどう説明すればいいのかわからず、メディアも途方に暮れている。

こういう不満は目新しいものではない。紀元前三〇〇〇年のラガシュでウルカギナを支持した人びとや、一三八一年のイギリスの農民や、一七八九年のフランスの革命家も同じ不満を感じていた。これほど大きな経済格差を引き起こしている税制について、自分たちの意見が反映されていないと感じている人びとは多い。過去とは異なる点といえば、その要因の多くがいっそう突き止めにくくなっていることだ。というのも、一見してそれとわからない税、納付していることを実感しにくい税がたくさんある。所得税は源泉徴収されたのちに納付される。VATおよび売上税は購入時の価格に付加される。燃料税と悪行税(酒やたばこの購入、賭博行為などの「悪行」にかかる税)もそうだ。ステルス税は目につかない。またインフレ税は、ケインズがいうように、「はっきりそれとわかる可能性は一〇〇万分の一もない」。こういう税は負債であって、ずっと先まで支払いつづけることになる。

しかし、よくいうように、「現実から逃避することはできても、現実逃避の結果から逃避することはできない」。人びとの不満の要因を明快にすることはより困難になっているかもしれないが、重い税負担によってもたらされた結果は、やはりしっかりと実感できる。

やっとのことで暮らしを立てている世帯は多い。中流階級の生活スタイルを賄うには、一世代前なら一人分の稼ぎで事足りていたが、いまは共働きでなければならない。結婚年齢は上がり、子供の数は減り、借金は増え、住まいは小さくなっている。マイホームの購入はほぼ不可能だ。欧米諸国全体でそういう状況になっている。私の世代は両親の世代よりも貧しくなっている。次世代はより貧しくなるだろう。進歩や発展とは真逆である。歴史を振り返っても、こういう事態は戦時以外にはめったにない。ヨーロッパでの最新の例を見つけようとすれば、おそらく暗黒時代までさかのぼらなければならない。

人びとは、経済的に苦しんでいると同時に、同意できない事業に税金を使われていると考えている。戦費、福祉費、浪費。それでも、発言力はほとんどなく、五年に一度、大体においてどれも似たり寄ったりな政党の一つに一票を投じるが、その影響は心もとない。「租税は文明社会の対価である」とは、ワシントンDCにあるIRS本部の入口に刻まれている言葉である。われわれの同意しない事業の資金をつくるため、これほど不公正な制度のもとで働かなければならない社会を、果たして文明と呼べるのだろうか。自分の金と引き換えに与えられるものに納得できなくても、返金を要求することはできないし、母国から脱出しないかぎり、関与を拒否することもできない。支払わずにいれば、刑務所行きである。実際、源泉徴収税はいくつもあるため、刑務所行きのリスクを承知で支払いを拒否するという選択肢すら、概して排除されてしまっている。

二〇三〇年までに、人類は気楽な人生を送るようになる。一日三時間働くだけで、「差し迫った経済的不安」にとらわれずにすむ[17]。これは、おそらく二十世紀の経済学者のなかでもっとも大きな影響力を持っていた経済学者のジョン・メイナード・ケインズの、一九三〇年の予言である。ケインズは、生産性の向上に関しては正しかった。食料品、衣料品、テクノロジー、さらには住宅建設のコスト（土地を除く）すらも、この一〇〇年のあいだに劇的に価格が下がり、品質が上がった。一九〇〇年、労働者の稼ぎのうち食料品、衣料品、住まいに使われる金額は八〇%から九〇%にのぼった[18]。いまやそれが四〇%になっている。だが労働時間に関しては、ケインズは予想を大きく外している。それというのも、一つ巨額のコストを見過ごしていたからだ。ほかでもない、政府支出拡大の擁護者であった彼がそれに気づかなかったとは、実に皮肉なことである。欧米諸国において、国民の人生最大の支出であり、マイホーム、マイカー、年金、教育よりも高くつくもの——それは、国家運営費である。政府は多くの事業を行なっている——したがって、われわれはそれだけ多くの税金を納めなければならない——ため、いまやたいていどの先進国でも（例外が一、二あるかもしれないが）、国家運営費は国民の生涯でもっとも高価な買い物となっている。

だが今日、莫大な富や機会に恵まれている人がいる一方で、権利を奪われている、意見を取り上げてもらえないと感じている人もたくさんいる。またも革命の気配が漂いはじめているのである。

国民国家の終焉?

世界史上の過去二〇〇〇年を特徴づける決定的な要素は、最高の政治機関としての国家の出現である。十九世紀までの世界について、テクノロジー関連を専門にする作家のジェイミー・バートレットはこう記す。「帝国、所有者不明の土地、都市国家、公国がとりとめなく広がり、旅行者は身元確認も旅券もなしにどこへでも行けた」[19]。それを変えたのは、戦争、革命、産業の発展、福祉事業の公営化だった。だが、時間とともに国境が変化していった。われわれは子供のころから、国境で囲まれた国を思い描いてきたかもしれないが、歴史的背景からいえば、国民国家は比較的新しいモデルであり、その大部分は十七世紀、十八世紀、十九世紀の税制革命から生まれている。それが今後も生き残るかどうかは、支出に見合う税収を上げられるかどうかにかかっている。

多くの国のリーダーは、政治への不満の高まりを抑えるため、すでに赤字を抱えているとしても、大きな支出をともなう事業計画を打ち出している。トランプ大統領はインフラ整備に大金を投じることを約束した。イギリスではフィリップ・ハモンド財務大臣がNHSの医療費の増額を公約しており、その対GDP比は二〇二三年までに三八％になる予定である。[20] これでますます多くの税収が必要になるが、その収入源がこれからも存在しつづけるかどうかは定かではない。

おそらく、国民国家モデルの存続が脅かされはじめたのは、一九九〇年代半ばから末にかけてのことだ。このころ、無形資産への投資が有形資産へのそれを上回るようになった。[21] ずっと昔から、経済は形のあるモノ――自動車から牛、穀物、金《きん》まで――の生産と消費を中心にしていた。今日、もっとも貴重な資産といえば、形のない、手で触れられないもの――ソフトウェア会社、ブランド、知的財産、オペレーティングシステム、独自のサプライチェーンなどである。通貨自体、もはや有形ではなくなっている。無形物を中心に築かれた企業は、成長がより速い。システム――たとえば、グーグルの検索エンジンなど――がうまく機能するならば、それは「物理的」企業が提供するどんな商品よりも迅速に利益を増加させる。アプリは、一度アップロードしてしまえば数百万人にダウンロードされうる。この急成長の可能性は投資を呼びこみ、その速度がいっそう増すことになる。

それと同時にテクノロジー企業は、まったく新しい「非営利」事業モデルと、所在地をどこに定めることも可能な業態のおかげでライバル企業よりも納税額が少なくすむため、その点でも有利になる。納税額が少なくすむ分だけ投資に回す金額を増やせば、それだけ成長できる。こうしてテクノロジー企業はいっそう進歩し、力をつける。コンピューターの性能も飛躍的に向上し、ほぼ二年ごとに二倍になる一方、そのコストは低下する。テクノロジー企業がわれわれの社会でふるう力も、やはりとんでもない速度で大きくなる。カール・マルクスの有名な言葉のとおり、主要な生産手段が変化すれば、政治や社会の構造もまた変化するのである。

国民国家とそこで採用されている税制は、物質世界を中心に構築されている。今日に至っても、イギリスは市場調査とブランディングのコストをＧＤＰに含めていない[22]。国家は、それを取り巻く新しい世界に順応し、デジタル化に適応しなければ、国民国家モデル自体がおぼつかないものになる。形のないものに課税する方法を見つけて国際的な競争力を保つか、支出を減らすか、いずれかの道を選ばなければならない。さもないと、破産状態におちいる可能性もある。

政府の破産、税収の途絶、債券市場危機の可能性、国の通貨の信頼性の低下――これらのどれも、政治への不信と変化への渇望に満ちた世界においては、現実になる可能性がたいへん高くなっている。またこれらは、革命や内戦につながる要素でもある。そういうことになるのを防ぐため、国家は先手を打ち、われわれを取り巻く新しい経済世界の現実に合わせ、最善を尽くさなければならない。それには、統治する方法と、提供する公的サービスをうまく時代に適応させることも必要になる。

小さな国のほうが、対応がより速いようである。適応への動きはすでにあらわれている。アイスランド（実は、憲法の起草をクラウドソーシングによって行なっている）、エストニア、マルタ、さらにはカリブ海周辺の島々も、それ以外の国々がまごまごしているあいだに、税法と公的サービスの両方に、たとえばブロックチェーンの技術などを取り入れている。小さな国が大きなライバルの先を行っているのだ。一人当たりＧＤＰから見た富裕国ランキングのベストテンのうち、人口が一〇〇〇万人を超える国は一つもない[23]。また、ベスト二〇のうち、人口が二〇〇〇万人を超える国はたった二カ国である（アメリカとドイツ）。だが一九五〇年の時点では、事情はかなり異なっていた。アメリカはおそらく世界一金持ちの国だった。参照できる購買力平価のデータは不正確であるが、上位一〇カ国のうち、少なくとも四カ国は人口が一〇〇〇万人超であった——アメリカ、ベネズエラ、オーストラリア、カナダの四カ国だが、もしかするとオランダもそうだった。ベルギー、フランス、アルゼンチンはそれよりもやや少なかった[24]。いまや、経済的にはスモール・イズ・ビューティフルということになっている。しかし、かつてはそうではなかったのだ。

政治的にも、国民が地方の権限をもっと大きくするよう求めていることもあって、小さな国へと向かう流れが出てきている。イギリスは国民投票によってEU離脱を決めた。カタルーニャはスペインからの独立を求めている。四半世紀前にユーゴスラヴィアだった地域は、いまやボスニア・ヘルツェゴビナ、クロアチア、コソボ、マケドニア、モンテネグロ、セルビア、スロベニアに分かれている。そういう例はこれからも出てくるだろうが、小さな国への道のりは易しくはない。スペインはそうあっさりカタルーニャ独立を許すことはないという姿勢である。当時、ブレグジットは暗礁に乗り上げていた。論争のおもな領域——関税同盟と単一市場参入——は、もちろん税である。歴史に示されているように、変化を起こし、大々的な税制改革を成し遂げるには、ある種の革命、財政破綻危機、あるいは戦争を引き起こすことがしばしば必要になる。政府が自発的にそうすることはめったにない。だが、税収がだんだん減ってくれれば、無理にでもそうしなければならなくなる。

国々はそれぞれに、国民が選択した政治体制によってその後の税制を決定する。だが、国々はこぞって企業を奪いあう。もっとも多くの企業を引きつけるのは、法律によって私有財産権がしっかりと守られており、新たに誕生した国際市民・国際企業にとって魅力ある税率が定められている国である。この競争がさらなる後押しになって、他の国々も同じ手法を取り入れるようになる。

ＩＴが政府の公的サービスに取って代わるようになれば（多くの国が、教育、医療、輸送関連の事業へのＩＴ導入を検討している）、政府支出を減らすことも可能になるが、ここで一つの疑問が浮かびあがる。つまり、自発的にそれを選ぶというよりも、むしろ一種の財政圧力のために致し方なく選ぶ場合が多いのではないか。高水準の支出が定着している文化では、減税には強い抵抗があるだろう。多くの場合、税率の引き上げと、新税――富裕税、高級住宅税、空き家税、あるいは取引高税などが考えられる――の導入を試みることになる。有権者には事実上の税であることがわかりにくいインフレ税も、すぐにではないとしても、必然的に取り入れるようになる。たとえば、現代貨幣理論（ＭＭＴ）や、いわゆる「国民のための量的金融緩和政策」（ＰＱＥ）は、政府が通貨の発行によって支出の財源を調達し、経済を運営することを方針とするもので、いまさかんにもてはやされている。

今後、脱税、租税回避、タックス・ヘイブンはもっと厳しく取り締まられるようになる。税金の徴収はもっと積極的に行なわれるようになり、その一環として、ある道徳的主張――その効果はすでにあらわれている――がさかんになされるようになる。つまり、重い税金やその使い道に同意しないならば、ともあれその人物は悪人であるというのである。中世のころ、王とともに戦争に行きたがらない騎士もこれと同じ道徳的主張の標的になっていた。こういう騎士は臆病税を課されることになった。歴史に示されているように、このパターンはいい結果に終わらないことが多い。

ダメージを緩和するには、早いうちに思いきった税制改革を実施することである。だが、やはり歴史に示されているように、それは容易なことではない。こういう改革は、なんらかの危機によって否応なく後押しされるのがふつうだ。力量によっぽど自信のある政治家でもなければ、もっとも安易な方法を選ぶことだろう。枝葉の部分に手を入れつつ、税の種類を増やし、税制をより複雑にし、税率を引き上げるという普遍的な方向に向かうのである。危機的状況に背中を押されることなく、思いきった税制改革を提案し、信任を獲得できるのは、たぐいまれな力量と不屈の精神を持った政治家だけだろう。だが、アジアがひるむことなく前へ前へと突き進みつづける現在、置いてきぼりを食いたくない欧米諸国、とりわけヨーロッパ諸国は、国民への課税方法を変えなければならない。

大きな政府と小さな政府、権威主義とリバタリアニズム、古い企業慣行と新しい科学技術、税の種類の追加と削減。これら二者間のイデオロギー的闘争はこれからも続くはずである。どちらの側も自分から引くことはない。だが、国民の税負担が小さい国、税制が公平でわかりやすい国は生き残る。国民の税負担が小さいほど——したがって、国民がのびのびとしているほど——それだけたくさん新発明や新機軸が生まれ、富が増えることになる。これまでの歴史ではずっとそうだった。これからもずっとそうだろう。

第20章　ユートピアの設計

私は、どのような状況下であれ、可能なときはいつでもなんらかの口実や理由をつけ、減税に賛成するだろう。

ミルトン・フリードマン（二〇〇三年）[1]

税のない文明はありえない。

いくら税金を毛嫌いしても、われわれの労働と財産の一部が「公共の利益」と見なされることは避けられない。問題は、その一部がどれほどかである。自由と税はまったく逆のものだ。税金をどう徴収するかは、突き詰めれば、持っている価値観によって決まってくる。読者のみなさんはどのような国をユートピアだと考えますか？

たとえば、今日のヨーロッパの多くの国のように、社会民主主義モデルを採用する国だろうか。国民が重税を負担し、政府が福祉、教育、年金、医療などの公的サービスを提供する。結果、経済的自由度が低く、国民の責任が小さくなる。

重税を、あなたは好むだろうか。しかも、政府は大きな権限を持ち、国民はあまり自由ではないのである。

それとも、税負担が軽いほうを好むだろうか。経済的自由度はより高く、国民の責任はより大きい。

それは、教育、福祉などを提供する手段として、政府はベストではないという考え方である。現状に満足でも、不満でも、論点はいまあるリソースをどう消費するかということである。私の考えるユートピアは、大まかに香港を参考にしており、現行の制度の逆を行くものになっている。

まず、税収である。前述のとおり、先進諸国ではＧＤＰの四〇％から六〇％が税金として納付されている。だがこのユートピアでは、古代に立ち戻り、この割合を十分の一税のそれにもっと近づける。総合的な税負担――債務とインフレを含む――はＧＤＰの一五％前後に抑える。これは、われわれがいま支払っている分の約三分の一である。政府支出はそれ以下に抑える。とはいえ、二〇％でも御の字だろう。

ユートピアでは、所得税もＶＡＴも徴収するが、税率は一五％を上回らない。また、とくにＶＡＴでは、適用除外措置は設けない。それから、ピグー税も徴収する。二十世紀初頭のイギリスの経済学者のアーサー・Ｃ・ピグーが考案し、彼にちなんで命名されたピグー税とは、ネガティブな結果をもたらした活動への課税である。たとえば、自然環境の汚染や、公的医療費の増大を招く（とりわけタバコにかかわる）産業、あるいは活動だ。ピグー税収は、罰金と同じく、その活動によって害される領域での公共事業に直接投じられる。たとえば、タバコ税収は公的医療サービスに、という具合である。麻薬はユートピアでは合法であり、一律一五％の税金がかかる。それによる税収も、医療と依存症治療のために使われる。

法人税はない。必要ないのだ。配当は課税対象で、その税率は所得税と同じである。法人勤務の労働者の所得も課税対象になる。ゼロ法人税となれば、海外から投資資金がたっぷりと流れこんでくる。それに加え、企業には立地使用税（ＬＵＴ）を課す。これについては、もう少しあとで取り上げる。

国民保険制度もなければ、キャピタルゲイン税も、相続税も、カウンシル税も、印紙税も、関税も、ビジネスレートも、テレビ受信料も、自動車税もない。航空旅客税と燃料税はどちらもいまの半分。すべての税収は、関連するインフラのみに投資される。

税法のボリュームは劇的に小さくなる。イギリスのものは現在二万一〇〇〇ページもあるが、香港の税法のように、三〇〇ページくらいになる。

減税によって、事実上、租税回避が減ることになる。わざわざリスクを冒すほどのメリットはなくなるし、税負担が小さくなれば、それだけ国への忠誠心が大きくなる。香港の例からもわかるように、税負担の軽減は海外からの投資を増加させる。

立地、立地、立地——ユートピアに必要な新税とは

私の考えるユートピアでは、税の種類はもっと絞られるけれど、新税はいっさい取り入れられないのだろうか。そう読者は考えるかもしれない。

実は、一つだけ、かならず導入しなければならないと私が考える、これまでにない税がある。それは、所有する土地の立地にもとづく税である。これを立地使用税（LUT）と名づけたい。それは、私の考えうるなかでもこの上なく公平な税であり、労働所得にかかる税の重みを資本所得に移転するのに役立つ。したがって、生産活動を促進するのにも役立つのである。

このアイデアのもとになったのは、十七世紀の重農主義の思想である。重農主義、「physiocracy」はもともと「自然による統治」を意味する。富には二つの種類がある。人間がつくりだしたもの、そして母なる自然から与えられたものだ。家は人間がつくるものだが、その下の土地、まわりの空間や放送波の

スペクトル、近くの鉱物資源などは自然環境から生じたものである。人間がつくった富はつくった本人のものにするべきだが、自然がつくった富はみなで分ちあうべきだ。あなたがある土地の上に家を建て、少しずつ手入れしているとする。その努力の結果として得たものはあなたの所有になるべきである。だが土地自体はずっとそこにあったもので、その「未改良」時の価値の一部はみなのものにするべきだ。「人間は大地をつくったわけではない」と、啓蒙思想家のトマス・ペインは一七九七年に記している。「個人財産といえるのは勤労によって増大させた価値のみであって、大地そのものではない……。土地所有者は共同体に対して所有地の地代を支払う義務を負う」

都市中心部に、面積も形もまったく同じ、二筆の土地があると想像してみてほしい。一方は未開発で、雑木林になっている。もう一方は立派なビルの敷地である。課税率はどちらも同じである。その決定において考慮されるのは、未改良の状態での価値のみだ。建物には一〇〇〇万ドルの価値があるかもしれないが、重要なのはそれが建っている土地の、未改良の状態での価値のみということになる。建物を建設した結果として得られた富は、リスクを負ったデベロッパー、あるいは新たな所有者が保有するべきである。だが、未開発の土地の価値は、その都市の発展と、移住したがる人びとの増加という事実のみに基づいて評価されるならば、労せずして得た富ということになり、一部を共有するべきである。税金が投じられ、近くに超高速鉄道が敷設されたおかげで、地価が上昇する例も多いだろう。土地の高評価をもたらしたのは所有者の努力ではなく、一種の社会活動である。労せずして得た利益であるから、共有するべきなのだ。

ある土地の独占的使用を望み、政府にその土地の所有権の証明を求める場合は、その土地の未改良の状態での価値を基準にした料金を、共同体に納付することになる。その土地の未改良の状態での価値から年間賃料を算出し、それに一定の割合を乗じた金額を納付する。住宅は、たとえば建築に四〇万ドルの費用がかかるとする。土地自体は一〇万ドルの価値を有する。すると、開かれた市場においては五〇万ドルで購入できることになる。この一〇万ドルの土地の年間賃料は、たとえば一万ドルであるとする。だから、その土地の独占的使用料は、この一万ドルに一定の割合を乗じた金額となる。近くに鉄道駅ができた場合、土地の価値は上昇する。たとえば、二〇万ドルになるとしよう。すると、年間賃料は二万ドルである。独占的使用料はそのうちの何％かの金額だ。

十九世紀の経済学者のヘンリー・ジョージはこういう税の構想を一般に広めた。彼はそれを「土地単税」と名づけた。というのも、彼の主張によれば、その他のすべての税を廃止し、これのみを徴収するべきだからであった。土地単税をテーマにする一八七九年の著書『進歩と貧困』は数百万部を売り上げ、アメリカの書籍として史上最高の販売部数を記録した（当時）。彼のあるファンなどは、現行の土地所有のシステムの危険を周知させるためにボードゲームを製作した。それが、あのモノポリーなのだ。

ジョージが提唱していた土地単税は、今日では地価税と呼ばれる。私はこの名称を好きではない。地方の土地所有者に高い税金を支払わせるように思わせて、実際のところは都市の一等地に不動産を所有する企業や個人がもっとも重い負担をかけられるからだ。だからこそ、立地使用税（ＬＵＴ）と呼ぶほうがいいと考えている。事実上、これは消費税である。使用している土地の価値が高ければ高いほど、それだけ多くの税金を支払わなければならない。

これは、十七世紀の哲学者や十九世紀の経済学者が思い描いた風変りな空想とは異なる。すでに実用に供されたこともある。その場所は、もちろん香港である。香港では、税収のおよそ四〇％が地価税収だった。香港政府はすべての土地を所有し、それを賃貸していた。そうして、住民の勤労の結果として上昇した地価の一部は、一等地を所有する幸運に恵まれた一握りの人びとに奪われるのではなく、全体で分かちあわれた。また、政府は香港の土地の七五％をオープンスペースに指定した。建造物を建ててよい土地を全体の二五％に抑えたのである。[2]

シンガポール、台湾、韓国も、地価に課税する方法を見つけている。それによって経済成長が促進され、別の領域での減税が可能になっている。一九一一年、孫文は中華民国の臨時大総統に就任した。のちに「国父」と呼ばれるようになる彼は、学生時代を香港で過ごしたことで、こういう税の有効性を固く信じるようになった。今日の中国も同じ手法を取り入れる可能性があるだろう。国有地を売却することはほぼないと思われるからである。

だが残念ながら、こういう税を実際に導入するとなれば問題は山積みである。

一九〇九年、デイヴィッド・ロイド・ジョージとウィンストン・チャーチルはイギリスに地価税を導入しようとした。「道路ができた、街路ができた、サービスが向上した、電気のおかげで夜が昼のように明るくなり、水道のおかげで一〇〇マイル離れた山間部の貯水池から飲み水が運ばれてくる――一方、地主は手をこまねいている」と、チャーチルは庶民院議会で大喝した。「これらの改良の一つ一つは、その他の国民および納税者の労働と犠牲のたまものだ。しかし土地を独占する者は、土地を独占する者でありながら、この改良になんの貢献もしない。ところが、この改良のおかげで彼らの土地の価値は上がる。共同体に奉仕せず、公共福祉に貢献せず、自分の富がつくられる過程に貢献しないというのに」[3]

だが、議員の大半が地主であった貴族院はこの法案を却下した。いまこの税を導入しようとしても、当時と同じく、うまくはいかないと思われる。ただし、導入によってその他のすべての税を廃止できることを証明できれば、賛成多数となるかもしれない。

しかし、これはユートピアだ。自分の好きにできる。マイホームを所有する人は何もしないのに、次世代に犠牲を払わせることでその家の価値が上がるような社会を、われわれは求めていない。われわれが構想するのは、生産性が高ければそれだけ見返りのある社会、労せず得た富には見返りのない社会だ。ジョン・スチュアート・ミルのいう「労働も、冒険も、倹約もせず、眠っているあいだにいっそう金持ちになる」[4]地主たちならば、このユートピアに受け入れることはできない。彼にいわせれば、共同体全体の努力によって地価が上昇すれば、その分は共同体のものである——たとえ所有権を持っていても、その個人のものとはいえない。

その仕組みはつぎのようなものだ。

国内の土地のすべての区画について、未改良時賃貸価格を算出する——つまり、未改良の状態を想定したその土地の価値をもとに賃料を算出する。建物も、農場も、工場も建っていない状態——つまり、更地の状態での価値を基準にするのである。ハロッズだろうがブルーミングデールズだろうが、上物のことはおいておき、その下の土地の価値のみを考える。だから、賃料に関しては、土地の面積よりも立地のほうが重要になりがちである。辺鄙なところにある、誰も欲しがらないような雑木林で、建築許可も出ないとなれば、賃料はあってないようなものだろう。一方、インフラがきちんと整備されている都市部の一等地ならば、賃料はきわめて高くなるはずである。

土地管理局は各区画の所有者の記録を保管する。[5]そして土地所有者は、年に一度、未改良時賃貸価格に一定の割合を乗じた金額を納付する。その割合はどれほどか？　それは、あなたの求める社会のあり方しだいである。大きな政府と大きな支出を求めるならば高く、小さな政府と小さな支出を求めるならば低くする。この割合については、各政党がそれぞれに討議し、有権者の投票によって決定するという方法も考えられる。

ミルトン・フリードマンは、いってみれば減税主義者であったため、この制度を「悪いとはいえ、まだましな税」だといった(6)。理由はすぐわかる。LUTは生産性に課税するのではなく、労せず得た富を奪取するからだ。この制度は運用するのも容易である――いったん整備してしまえば、あとは毎年、土地の評価を改定するのみなのだ。脱税は不可能である。土地を隠すことはできないからだ。オフショアに移すこともできない。所有者の氏名は土地管理局に登録されている。土地は差し押さえの対象になる。この税制は透明性が高い。債務、インフレなどの目につかないステルス税とは異なり、政府支出は納税者がその多少をじかに感じとれるので、政府は説明責任を果たすことを強いられる。これは、形を持たない多国籍デジタル企業からどう税金を徴収するかの問題に対する、理想的な解決策である。たとえば、あなたのソフトウェアの知的所有権がパナマの企業に管理されていても、あなたのサーバーがアイスランドに置かれていても関係ない。あなたが国内の土地をデータセンターとして使用しているとか、国内の帯域幅を使用しているとか、国内の一等地に本社を構えているなどという場合には、あなたが独占的使用の対象としている、共同体の自然的財産であるところの富の、未改良時の価値の何%かを分ちあうことになる（LUTは、土地のみに適用されるわけではなく、自然環境からもたらされた資産ならばなんにでも適用される――空間でも、鉱物資源でも、放送波のスペクトルでも）。

それに、この税制は土地の有効活用を促す。地価の値上がりを狙って未開発地を保有している人びと――この手法をランドバンキングという――は、その土地をただちに使用しはじめるか、ほかの誰かに売却するか、どちらかを選ぶ必要に迫られる。またこの税制は、昔から何度か経済恐慌の原因になってきた不動産のおもわく買いを抑制する。

土地はもっとも基本的な富である。また、もっとも不平等に分配されている富でもある。世界のどこであれ、社会の最上層に属する一握りの個人、企業、政府機関が、過度に多くの土地を所有している――都市にも、地方にも。とりわけブラジル、スペイン、イギリスは、土地の分配がたいへん不平等な国である。(7) 広大な土地を所有する人びとが、使用している土地の税金を納めていないばかりでなく、その土地のおかげでなんらかの助成金をもらっている。とくにイギリスとヨーロッパ大陸の国々ではそうである。その助成金の財源は、労働者によって納められた税金がほとんどだ。土地所有者になりたい労働者も多いはずだが、なかなか購入できず、納める税金は土地所有者に支払われる助成金の一部になっている。労働者は資産所有者に、間接的に資金を供給しているわけである。両者の格差がこれほど大きくなっているのも不思議はない。

ＬＵＴの導入は、われわれの土地および土地所有者に対する考え方を変えるばかりでなく、一つの社会の考え方や動き方までも変えてしまう。どうしてかといえば、見返りとインセンティブは別のものだからである。ユートピアでは、努力すればそれだけ見返りを得られる。だが、ランドバンキングをしても見返りは得られない。

ＬＵＴと同様の税を導入し、その他のすべての税を廃止した国は存在しない。ただし、この税を導入し、その他のいくつかの税を廃止した国や地域は存在する――香港、台湾、韓国のほか、デンマーク、ニュージーランド、ボツワナ、エストニア、それにオーストラリアの一部もそうだ。これらの国々には著しい経済成長が見られる。

ユートピアでは、政府収入の約三分の一をＬＵＴから、残りを所得税、ＶＡＴを始めとするその他の税から賄うのがよい。その他の税には前述のピグー税も含まれる。だが、ある地方政府がそう希望するならば、ＬＵＴのみを徴収し、それ以外の税を廃止してしまっても構わない。ユートピアでは、地方政府がそれぞれの税率を定めることができる。中央集権ではなく、地方分権とするのである。

これはスイスや北欧のモデルを参考にしている。地方ごとに比較的高税率の税が設定され、徴収されている国々である。この方式では、税金を徴収し、使用する組織は説明責任をよりいっそう徹底しなければならず、納税する人びとは税務のよりいっそうの透明性を期待することができる。税金が中央のふところに入るのをただ眺めるのではなく、どう使われるかを監視することができる――結果をより間近に見られるのである。ユートピアでは、都市および地方の政府がそれぞれの税政策と税率を定めることができる。税務の権限の多くを地方が引き受けることになるのだ。

結果、各地方はそれぞれの税政策によって競争をくりひろげる。つまり、アダム・スミスのいう見えざる手によって、地方政府には競争、説明責任、選択肢がもたらされる。税率を適切に定めた地方は生き残る。うまくいった税政策は模倣され、そうでないものは放棄される。ある地方は高税率・高支出を望み、別の地方はそれを望まない場合に、そういう結果になることが考えられる。時間の経過とともに、どの政策がもっともよく機能するかがわかってくる。説明責任を負う地方政府は、中央政府よりもうまく変化し、適応することができるだろう。

さらにユートピアは、現代のビジネスモデルの一つ、サブスクリプションをも取り入れる。

サブスクリプションの公的サービスへの応用

一九九〇年代まで、新聞、音楽ソフト、映像ソフトは物理的な形のあるものとして購入するしかなかった。デジタルへの移行により、メディアは質を落とすことなく迅速かつ安価に複製できるようになった（レコードからカセットに録音、あるいはテレビからＶＨＳに録画する場合とは、質がまったく異なる）。複製後、簡単に、また即座に配布することもできるのである。やがて、人びとは新聞、ＣＤ、ＤＶＤなどの「物理的な」メディアを購入しなくなっていった。ところが、奇妙なことになってきた。コンテンツの消費は増えた――人びとはかつてなかったほど多くの記事を読み、楽曲を聴き、映像を観るようになった――が、クリエイターの収入は劇的に落ちこんだのだ。コンテンツの価値は下落し、ゼロ近くまで下がるものも出てきた。多くの事業者を救ったのがサブスクリプションだった。

二〇一〇年、『タイムズ』紙はイギリスの主要紙では初めて一部コンテンツの有料化を開始した。その直後、同紙のウェブサイトの閲覧者数は九〇％以上減少した。同紙は嘲笑された。だが二〇一四年、『タイムズ』は二〇〇一年以来となる黒字を計上した。イギリスの主要高級紙のなかで、コンテンツをすべて無料にしているのは『ガーディアン』のみである。同紙の記者たちは、自分の名前をより広く宣伝できる無料のプラットフォームを気に入っているのかもしれないが、『ガーディアン』は何年も赤字続きである。二〇一九年、人員を大幅に減らし、読者に寄付とサブスクリプションを呼びかけたことで、ようやくわずかに黒字となったのだ。フェイスブックやグーグルのせいで広告収入を失った分は、読者からのサブスクリプションの申し込みによって補うことができた。比較的規模の小さい出版物にはサブスクリプションモデルのおかげで潤っているものも多い。とくに有料のアドバイスを提供するものがうまくいっている。

音楽業界もリモデルの必要がある。ライブコンサートは生き残りを助けた（ライブイベントは多くの新聞にも貴重な収入源になっている）が、サブスクリプションもその一助になっている。ユーチューブチャンネルであれ、スポティファイのようなストリーミング配信サービスであれ、顧客はひと月分の料金を払い、幅広い楽曲の配信サービスを受けられる。

サブスクリプションはテレビ放送の領域でもっともうまく機能しているのではないだろうか。まずスカイとHBOが先行すると、ネットフリックス、アマゾンプライム、BT、ナウTVがそのあとに続き、小さなテレビ画面にハリウッドの映画作りの水準を持ちこんだ。今日、数ある映像作品のなかでも際立って優れたものが、テレビ番組の制作現場から世に送りだされている。

約二〇年におよぶ期間に、これらの産業は「有料」から出発して「無料」、「危機」、「サブスクリプション」にたどり着いた。ジャーナリストのアンドリュー・ウィルシャーは、公的サービスもまた同じ道筋をたどりつつあることを示唆している(8)。

一九一一年の国民保険法の制定と第一次世界大戦の勃発まで、教育と医療にかかる費用は個人によって、たいていは共済組合を通じて支払われていた。慈善事業と教会の協力のもと、最貧困層向けの助成金制度、福祉制度、教育制度が運営され、誰もができるだけの金額を納めることになっていた。医療および教育のサービス提供の責任を国が引き受けるようになると、個人がお金を払ってサービスを受けるという流れは断ち切られた。「有料」から「無料」に移行したのである。今日、これらのサービスの需要は大きく、その水準に対する期待は高い。そのどちらも、課税によって費用を調達している政府の可能な範囲を大きく逸脱している。増税を求める者は(少なくとも、納税者のなかには)ほとんどいないが、ほとんどの公的サービスは大幅な資金不足におちいっている。なんらかの公的サービスが危機的状況にあることは、毎週のように報道されているように思える。公的債務がとんでもない金額にのぼっていることから、解決策はまだ見えていないようである。われわれは現在、ウィルシャー・サイクルでいう「危機」の段階にある。

他の経済領域では、サブスクリプションはありふれた手法である。われわれは、ツイッター、フェイスブック、インスタグラムなどでフォローしたいアカウントを選んでいる。また、視聴したいテレビ番組やポッドキャストを選ぶこともできる。プロバイダーを選び、月々のスマートフォン使用料、ブロードバンド使用料、テレビ視聴料、楽曲再生料、ニュース購読料、スポーツジム利用料、保険料などを支払う。その月にそのサービスを利用しなくても、たいてい返金してもらおうなどとは考えない。サブスクリプションはいまや珍しい制度ではない。人びとの行動が変わってきているのだ。

サブスクリプションには、定額料金で基本サービスを受けられるタイプのものが多い——ベーシックプランが無料であるケースも少なくない。その上で、オプションを追加できるようになっている。スポーツジムであれば、定額料金のみならばオフピークの時間帯に利用できるが、込みあう時間帯に利用する際には追加料金を支払う。スマートフォンであれば、ある月に使用するデータ量を追加したいときや、特定のスポーツの試合を視聴したいときなどに、少々の追加料金を支払う。ときには、サプライヤーの負担するコストがわずかであるとしても、その「少々の追加料金」がかなり高額なこともある。その好例は、飛行機や列車のエコノミー料金とファースト料金の差だ。たいていの場合、この追加料金が利益の大部分の源である。

以上がサブスクリプションモデルの仕組みである。ここからは、サブスクリプションモデルをユートピアに取り入れる方法について説明しよう。

所得税は、あらゆる種類の所得——配当、給与、家賃——を足しあわせ、一律一五%を乗じた金額を徴収する。一本化した単一所得税ならば、管理するのも容易である。税率が低いので、租税回避は減ると思われる。所得税控除はすべてなくす。そのかわり、ベーシックインカム制度を取り入れる。ベーシックインカムも単一所得税の対象になる。これで、福祉サービス事業も税務も単純になる。

単一所得税からの収入は複数のサブスクリプションに分け、特定の税からの収入を特定の支出に充てることとする。経済学ではこれを「特定用途税」という。「このお金はあのサービスの費用になる」ことがわかっているから、公的支出の透明性はたいへん高くなる。配分は財務大臣によって決定され、政党間で討論が行なわれたのち投票によって賛否が問われる。

第一のサブスクリプションは「社会構成員の資格」で、政府の基本的なコスト——国防、インフラ整備、治安維持など——に充てられる。第二は再分配——福祉、年金である。第三は教育。第四は医療および関連社会サービスに充てられる。

これらの一つ一つについて、国民に提供されるものは明示されなければならない。たとえば、軍の規模、NHSの治療内容や薬剤、学校の授業内容などである。基本の提供物として規定されているものに何かを付加してもらう場合には、追加料金を支払う。透明性の高い納税申告書には、すべての市民がそれぞれのサービスに同一の金額を支払っていることが明記される。ただし、低所得者は事実上、助成金の給付を受けている。高所得者はどれだけ追加料金を支払っているかもはっきりわかる。

サービスにはいくつか段階があって、利用時に料金を支払うよう促されることになる。余分に税金を支払うと思うと嫌な気持ちになるかもしれないが、自分自身や友人や家族が、たとえば入院のときに個室を選べるとか、食事の質を上げられるとなれば、喜んで追加料金を出すだろう。追加料金による政府収入は同じサービスに還元される。ウィルシャーはこれを「共同負担金」と呼んでいる。うまく機能させるには、提供する追加サービスの料金をコストよりも高く設定しなければならない。たとえば、鉄道や飛行機のファースト料金はエコノミー料金の二倍以上にのぼることがしばしばだが、鉄道会社や航空会社の提供のコストが二倍になるわけではない。だから、それを選ぶ人びと(金持ちであることが多い)は、自発的に料金を支払うかわりに無形の利益を手にする一方、その他の人びとが受けるサービスのために補助金を出すことになる。共同負担金による政府収入が大きな金額になれば、単一所得税の税率を引き下げることも可能になるかもしれない。こうして自発的累進課税制が成り立つというわけである。

共同負担金の制度は、多くの公的サービスから失われている売り手と買い手のダイナミクスを復活させもする。現在、NHSの利用者は、たとえば予約時間に来なかったり、スタッフに無礼を働いたりしても、しっぺ返しを受けることはほとんどない。一方、医師のほうは、最適なサービスを提供しなくても責任を問われることはない。

これを商業セクターと比較してみよう。たいていの商店やレストランで、顧客に食事を提供し、手早く給仕してくれるのは、お客に喜んでもらいたい誰かである。サービスの提供者は顧客に対して責任を負っている。製造業者ならば、売上を伸ばすため、できるだけいい商品をつくろうとする。顧客は、サービスや商品の質の低い店には二度と足を運ばない。悪い内容のレビューを投稿したりもする。一方、店側の立場に立った場合、態度の悪い顧客がいれば、その人物をいつでも歓迎するというわけにはいかない。苦情が来たり、店の評判が悪くなったりするからだ。このダイナミクスにより、当事者たちはよい態度を強いられる。買い手は売り手を制御し、売り手は買い手を制御する。これは自然に起こることであり、それによって継続的な改善が促される。

サブスクリプションと共同負担金の制度は、慈善団体や民間セクターからの協力の余地をつくりもする。地方の慈善団体が障碍者のための共同負担金を提案したり、保険会社が追加サービスのコストのために保険を販売したりといったことも考えられる。柔軟性が高いので、大きく変化しているはずの未来の世界にも適合できるに違いない。そのころには、政府の現行の公的サービスはＩＴに奪われていると思われる。

サブスクリプションモデルは税務と福祉サービスの仕組みを単純にし、政府の透明性を高める。高所得者からより多くの金額を集めるが、支払うかどうかは本人が選択する。だから、累進課税制度を押しつけられるというよりも、自然に受け入れる形になる。

税制を正し、社会を正す

税、あるいは税制は、ありとあらゆる要求を満たすというわけにはいかない。だが私は、香港を参考にしたこのユートピアの制度は、それに近いところまで行くと思っている。

思うに、われわれは税というテーマに改めて目を向けることが必要不可欠である。啓蒙時代の人びとがそうしていたように、税について学び、話しあい、意見を出しあうのだ。本書で提案したアイデアが未来につながるものであるよう願っている。

税とは、われわれの子供たちが暮らす未来を形づくるための手段である。

歴史上のいくつかの事例から、見当違い、思慮不足、あるいは時代遅れな税法は悲惨な結果をもたらしうることがよくわかる。われわれは、二十一世紀の新しい経済の形を反映した、これまでにない、よりよい税制を構築しなければならない。

政治家にとって、世界を大きく変えうる二、三の手段のうちの一つが税制改革である。税制を正し、社会を正す。税制はただちに手当てするべき患者なのだ。

さあ、すぐに始めよう。

謝辞

本書は二〇一六年のエディンバラ祭で上演したコメディ（といってもいい）ショー「税制について話そう」を下敷きにしている。そこで話したことを本に書くのは簡単だろう、すぐにできる、と私は思っていた――ところが、甘かった。結局、三年もかかってしまった。税制は文明と同じくらい古くからあって、気づけば私は、税制を切り口に、文明の歴史を初めからたどる作業にいそしんでいた。参った！その点からいえば、まずは忍耐強くいてくれた担当編集者のマーティナ・オサリヴァンに感謝する。幾度となく締切りを延ばしてもらい、今日にはかならずといいつつ夜を迎えてしまったが、彼女はまったく腹を立てなかった。マーティナに感謝を捧げるとともに、本書の執筆を依頼してくれた素晴らしい眼識に称賛を送りたい。

編集作業で多大な貢献をしてくれたシーリア・バザックとジェイン・セリーにも、感謝と称賛を送る。『マネーウィーク』誌での元ボスのトビー・ブレイにも感謝する。私のすべての本に目を通し、つまらない個所を容赦なく見つけ、うなりを上げる電動式の刈込み機のように、ばっさばっさと斬ってくれた。

調査を手助けしてくれたロジャー・ヴァァー、ダレン・ジョーンズ、ＫＰＭＧのメリッサ・ガイガー、クリス・ダウニング、エド・フォザリンガムにもお礼を申し上げる。

もう一人、素晴らしい先見の明に感謝し、称賛を送らねばならない人がいる。フェリシティ・ブライアン・アソシエーツのサリー・ホロウェイである。彼女は、私がボクシングデーの翌日に送った売り込みメールを読み、エージェント契約を結んでくれたのだ（これを読んでいる作家の卵たちへ。売り込みの手紙なら、クリスマス後から元日前までの静かな週に送るといい。目を留めてもらえる可能性が高くなるから）。

本書は、コメディアンとしての私のエージェント、クリスチャン・ノウルズとヴィッキー・マシューズがいなければ書き上げられなかった。そもそも、例のエディンバラでのショーの仕事を取ってきてくれたのが彼らなのだ。彼らが勤務する芸能エージェンシーのＣＫＰには、まさに大感謝である。

本書のＰＲの担当者が誰になるのかはまだわからないが、その仕事に注ぎこんでくれるはずの熱い努力に、前もってお礼をいっておこう。どうもありがとう。

やはり忍耐強くあってくれたソフィー・テイラーには、特別な感謝を捧げる。

私はテレンス・フリスビーという父親がいなければ作家になろうとは思わなかっただろう。劇作家である父は、同世代の劇作家のなかでもっとも見過ごされているように思う。父にも大感謝である。

父のことをいうならば、母にも感謝しないわけにいかない。だから、母にもお礼をいおう。この二年、元夫である嘘つきのイカサマ野郎（私の父のことではない）のせいで地獄のような日々を送っていた母。そのドラマは一冊の本になりそうだが、それはまたの機会にしておこう。

最後に、本書はある人物からたいへん大きな恩義を受けている。税というテーマに興味を抱くきっかけになった人であり、研究成果をたびたび参考にさせてもらっている人。それは、税の歴史の研究者であるアメリカの歴史学者、チャールズ・アダムスだ。二〇一三年に亡くなった彼にお目にかかったことはなかったが、われわれの道がいつか天上の素晴らしいタックス・ヘイブンで出会うことを願っている。

訳者あとがき

本書は、世界史上のさまざまな事件を例に引きながら税制の過去を振りかえるとともに、現在および未来の税について考えをめぐらせる一冊である。*Daylight Robbery: How Tax Shaped Our Past and Change Our Future*（Penguin Random House UK, 2019）を底本とする。「Daylight Robbery」とは、文字通りには白昼の強盗のことだが、人目につきにくい夜間ではなく白昼堂々と人の金を奪いとるところから、厚かましい「ぼったくり」の行為を意味するようになっている。しかし、本書によればもう一つの説がある。一八五〇年、窓の数にもとづいて税を課す「窓税」の廃止をめぐる審議のなかで、「〔窓から射しこむ〕日光の泥棒だ」という意味で使われたことがその由来であるという。

「税は文明社会の対価である」とは、アメリカの内国歳入庁の入り口に刻まれている有名な言葉である。古代より、文明には税がつきものだった。人類最古の文明であるメソポタミア文明にも一種の税があった。世界の主要な宗教にしても、信徒から金を集める仕組みをそれぞれに有した。また、歴史上の革命や反乱の多くは重税への不満を原因にしていた。著者は、本書の前段において、人類がたどってきた道のりを税という観点から浮かびあがらせる。そして後段においては、テクノロジーの進歩による社会の著しい変化に、いまの税の仕組みが追いついていないことを詳らかにし、これからの税はどうあるべきかについて掘り下げる。さらに、第二次世界大戦後に目覚ましい発展を遂げた香港の手法を基礎にする、夢の税制の構築を試みる。それは、税の種類を思いきって減らし、サブスクリプション制度の応用によって公共サービスの提供をもっと効率的にする「ユートピア」の構想である。

古今東西の政府は、文明を支える公共事業の費用をつくるため、税という形で人びとから金を集めてきた。本書は、税というレンズを通してみたときの歴史の面白さを味わわせ、税の役割について改めて考えさせてくれる。著者によれば、本書は現代の人びとが「税について学び、話しあい、意見を出しあう」きっかけになることを目的としている。結果的に、このテクノロジー時代にふさわしい、よりよい制度が生まれるならば、それに越したことはないという。とりわけ自然災害が多く、少子高齢化が著しいこの日本においては、税のあり方は重要なテーマの一つであるに違いない。

著者であるドミニク・フリスビーは、イギリス人の金融ライターであると同時にコメディアンでもある。そういう人物は、おそらく世界でも彼くらいのものだろう。イギリスの経済誌『マネーウィーク』に金《きん》および金融に関するコラムを連載中であるほか、『ガーディアン』紙や『インディペンデント』紙などにも寄稿する。また、さまざまな国で開催される国際カンファレンスで金融の未来をテーマに講演を行なっている。ポッドキャストの番組の司会者、スタンドアップコメディアン、声優としても活躍中である。既刊書には『Life After the State』『Bitcoin: The Future of Money?』などがある。

最後に、この本を翻訳する機会を与えてくださった河出書房新社の揖木敏男氏に、この場を借りて改めて感謝いたします。ありがとうございました。

二〇二一年八月

訳者

Achieving Real Improvements in Americans' Health', *Health Affairs*, 29, No. 8, pp. 1481–8.
Willshire, A. (2017). *How to switch taxation to a subscriber model*. Reaction. life. Available at: https://reaction.life/switch-taxation-subscriber-model/ (accessed 24 March 2019).
World Bank (2017). *The Global Findex Database 2017*. Washington DC: The World Bank.
Xiaoping, D. (1984). *Build Socialism with Chinese Characteristics*. Academics. wellesley.edu. Available at: http://academics.wellesley.edu/Polisci/wj/China/Deng/Building.htm (accessed 21 December 2018).
Yablon, J. (2015). *As Certain as Death*. 9th edn. Arlington, Va.: Tax Analysts.
Youyou, W., Kosinski, M. and Stillwell, D. (2015). *Computerbased personal ity judgments are more accurate than those made by humans*. Pnas.org.
Available at: http://www.pnas.org/content/112/4/1036 (accessed 29 October 2018).
Zimmerman, C. (2014). *Who holds federal debt?* Fredblog.stlouisfed.org. Available at: https://fredblog.stlouisfed.org/2014/05/who-holds-federaldebt/ (accessed 13 September 2018).
Zucman, G. (2015). *The Hidden Wealth of Nations*. Chicago: University of Chicago Press.

11 June 2017).

Us1.campaign-archive.com (2012). *TaxPayers' Alliance reveals cost of collect ing tax has barely fallen in over 50 years.* Available at: https://us1.campaign-archive.com/?u=cc07cd0ccd07d85 4d8da5964f&id=ad07b30f56 (accessed 26 November 2018).

Usgovernmentspending.com (2018). *US Government Defense Spending His tory with Charts.* Available at: https://www.usgovernmentspending.com/defense_spending (accessed 10 July 2018).

Utzke, D. (2017). *IRS Affidavit for Coinbase.* Scribd.com. Available at: https://www.scribd.com/document/342374347/IRS-Affidavit-forCoinbase?campaign=SkimbitLtd&ad_group=58 287X1517249X4494521015d9a87485a7bdaeeaeec496&keyword=660149026&source=hp_affiliate&medium=affiliate (accessed 21 October 2018).

Vaclavik, B. (2018). *7 2018 Remote Work Statistics.* Dontpanicmgmt.com. Available at: https://www.dontpanicmgmt.com/2018-remote-workstatistics/ (accessed 5 October 2018).

Vermilya, D. (2019). *Walker Tariff of 1846: Definition & Summary | Study. com.* [online] Study.com. Available at: https://study.com/academy/lesson/walker-tariff-of-1846-definition-summary-quiz.html (accessed 28 June 2019).

Visionofbritain.org.uk (2019). *History of the Census of Population.* Available at: http://www.visionofbritain.org.uk/census/ (accessed 4 January 2019).

Vitalone, P. (2011). *The NotSoDarkAge: Light in 14th Century Britain.* Masshumanities.org. Available at: http://masshumanities.org/ph_thenotsodarkage-light-in-14th-century-britain/ (accessed 24 February 2019).

Wallis, J. (2000). 'American Government Finance in the Long Run: 1790 to 1990'. *Journal of Economic Perspectives*, 14(1), pp. 61–82.

Walsingham, T. and Riley, H. (1863). *Historia Anglicana.* London: HMSO.

Web.archive.org (2009). *Exchange Rate — New Liberty Standard.* Available at: https://web.archive.org/web/20091229132610/http://newlibertystandard.wetpaint.com/page/Exchange+Rate (accessed 21 October 2018).

Web.archive.org (2018). *Magna Carta — Statute Law Database.* Available at: https://web.archive.org/web/20070905014018/http://www.statutelaw.gov.uk/content.aspx?activeTextDocId=1517519 (accessed 1 April 2018).

Web.archive.org (2018). *US Treasury — Fact Sheet on the History of the US Tax System.* Available at: https://web.archive.org/web/20101204034946/ http://www.treasury.gov/education/fact-sheets/taxes/ustax.shtml (accessed 3 October 2018).

Web.archive.org (2019). *US Treasury — Fact Sheet on the History of the US Tax System.* Available at: https://web.archive.org/web/20101204034946/ http://www.treasury.gov/education/fact-sheets/taxes/ustax.shtml (accessed 11 January 2019).

Webarchive.nationalarchives.gov.uk (2018). *HM Revenue & Customs: Taxation: A tax to beat Napoleon.* Available at: http://webarchive.nationalarchives.gov.uk/20130127153155/http://www.hmrc.gov.uk/history/taxhis1.htm (accessed 7 April 2018).

Williams, D. R. McClellan, M. B. and Rivlin, A. M. (2010). 'Beyond the Affordable Care Act:

Taxation.co.uk (2018). *Taxing horses, dogs, guineapigs and seals.* Available at: https://www.taxation.co.uk/Articles/2007/01/25/220271/taxinghorses-dogs-guinea-pigs-and-seals (accessed 1 April 2018).

Taxfoundation.org (2016). *The Compliance Costs of IRS Regulations.* Availa ble at: https://tax foundation.org/compliance-costs-irs-regulations/ (accessed 26 November 2018).

Taxfoundation.org (2018). *What Are Payroll Taxes and Who Pays Them?* Available at: https://taxfoundation.org/what-are-payroll-taxes-andwho-pays-them/ (accessed 28 March 2018).

Taxhistory.org (2018). *Tax History Project — The Seven Years War to the American Revolution.* Available at: http://www.taxhistory.org/www/website.nsf/Web/THM1756?OpenDocument (accessed 26 May 2018).

Taxinsights.ey.com (2018). *Tax function of future to prioritize cost, value and risk.* Available at: https://taxinsights.ey.com/archive/archive-articles/future-of-tax-tax-function-will-be-very-different.aspx (accessed 30 September, 1 October 2018).

Taylor, A. (1982). *Politicians, Socialism, and Historians.* New York: Stein and Day.

Taylor, B. (2018). *The Century of Inflation.* Globalfinancialdata.com. Available at: https://www.globalfinancialdata.com/GFD/Article/thecentury-of-inflation (accessed 25 September 2018).

Taylor, C. (2017). *Ireland named best country for highvalue FDI for sixth year in a row.* Irish times.com. Available at: https://www.irishtimes.com/business/economy/ireland-named-best-country-for-high-value-fdi-forsixth-year-in-a-row-1.3204594 (accessed 18 October 2018).

Telegraph.co.uk (2006). *Sir John Cowperthwaite.* Available at: https://www.telegraph.co.uk/news/obituaries/1508696/Sir-JohnCowperthwaite.html (accessed 19 December 2018).

Theglobaleconomy.com (2018). *Capital investment, percent of GDP by coun try, around the world.* Available at: https://www.theglobaleconomy.com/rankings/Capital_investment/ (accessed 10 July 2018).

Thornton, M. and Ekelund, R. (2004). *Tariffs, Blockades and Inflation.* Wilmington, Del.: SR Books.

Time.com (2018). *The TIME Vault: October 19, 1942.* Available at: http://time.com/vault/issue/1942-10-19/page/23/ (accessed 28 June 2018).

Tinniswood, A. (2004). *By Permission of Heaven.* London: Pimlico.

Tolkien, J. (2015). *Fellowship of the Ring.* London: HarperCollins Publishers Limited, 'The Song of Aragorn'.

Toynbee, P. (2018). *The NHS is our religion: it's the only thing that saves it from the Tories.* Theguardian.com. Available at: https://www.theguardian.com/commentisfree/2018/jul/03/nhs-religion-tories-healthservice (accessed 5 September 2018).

Tradingeconomics.com (2018). *United Kingdom Money Supply M3.* Available at: https://tradingeconomics.com/united-kingdom/money-supply-m3 (accessed 26 September 2018).

Uber.com (2018). *Company Information.* Available at: https://www.uber.com/en-GB/news room/company-info/ (accessed 27 September 2018). Ukpublicspending.co.uk (2017). *Charts of Past Spending.* Available at: http://www.ukpublicspending.co.uk/past_spending (accessed

Revolt 1381. Available at: https://sourcebooks.fordham.edu/source/anon1381.asp (accessed 19 September 2018).

Spartacus-educational.com (2016). *John Wycliffe*. Available at: http://spartacus-educational.com/NORwycliffe.htm (accessed 17 September 2018).

Spartacus-educational.com (2016). *John Ball*. Available at: http://spartacuseducational.com/YALDballJ.htm#section6 (accessed 19 September 2018).

Spartacus-educational.com (2018). *The Peasants' Revolt of 1381*. Available at: http://spartacus-educational.com/Peasants_Revolt.htm (accessed 21 September 2018).

Spence, P. (2015). *Half of all British jobs could be replaced by robots, warns Bank of England's chief economist*. Telegraph.co.uk. Available at: https://www.telegraph.co.uk/finance/bank-of-england/11991704/Half-of-allBritish-jobs-could-be-replaced-by-robots-warns-Bank-of-Englands-chiefeconomist.html (accessed 9 October 2018).

Stampp, K. A., ed. (1965). *The Causes of the Civil War*. Englewood Cliffs, NJ: Prentice-Hall Inc.

Statcounter.com (2018). *Social Media Stats Worldwide*. Available at: http://gs.statcounter.com/social-media-stats (accessed 31 October 2018).

Statista.com (2018). *Apple: number of employees 2017*. Available at: https://www.statista.com/statistics/273439/number-of-employees-of-applesince-2005/ (accessed 29 October 2018).

Statista.com (2018). *Facebook: number of employees 2017*. Available at: https://www.statista.com/statistics/273563/number-of-facebook-employees/ (accessed 27 September 2018).

Statista.com (2018). *IoT: number of connected devices worldwide 2012–2025*. Available at: https://www.statista.com/statistics/471264/iot-numberof-connected-devices-worldwide/ (accessed 3 November 2018).

Statista.com (2018). *Number of Google employees 2017*. Available at: https://www.statista.com/statistics/273744/number-of-full-timegoogle-employees/ (accessed 27 September 2018).

Statista.com (2018). *Search engine market share worldwide*. Available at: https://www.statista.com/statistics/216573/worldwide-market-shareof-search-engines/ (accessed 31 October 2018).

Stolper, G., Hauser, K. and Borchardt, K. (1967). *The German Economy, 1870–1940*. London: Weidenfeld and Nicolson.

Storey, D., Steadman, T. and Davis, C. (2016). *Is the gig economy a fleeting fad, or an enduring legacy?* Gigeconomy.ey.com. Available at: https://gigeconomy.ey.com/Documents/Gig%20Economy%20Report.pdf (accessed 2 October 2018).

Susskind, J. (2018). *Future Politics*. 1st edn. Oxford: Oxford University Press.

Tanzi, V. and Schuknecht, L. (2000). *Public Spending in the 20th Century*. Cambridge: CUP.

Taplin, J. (2017). *Move Fast and Break Things*. New York: Little, Brown and Company.

Taplin, J. (2017). *Why is Google spending record sums on lobbying Washington?* Theguardian.com. Available at: https://www.theguardian.com/technology/2017/jul/30/google-silicon-valley-corporate-lobbying-washingtondc-politics (accessed 3 November 2018).

Taussig, F. (1910). *The Tariff History of the United States*. New York: G. P. Putnam's Sons.

publications/9178 (accessed 28 March 2018).
Roberts, J. and Westad, O. (2014). *The Penguin History of the World*. London: Penguin Books.
Roberts, R. (2018). *Neil Monnery on Hong Kong and the Architect of Prosperity* (podcast). Econtalk.org. Available at: http://www.econtalk.org/neilmonnery-on-hong-kong-and-the-architect-of-prosperity/#audio-highlights (accessed 17 December 2018).
Roosevelt, F. (1942). *State of the Union 1942*. Let.rug.nl. Available at: http://www.let.rug.nl/usa/presidents/franklin-delano-roosevelt/state-of-theunion-1942.php (accessed 1 April 2019).
Rothwell, H. and Douglas, D. (1996). *English Historical Documents*. London: Routledge.
Sakoulas, T. (2017). *Parthenon*. Ancient-greece.org. Available at: http://ancient-greece.org/architecture/parthenon.html (accessed 17 February 2017).
as-Sallaabee, A. M. (2007). *The Biography of Abu Bakr as Siddeeq*. Riyadh: Darussalam Publisher.
Scencyclopedia.org (2018). *Secession crisis of 1850–1851*. Available at: http://www.scencyclopedia.org/sce/entries/secession-crisis-of-1850%C2%961851/ (accessed 27 April 2018).
Schwab, K. (2016). *The Fourth Industrial Revolution*. Geneva, Switzerland: World Economic Forum.
Scmp.com (2018). *Hong Kong's budget surplus underestimated for eighth year in a row*. Available at: https://www.scmp.com/news/hong-kong/article/1723421/hong-kongs-budget-surplus-underestimated-eighth-year-row (accessed 21 December 2018).
Shaw, G. (1944). *Everybody's Political What's What?* New edn. London: Constable.
Shaxson, N. (2014). *Treasure Islands*. New York: St Martin's Press.
Shoard, C. (2019). *BAFTA nominations 2019: The Favourite is queen but Steve McQueen snubbed*. Theguardian.com. Available at: https://www.theguardian.com/film/2019/jan/09/baftas-2019-the-favourite-nominationssteve-mcqueen (accessed 9 January 2019).
Sinclair, J. (1785). *The History of the Public Revenue of the British Empire*. W. and A. Strahan for T. Cadell.
Singleton, A. (2006). *Obituary: Sir John Cowperthwaite*. Theguardian. com. Available at: https://www.theguardian.com/news/2006/feb/08/guardianobituaries.mainsection (accessed 21 December 2018).
Sloan, B. (2018). *Taxation Trends in Mainland Europe*. Ec.europa.eu. Avail able at: https://ec.europa.eu/taxation_customs/sites/taxation/files/taxation_trends_report_2017.pdf (accessed 15 July 2018).
Smith, A. (1793). *An Inquiry into the Nature and Causes of the Wealth of Nations*. London: printed for A. Strahan and T. Cadell.
Smith, D. (2006). *Living with Leviathan*. London: Institute of Economic Affairs.
Smith, N. (2017). *Who Has the World's No. 1 Economy? Not the US*. Bloomberg. com. Available at: https://www.bloomberg.com/opinion/articles/2017-10-18/who-has-the-world-s-no-1-eco nomy-not-the-u-s (accessed 22 December 2018).
Sourcebooks.fordham.edu (2018). *Medieval Sourcebook: Anonimalle Chron icle: English Peasants'*

Positivemoney.org (2017). *House prices: why are they so high?* Available at: http://positivemoney.org/issues/house-prices/ (accessed 11 June 2017). Positivemoney.org (2018). *Infographic: Why are House Prices So High?* Available at: http://positivemoney.org/2012/09/infographics-why-are-house-pricesso-high/ (accessed 11 September 2018).

Presidency.ucsb.edu (2018). *John F. Kennedy: Address and Question and Answer Period at the Economic Club of New York.* Available at: http://www.presidency.ucsb.edu/ws/?pid=9057 (accessed 4 June 2018).

Preyer, N. W. (1959). 'Southern Support of the Tariff of 1816: A Reap praisal', *Journal of Southern History*, XXV, pp. 306–22, in *Essays on Jacksonian America*, ed. Frank Otto Gatell, New York: Holt, Rinehart and Winston, Inc., 1970.

Price, M. (1980). *The Peasants' Revolt.* London: Longman.

Pwc.co.uk (2018). *UK Economic Outlook.* Available at: https://www.pwc.co.uk/services/eco nomics-policy/insights/uk-economic-outlook.html#dataexplorer (accessed 9 October 2018).

Quod.lib.umich.edu (2018). *Collected Works of Abraham Lincoln. Volume 3.* Available at: https://quod.lib.umich.edu/l/lincoln/lincoln3/1:122.1?rgn=div2;view=fulltext (accessed 27 April 2018).

Quoteinvestigator.com (2019). *The Hardest Thing in the World to Under stand is Income Taxes.* Available at: https://quoteinvestigator.com/2011/03/07/einstein-income-taxes/ (accessed 9 January 2019).

Reaction.life (2017). *How to switch taxation to a subscriber model.* Available at: https://reaction.life/switch-taxation-subscriber-model/ (accessed 10 September 2017).

Recode.net (2018). *The US government doesn't know how big the gig economy is.* Available at: https://www.recode.net/2018/7/24/17603482/the-u-sgovernment-doesnt-know-how-big-the-gig-economy-is (accessed 1 October 2018).

Reichsfinanzministerium-geschichte.de (2018). *Historikerkommission — Reichsfinanzministerium von 1933–1945.* Available at: http://www.reichsfinanzministerium-geschichte.de/ (accessed 30 June 2018).

Reid, J., Nicol, C., Burns, N. and Chanda, S. (2018). *Long Term Asset Return Study — the Next Financial Crisis* (ebook). London: Deutsche Bank Global Research. Available at: https://www.dbresearch.com/PROD/RPS_EN-PROD/Publications_reportsanalysis_and_studies_by_Jim_Reid_for_download/JIM_REID.alias (accessed 25 September 2018).

Reid, J., Nicol, C., Burns, N. and Mahtani, S. (2018). *The History (and Future) of Inflation.* London: Deutsche Bank Research.

Reinhart, C. and Rogoff, K. (2013). *Reflections on the 100th Anniversary of the Federal Reserve* (ebook). San Diego. Available at: http://www.aeaweb.org/aea/2013conference/program/retrieve.php?pdfid=485 (accessed 25 September 2018).

Rivlin, A. M. and McClellan, M. B. (2017) *How to Take on Health Inequality in America.* brookings.edu.

Roantree, B. and Miller, H. (2018). *Tax revenues: where does the money come from and what are the next government's challenges?* Ifs.org.uk. Available at: https://www.ifs.org.uk/

Studies, Vol. 29 (No. 1), pp. 1–30. Available at: https://www.jstor.org/stable/175483 (accessed 17 September 2018).

Ortiz-Ospina, E. and Roser, M. (2018). *Public Spending*. Ourworldindata. org. Available at: https://ourworldindata.org/public-spending (accessed 10 July 2018).

Ortiz-Ospina, E. and Roser, M. (2018). *Taxation*. Ourworldindata.org. Available at: https://ourworldindata.org/taxation (accessed 5 July 2018).

Ourworldindata.org (2018). *Number of countries having implemented Value Added Taxes*. Available at: https://ourworldindata.org/grapher/numberof-countries-having-implemented-a-vat (accessed 11 July 2018).

Oxfam.org (2018). *Richest 1 percent bagged 82 percent of wealth created last year — poorest half of humanity got nothing*. Available at: https://www.oxfam.org/en/pressroom/pressreleases/2018-01-22/richest-1-percent-bagged82-percent-wealth-created-last-year (accessed 24 November 2018).

Oxforddictionaries.com (2018). *Definition of task in English by Oxford Dic tionaries*. Available at: https://en.oxforddictionaries.com/definition/task (accessed 11 November 2018).

Packman, A. (2016). *Tax transparency and country by country reporting*. Pwc. com. Available at: https://www.pwc.com/gx/en/tax/publications/assets/tax-transparency-and-country-by-country-reporting.pdf (accessed 30 September 2018).

Paine, T. (1797). *Agrarian Justice*. Geolib.pair.com. Available at: http://geolib.pair.com/essays/paine.tom/agjst.html (accessed 23 December 2018).

Painter, S. (1933). *William Marshal, KnightErrant, Baron, and Regent of Eng land*. Baltimore: Johns Hopkins Press.

The Parliamentary Debates (Authorized Edition) (1833). Wyman, Vol. 20.

Parliament.uk (2018). *The 1816 repeal of the income tax*. Available at: https://www.parliament.uk/business/committees/committees-a-z/commonsselect/petitions-committee/petition-of-the-month/war-petitions-andthe-income-tax/ (accessed 8 April 2018).

Parliament.uk (2018). *The cost of war*. Available at: https://www.parliament.uk/about/living-heritage/transformingsociety/privatelives/taxation/overview/costofwar/ (accessed 13 June 2018).

Parliament.uk (2019). *Taxation during the First World War*. Available at: https://www.parliament.uk/about/living-heritage/transformingsociety/private-lives/taxation/overview/firstworldwar/ (accessed 11 March 2019).

Pettinger, T. (2018). *David Lloyd George Biography*. Biographyonline.net. Available at: https://www.biographyonline.net/politicians/uk/lloydgeorge.html (accessed 15 December 2018).

Phillips, M. (2018). *The Long Story of US Debt, from 1790 to 2011, in 1 Little Chart*. Theatlantic.com. Available at: https://www.theatlantic.com/business/archive/2012/11/the-long-story-of-us-debt-from-1790-to-2011-in1-little-chart/265185/ (accessed 29 June 2018).

Plato (2007). *Republic*. Oxford: Aris & Phillips.

Pope, T. and Waters, T. (2016). *A Survey of the UK Tax System*. Ifs.org.uk. Available at: https://www.ifs.org.uk/bns/bn09.pdf (accessed 15 July 2018).

July 2018).

Nps.gov (2018). *Industry and Economy during the Civil War.* Available at: https://www.nps.gov/resources/story.htm%3Fid%3D251 (accessed 11 April 2018).

Nytimes.com (1861). *Sumter and the Administration.* Available at: https://www.nytimes.com/1861/04/17/archives/sumter-and-the-administration.html (accessed 12 January 2019).

Nytimes.com (2018). *A Letter from President Lincoln. Reply to Horace Greeley. Slavery and the Union. The Restoration of the Union the Paramount Object.* Available at: https://www.nytimes.com/1862/08/24/archives/a-letterfrom-president-lincoln-reply-to-horace-greeley-slavery-and.html (accessed 7 May 2018).

Nytimes.com (2018). *The Emancipation Proclamation; Interesting Sketch of its History by the Artist, Carpenter.* Available at: https://www.nytimes.com/1865/06/16/archives/the-emancipation-proclamation-interestingsketch-of-its-history-by.html (accessed 9 May 2018).

Oates, W. and Schwab, R. (2015). 'The Window Tax: A Case Study in Excess Burden'. *Journal of Economic Perspectives*, 29(1), pp. 163–80.

Observationsandnotes.blogspot.com (2018). *The Decrease in Purchasing Power of the US Dollar Since 1900.* Available at: http://observationsandnotes.blogspot.com/2011/04/100-year-declining-value-of-us-dollar.html (accessed 26 September 2018).

Occhino, F., Oosterlinck, K. and White, E. (2007). *How Occupied France Financed its own Exploitation in World War II* (ebook, 2nd edn). *Ameri can Economic Review*, 97 (2), pp. 295–9. Available at: https://eml.berkeley.edu/~webfac/eichengreen/e211_fa05/white.pdf (accessed 1 July 2018).

Oecd.org (2018). *General government spending.* Available at: https://data.oecd.org/gga/general-government-spending.htm (accessed 13, 22 Sep tember 2018).

Oecd.org (2018). *OECD Revenue Statistics 2017 United States.* Available at: https://www.oecd.org/tax/revenue-statistics-united-states.pdf (accessed 15 July 2018).

Oecd.org (2018). *Tax on personal income.* Available at: https://data.oecd.org/tax/tax-on-personal-income.htm (accessed 22 September 2018).

Oecd.org (2019). *Economic Outlook Annex Tables.* Available at: http://www.oecd.org/economy/outlook/economicoutlookannext
ables.htm (accessed 20 March 2019).

Official Report of Proceedings of the Hong Kong Legislative Council (1961). Legco.gov.hk. Available at: https://www.legco.gov.hk/yr97-98/english/former/lc_sitg.htm (accessed 19 December 2018).

Officialdata.org (2018). *£100 in 1938 → 1951.* Available at: https://www.officialdata.org/1938-GBP-in-1951?amount=100 (accessed 29 June 2018).

Okrent, D. (2010). *Wayne B. Wheeler: The Man Who Turned Off the Taps.* Smithsonianmag.com. Available at: https://www.smithsonianmag.com/history/wayne-b-wheeler-the-man-who-turned-off-the-taps
14783512/ (accessed 14 June 2018).

Ormrod, W. (1990). 'The Peasants' Revolt and the Government of Eng land'. *Journal of British*

John Lane, The Bodley Head.

Miketgriffith.com (2018). *The Tariff and Secession.* Available at: http://miketgriffith.com/files/tariffandsecession.htm (accessed 3 May 2018).

Mill, J. (1848). *Principles of political economy with some of their Applications to Social Philosophy.* Book V, Chapter II: On the General Principles of Taxation.

Millercenter.org (2018). *Abraham Lincoln: Campaigns and Elections.* Available at: http://millercenter.org/president/lincoln/campaigns-and-elections (accessed 16 April 2018).

Mises.org (2018). Thomas J. DiLorenzo, *Lincoln's Tariff War.* Available at: https://mises.org/library/lincolns-tariff-war (accessed 6 May 2018).

Monnery, N. (2017). *Architect of Prosperity.* 1st edn. London: London Pub lishing Partnership.

Morrill, J. (1993). *The Nature of the English Revolution*. London: Longman.

Nase.org (2018). *Small Biz Survey — 69% of Sharing Economy Entrepreneurs Received Zero Tax Guidance.* Available at: https://www.nase.org/aboutus/Nase_News/2016/05/11/small-biz-survey-69-of-sharing-economyentrepreneurs-received-zero-tax-guidance (accessed 27 September 2018).

National Taxpayers Union (1999). *Interview with Milton Friedman* (video). Available at: https://www.youtube.com/watch?v=mlwxdyLnMXM (accessed 7 January 2019).

Nationmaster.com (2018). *Countries Compared by Economy > GDP per capita in 1950. International Statistics at NationMaster.com.* Available at: http://www.nationmaster.com/country-info/stats/Economy/GDP-per-capitain-1950 (accessed 5 November 2018).

Newint.org (2018). *A short history of taxation.* Available at: https://newint.org/features/2008/10/01/tax-history (accessed 3 July 2018).

Newman, M. (2017). *The Next Leg of the Electric Revolution*. Presentation. Bernstein Long View Series.

News.bbc.co.uk (2018). *One in five yet to pay poll tax.* Available at: http://news.bbc.co.uk/onthisday/hi/dates/stories/august/14/newsid_2495000/2495911.stm (accessed 15 September 2018).

News.bbc.co.uk (2018). *UK settles WWII debts to allies.* Available at: http://news.bbc.co.uk/1/hi/uk/6215847.stm (accessed 7 December 2018).

Newstatesman.com (2017). *The great property swindle: why do so few people in Britain own so much of our land?* Available at: http://www.newstatesman.com/life-and-society/2011/03/million-acres-land-ownership (accessed 11 June 2017).

Norporth, H. (2018). *The American Voter in 1932: Evidence from a Confidential Survey* (ebook). American Political Science Association. Available at: https://www.gwern.net/docs/history/2018-norpoth.pdf (accessed 25 September 2018).

Novak, M. (2016). *9 Quotes From Winston Churchill That Are Totally Fake.* Paleofuture.giz modo.com. Available at: https://paleofuture.gizmodo.com/9-quotes-from-winston-churchill-that-are-totally-fake-1790585636 (accessed 1 April 2019).

Noyes, C. (1940). *Economic Controls in Nazi Germany.* Cqpress.com. Avail able at: http://library.cqpress.com/cqresearcher/document.php?id=cqresrre1940110100#H2_4 (accessed 1

September 2018).

Laffer, A. (2011). *Cain's Stimulating '9–9–9' Tax Reform*. Wsj.com. Available at: https://www.wsj.com/articles/SB10001424052970204346104576637310315367804 (accessed 31 March 2019).

The Lancet (1845). 45(1121), pp. 214–16.

Lawson, N. (1992). *The View from No. 11: Memoirs of a Tory Radical*. London: Bantam.

Levels, P. (2015). *There Will Be 1 Billion Digital Nomads by 2035*. Talk for DNX Global, Berlin. Available at: https://www.youtube.com/watch?v=4IYOZ6H0UNk.

Lincoln, A. (1832). *Abraham Lincoln's First Political Announcement*. Abrahamlincolnonline.org. Available at: http://www.abrahamlincolnonline.org/lincoln/speeches/1832.htm (accessed 13 January 2019).

Lindholm, R. (1947). *German Finance in World War II* (ebook). American Economic Association, pp. 121–34. Available at: http://piketty.pse.ens.fr/files/capitalisback/CountryData/Germany/Other/Pre1950Series/ RefsHistoricalGermanAccounts/Lindholm47.pdf (accessed 1 July 2018).

Little, P. (2009). *Oliver Cromwell*. Basingstoke (England): Palgrave Macmillan.

Lordsandladies.org (2018). *Decline of Feudalism*. Available at: http://www.lordsandladies.org/decline-of-feudalism.htm (accessed 21 September 2018).

Lordsandladies.org (2018). *Serfs*. Available at: http://www.lordsandladies.org/serfs.htm (accessed 23 September 2018).

MacKay, A. L. (1977). *A Dictionary of Scientific Quotations*. Bristol: Institute of Physics Publishing.

Mckinsey.com (2018). *Jobs lost, jobs gained: What the future of work will mean for jobs, skills, and wages*. Available at: https://www.mckinsey.com/featured-insights/future-of-work/jobs-lost-jobs-gained-what-the-futureof-work-will-mean-for-jobs-skills-and-wages (accessed 9 October 2018).

Maldonado, C. (2018). *Price of College Increasing Almost 8 Times Faster Than Wages*. Forbes.com. Available at: https://www.forbes.com/sites/camilomaldonado/2018/07/24/price-of-college-increasing-almost-8-times-faster-than-wages/#2dea3b1266c1 (accessed 22 October 2018).

Margaretthatcher.org (1997). *Speech to the First International Conservative Congress*. Available at: https://www.margaretthatcher.org/document/108374 (accessed 1 April 2019).

Marx, K. (2018). *The North American Civil War (1861)*. Tenc.net. Available at: http://www.tenc.net/a/18611025.htm (accessed 10 May 2018).

Master-and-more.eu (2018). *Top 40 education systems in the world*. Available at: https://www.master-and-more.eu/en/top-40-education-systems-inthe-world/ (accessed 21 December 2018).

May, T. (1988). *The Crypto Anarchist Manifesto*. Activism.net. Available at: https://www.activism.net/cypherpunk/crypto-anarchy.html (accessed 19 October 2018).

Mellon, A. (1924). *Taxation*. New York: The MacMillan Company.

Melville, L. (1913). *The Life and Letters of William Cobbett in England & America*. London:

Jefferson, T. (1805). *Second Inaugural Address*. Pagebypagebooks.com. Available at: https://www.pagebypagebooks.com/Thomas_Jefferson/Second_Inaugural_Speech/Second_Inaugural_Address_p1.html (accessed 6 January 2019).

Jeffersondavis.rice.edu (2018). *Jefferson Davis' First Inaugural Address*. Available at: https://jeffersondavis.rice.edu/archives/documents/jefferson-davis-first-inaugural-address (accessed 3 May 2018).

Jenkins, P. (1989). *Mrs Thatcher's Revolution*. London: Pan Books.

Joint Association of Classical Teachers (1984). *The World of Athens*. Cambridge: CUP.

Josephus, Titus Flavius. *The Antiquities of the Jews*, ad 93–4. Trans. William Whiston, 1737.

Katz, L. F. and Krueger, A. B. (2019) 'The Rise and Nature of Alternative Work Arrangements in the United States, 1995–2015'. *ILR Review*, 72(2), pp. 382–416.

Kendall, J. (1957). *Michael Faraday, Man of Simplicity*. London: Faber and Faber, p. 14.

Kesselring, K. (2016). *The Trial of Charles I: A History in Documents*. Lon don: Broadview Press.

Keynes, J. (1920). *Economic Consequences of the Peace*. London: Macmillan.

Keynes, J. M. (1963) *Essays in Persuasion*. New York: W. W. Norton & Co.

Kharas, H. and Hamel, K. (2018). *A global tipping point: Half the world is now middle class or wealthier*. Brookings.edu. Available at: https://www.brookings.edu/blog/future-development/2018/09/27/a-globaltipping-point-half-the-world-is-now-middle-class-or-wealthier/?utm_campaign=Brookings%20Brief&utm_source=hs_email&utm_medium=email&utm_content=66298094 (accessed 5 October 2018).

Kingsnorth, P. (2017). *High house prices? Inequality? I blame the Normans*. Theguardian.com. Available at: https://www.theguardian.com/commentisfree/2012/dec/17/high-house-prices-inequality-normans (accessed 12 June 2017).

Kinnock, N. (1985). *Classic Podium: End this grotesque chaos*. Independent. co.uk. Available at: https://www.independent.co.uk/arts-entertainment/classic-podium-end-this-grotesque-chaos-1200539.html (accessed 15 September 2018).

Klingaman, W. F. (2001). *Abraham Lincoln and the Road to Emancipation*. New York: Penguin.

Knighton, H. and Lumby, J. (1964). *Chronicon Henrici Knighton vel Cnitthon, monachi Leycestrensis*. New York: Kraus Reprint.

Knupfer, S., Pokatilo, V. and Woetzel, J. (2018). *Urban Transportation Sys tems of 24 Cities*. Mckinsey.com. Available at: https://www.mckinsey.com/-/media/mckinsey/business%20functions/sustainability%20and%20resource%20productivity/our%20insights/elements%20of%20success%20urban%20transportation%20systems%20of%2024%20global%20cities/urban%20transportation%20systems.ashx) (accessed 21 December 2018).

Kocieniewski, D. (2018). *Airbnb, Others Pay Out Billions Beneath IRS's Radar, Study Finds*. Bloomberg.com. Available at: https://www.bloomberg.com/news/articles/2016-05-23/airbnb-others-pay-out-billions-beneathirs-s-radar-study-finds (accessed 27 September 2018).

Laffer, A. (2004). *The Laffer Curve: Past, Present, and Future*. Heritage.org. Available at: https://www.heritage.org/taxes/report/the-laffer-curvepast-present-and-future (accessed 27

worldwide-since-2000/ (accessed 26 June 2019).

Hookway, A. (2019). *Searching for the owner of unregistered land.* Hmlandregistry.blog.gov.uk. Available at: https://hmlandregistry.blog.gov.uk/2018/02/05/search-owner-unregistered-land/ (accessed 31 March 2019).

Houlder, V. (2017). *Ten ways HMRC can tell if you're a tax cheat.* Ft.com. Available at: https://www.ft.com/content/0640f6ac-5ce9-11e7-9bc8-8055f264aa8b (accessed 26 October 2018).

Hudson, C. (2018). *War on the Home Front: living in a wartime economy 1792–1815.* Historicinterpreter.wordpress.com. Available at: https://historicinterpreter.wordpress.com/2015/06/17/war-on-the-home-frontliving-in-a-wartime-economy-1792-1815/ (accessed 5 April 2018).

Hughes, E. (1992). *The Hampshire Hearth Tax Assessment, 1665.* Winchester: Hampshire Country Council Planning Department.

Hunt, L. (2007). *The Making of the West: Peoples and Cultures: A Concise History: Volume II: Since 1340*, 2nd edn, Boston: Bedford/St Martin's.

Imf.org (2018). *General Government Gross Debt.* Available at: https://www.imf.org/external/datamapper/GGXWDG_NGDP@WEO/OEMDC/ADVEC/WEOWORLD/JPN (accessed 24 September 2018).

Income-tax.co.uk (2018). *Tax Calculator for £27,500 salary.* Available at: https://www.income-tax.co.uk/calculator/27500/ (accessed 8 October 2018).

Indexmundi.com (2018). *Jet Fuel Daily Price.* Available at: https://www.indexmundi.com/commodities/?commodity=jet-fuel&months=240 (accessed 5 October 2018).

Info.gov.hk (2018). *Hong Kong ranked world's freest economy for 24 consecutive years.* Available at: https://www.info.gov.hk/gia/general/201802/02/P2018020200484.htm (accessed 22 December 2018).

Infoplease.com (2018). *State of the Union Address: James Buchanan (December 3, 1860).* Available at: https://www.infoplease.com/homework-help/us-documents/state-union-address-james-buchanan-december-3-1860 (accessed 10 May 2018).

Inman, P. (2017). *This man was right all along.* Theguardian.com. Available at: https://www.theguardian.com/money/2003/may/10/tax.scamsandfraud?CMP=share_btn_tw (accessed 9 June 2017).

Internationaltaxreview.com (2017). *Global Tax 50 2017.* Available at: http://www.internationaltaxreview.com/Article/3773447/Global-Tax-50-2017.html?&es_p=6011346 (accessed 30 September 2018).

Isaac, A. (2018). *Budget splurge on NHS shows tax rises must come soon, IFS says.* Telegraph.co.uk. Available at: https://www.telegraph.co.uk/business/2018/10/30/budget-splurge-nhs-shows-tax-rises-must-comesoon-ifs-says/ (accessed 4 November 2018).

Islam: From the Prophet Muhammad to the Capture of Constantinople: Politics and War. Trans. Bernard Lewis, 1974. London: Macmillian.

James, S. R. (2002). *Taxation: Critical Perspectives on the World Economy.* Vol. 1. London: Routledge.

Greenslade, R. (2017). *Times Newspapers posts £1.7m profit, first in 13 years.* Theguardian.com. Available at: https://www.theguardian.com/media/greenslade/2014/dec/02/times-news papers-posts-17m-profit-first-in13-years (accessed 10 September 2017).

Griffith, M. (2018). *The Confederacy, the Union, and the Civil War — a look at four claims about the War Between the States*. Knowsouthernhistory.net. Available at: http://www.knowsouthernhistory.net/Articles/History/WSI/four_claims.html (accessed 3 May 2018).

Guta, M. (2018). *55% of Remote Workers Now Telecommute Full Time, Survey Says*. Small-biztrends.com. Available at: https://smallbiztrends.com/2018/08/2018-remote-working-statistics.html (accessed 5 October 2018).

Halliday, J. (2017). *Times loses almost 90% of online readership*. Theguardian. com. Available at: https://www.theguardian.com/media/2010/jul/20/times-paywall-readership (accessed 10 September 2017).

Halstead, M. (1860). *Caucuses of 1860: A history of the national political conventions of the current presidential campaign: being a complete record of the business of all the conventions; with sketches of distinguished men in attendance upon them, and descriptions of the most characteristic scenes and memorable events*. Follett, Foster and Company, p. 135. Available at: https://books.google.co.uk/books?id=Tw4TAAAAYAAJ&pg=PA135&dq=her+whole+delegation+ris+ing+and+swinging+hats+and+canes&hl=en&sa=X&ved=0ahUKEwij44_z1YbjAhX0SBUIHeLvCWUQ6AEILDAA#v=onepage&q=her%20whole%20delegation%20ris-%20ing%20and%20swinging%20hats%20and%20canes&f=false.

Hammond, B. and Hammond, J. (1911). *The Village Labourer*. London: Longmans.

Hannaford, A. (2017). *The Internet of Things: Could it really change the way we live?* Telegraph.co.uk. Available at: http://www.telegraph.co.uk/technology/2017/05/06/internet-things-could-really-change-way-live/ (accessed 11 June 2017).

Harding, M., Bradbury, D. and Lahittete, M. (2018). *OECD Revenue Statistics 2017 — Germany* (ebook). Centre for Tax Policy and Administration, p. 2. Available at: https://www.oecd.org/tax/revenue-statistics-germany.pdf (accessed 28 March 2018).

Haskel, J. and Westlake, S. (2018). *Capitalism without Capital*. Princeton, NJ: Princeton University Press.

Hawkins, J. (2019). *An Interview with Milton Friedman*. Rightwingnews. com. Available at: https://rightwingnews.com/interviews/an-interviewwith-milton-friedman-2/ (accessed 1 April 2019).

Hazlitt, H. (1952). *Economics in One Lesson*. New York: Foundation for Economic Education, p. 20.

Heritage.org (2018). *2018 Index of Economic Freedom*. Available at: https://www.heritage.org/index/about (accessed 23 December 2018).

Historylearningsite.co.uk (2018). *Henry VII*. Available at: https://www.historylearningsite.co.uk/tudor-england/henry-vii/ (accessed 21 September 2018).

Holst, A. (2019). *Fixed telephone lines worldwide 2000–2018 | Statistic*. [online] Statista. Available at: https://www.statista.com/statistics/273014/number-of-fixed-telephone-lines-

simplefs.co.uk/press-release/how-much-tax-on-100-pounds.asp (accessed 3 June 2018).

First [and Second] Report[s] of the Commissioners for Inquiring Into the State of Large Towns and Populous Districts, Vol. 2, Part 2, Appendix (p. 2010). William Clowes and Sons, 1845.

Founders.archives.gov (2018). *Founders Online: Rules by Which a Great Empire May Be Reduced to a Small One.* Available at: https://founders.archives.gov/documents/Franklin/01-20-02-0213 (accessed 27 May 2018).

Franklin, B. (2007). *Poor Richard's Almanac.* New York: Skyhorse Publish ing, p. 28.

Fred.stlouisfed.org (2018). MZM *Money Stock.* Available at: https://fred.stlouisfed.org/series/MZMNS (accessed 26 September 2018).

Freehling, W. H. (1990). *The Road to Disunion: Secessionists at Bay 1776–1854.* New York: Oxford University Press.

Friedman, M. (1976). *Monetary Correction: A Proposal for Escalator Clauses to Reduce the Costs of Ending Inflation.* London: Institute of Economic Affairs.

Friedman, M. (1978). *Milton Friedman Interviewed.* Cooperative-individualism. org. Available at: https://www.cooperative-individualism.org/the-timesherald_milton-friedman-interviewed-1978-dec.htm (accessed 23 December 2018).

Friedman, M. (1998). *The Hong Kong Experiment.* Hoover.org. Available at: https://www.hoover.org/research/hong-kong-experiment (accessed 16 December 2018).

Frisby, D. (2013). *Life After the State.* London: Unbound.

Fritschy, W. (1997). 'A History of the Income Tax in the Netherlands'. *Revue belge de philologie et d'histoire*, 75(4), pp. 1045–61.

Ft.com (2017). *No country for young men — UK generation gap widens.* Available at: https://www.ft.com/content/60d77d08-b20e-11e4-b380-00144feab7de (accessed 23 August 2017).

Galofré-Vilà, G., Meissner, C., McKee, M. and Stuckler, D. (2018). *Austerity and the rise of the Nazi party.* Nber.org. Available at: http://www.nber.org/papers/w24106 (accessed 1 July 2018).

Gaunt, R. (2014). *Sir Robert Peel.* London: I. B. Tauris.

George, H. (1879). *Progress and Poverty.* New York: D. Appleton and Company.

Giandrea, S. (2018). *Estimating the US labor share.* Bls.gov. Available at: https://www.bls.gov/opub/mlr/2017/article/estimating-the-us-laborshare.htm (accessed 29 October 2018).

Gibson, M. (2018). *Searching for New Atlantis in China.* Reason.com. Available at: https://reason.com/archives/2018/12/07/searching-for-new-atlantisin-china/3 (accessed 21 December 2018).

Gigeconomy.ey.com (2018). *Global Contingent Workforce Study.* Available at: https://gigeconomy.ey.com/ (accessed 1 October 2018).

Gigeconomydata.org (2018). *MBO Survey.* Available at: https://www.gigeconomydata.org/research/data-sources/mbo-survey (accessed 1 October 2018).

Graeber, D. (2011). *Debt — The First 5,000 Years.* New York: Random House Publisher Services, p. 6.

Graetz, H. (1873). *History of the Jews.* American Jewish Publication Society.

tion-studies/ (accessed 9 October 2018).

Elliott, A. (2018). *How far have fares really fallen since the golden age of flying?* Telegraph.co.uk. Available at: https://www.telegraph.co.uk/travel/comment/how-airfares-have-fallen-since-golden-age-of-flying/ (accessed 5 October 2018).

En.wikipedia.org (2019). *American Civil War.* Available at: https://en.wikipedia.org/wiki/American_Civil_War (accessed 13 January 2019).

Encyclopedia Britannica (2017). *Ancient Greek civilization.* Available at: https://www.britannica.com/place/ancient-Greece/Classical-Greekcivilization#ref298204 (accessed 17 February 2017).

Encyclopedia Britannica (2018). *United States — World War II.* Available at: https://www.britannica.com/place/United-States/World-War-II#ref613137 (accessed 13 June 2018).

Encyclopedia.1914–1918-online.net (2018). *War Finance (Germany).* Available at: https://encyclopedia.1914-1918-online.net/article/war_finance_germany (accessed 13 June 2018).

Entin, S. (2018). *Tax Incidence, Tax Burden, and Tax Shifting: Who Really Pays the Tax?* (ebook). Washington DC: Institute for Research on the Economics of Taxation. Available at: http://iret.org/pub/BLTN-88.PDF (accessed 28 March 2018).

Ericsson.com (2018). *Mobile subscriptions worldwide outlook.* Available at: https://www.ericsson.com/en/mobility-report/reports/june-2018/mobile-subscriptions-worldwide-outlook (accessed 21 October 2018).

Europa.eu (2016). *State aid: Ireland gave illegal tax benefits to Apple worth up to €13 billion.* Available at: http://europa.eu/rapid/press-release_IP-16-2923_en.htm (accessed 28 June 2019).

Europa.eu (2018). *State of the Union 2018: Making the EU a stronger global actor — European Commission proposes more efficient decisionmaking in Common Foreign and Security Policy.* Available at: http://europa.eu/rapid/press-release_IP-18-5683_en.htm (accessed 11 October 2018).

Faber, M. (2018). *110: Bryan Taylor* (podcast). Mebfaber.com. Available at: https://mebfaber.com/2018/06/27/episode-110-bryan-taylor-at-some-pointthe-stresses-are-going-to-be-so-great-that-some-of-the-countries-in-theeuropean-union-are-eventually-forced-to-leave/ (accessed 26 September 2018).

Fahey, M. (2016). *Driverless cars will kill the most jobs in select US states.* Cnbc.com. Available at: https://www.cnbc.com/2016/09/02/driverless-cars-will-kill-the-most-jobs-in-select-us-states.html (accessed 10 October 2018).

Fairchild, F. R. (1922). 'German War Finance — a Review'. *American Eco nomic Review*, 12(2), pp. 246–61.

Feldman, G. (1993). *The Great Disorder: Politics, Economics, and Society in the German Inflation, 1914–1924.* New York: Oxford University Press.

Fhwa.dot.gov (2018). *The Reichsautobahnen.* Available at: https://www.fhwa.dot.gov/infrastructure/reichs.cfm (accessed 30 June 2018).

Finance.co.uk (2018). *How Much Tax Will I Pay On £100 Earned?* Available at: http://www.

org.uk. Available at: https://www.jane-austens-housemuseum.org.uk/single-post/2016/1/12/Let-there-be-light-Candles-in-thetime-of-Jane-Austen (accessed 24 February 2019).

Deloitte Czech Republic (2018). *This Year's Tax Freedom Day Falls on 23 June 2018*. Available at: https://www2.deloitte.com/cz/en/pages/press/articles/cze-tz-den-danove-svobody-letos-pripadne-na-23-cervna-2018.html (accessed 15 September 2018).

Demographia.com (2019). *Greater London, Inner London Population & Density History*. Available at: http://www.demographia.com/dm-lon31.htm (accessed 4 January 2019).

Dennett, Jr., D. C. (1950). *Conversion and the Poll Tax in Early Islam*, Harvard, p. 10, citing *History of the Patriarchs of the Coptic Church of Alexandra*, ed. Evetts (1910), pp. 189–90.

Denning, T. (1965). 'The Magna Charta Ceremonies in England'. *American Bar Association Journal*, 51(10).

Desjardins, J. (2018). *The Buying Power of the US Dollar Over the Last Century*. Visualcapitalist.com. Available at: http://www.visualcapitalist.com/buying-power-us-dollar-century/ (accessed 26 September 2018).

Dickens, C. (1850). *Household Words*. London: Bradbury & Evans.

Dickens, C. (1861). 'The Morrill Tariff'. *All the Year Round, A Weekly Journal by Charles Dickens*, Vol. 6 (September 1861— March 1862), pp. 328–31. Available at: https://ia600208.us.archive.org/29/items/allyearround06charrich/allyearround06charrich.pdf (accessed 12 September 2018).

Dickens, C. (1863). *David Copperfield*. London: Sheldon, p. 137.

Dilnot, A. and Clark, T. (2002). *LongTerm Trends in British Taxation and Spending* (ebook). London: Institute of Fiscal Studies. Available at: https://www.ifs.org.uk/bns/bn25.pdf (accessed 3 July 2018).

Dobson, R. (1970). *The Peasants' Revolt of 1381*. London: Macmillan.

Dowell, S. (1888). *A History of Taxation and Taxes in England from the Earli est Times to the Present Day*. London: Longmans, Green and Co.

Downing, C. (2017). *The future of finance and tax: It's all about the data*. Kpmg. com. Available at: https://home.kpmg.com/uk/en/home/insights/2017/05/the-future-of-and-tax.html (accessed 30 September 2018).

Dunn, A. (2002). *The Great Rising of 1381*. Stroud, Gloucestershire: Tempus.

Dyer, C. (2000). *Everyday Life in Medieval England*. London: Hambledon and London.

Dyson, B. (2012). *Full Reserve Banking Is No Bailout*. Positivemoney.org. Available at: http://positivemoney.org/2012/10/full-reserve-bankingdoes-not-mean-a-bank-bailout/ (accessed 14 September 2018).

East_west_dialogue.tripod.com (2018). *Henry VII's Reign*. Available at: http://east_west_dialogue.tripod.com/europe/id4.html (accessed 21 September 2018).

Ebenstein, A. (2012). *The Indispensable Milton Friedman*. Washington DC: Regnery Pub., p. 251.

Edwards, H. and Edwards, D. (2018). *Your primer on talking about the AIled 'fourth industrial revolution'*. Qz.com. Available at: https://qz.com/1090176/how-to-think-about-job-automa

Collins, P. (2014). *Virtue and vice: Labour needs to shift tax burdens to unearned wealth*. Fabians.org.uk. Available at: http://fabians.org.uk/virtue-andvice-labour-needs-to-shift-tax-burdens-to-unearned-wealth/ (accessed 30 September 2018).

Cooper J. S. (1986). 'Clay Cones La 9.1 Presargonic Inscriptions'. The American Oriental Society, New Haven, Connecticut. See: http://www.humanistictexts.org/sumer.htm#4%20Praise%20of%20Uruk agina.

Cooper, W. J. (2001). *Jefferson Davis, American*. New York: Vintage.230

Copernicus, N. (1526). *Monete cudende ratio* (*Essay on the Minting of Money*).

Cosgrave, J. (2018). *UK finally finishes paying for World War I*. Cnbc.com. Available at: https://www.cnbc.com/2015/03/09/uk-finally-finishespaying-for-world-war-i.html (accessed 24 September 2018).

Costly, A. (2018). *BRIA 26 2: The Potato Famine and Irish Immigration to Amer ica*. Crf-usa.org. Available at: http://www.crf-usa.org/bill-of-rightsin-action/bria-26-2-the-potato-famine-and-irish-immigration-to-america. html (accessed 2 May 2018).

Cottrell, L. and Davidson, M. (1962). *Lost Worlds*. New York: American Heritage, p. 154.

Dailymail.co.uk (2017). *Six of the world's seven billion people have mobile phones but only 4.5 billion have a toilet says UN report*. Available at: http://www.dailymail.co.uk/news/article-2297508/Six-world-s-seven-billionpeople-mobile-phones-4-5billion-toilet-says-UN-report.html (accessed 11 June 2017).

Danesi, M. (2007). The Quest for Meaning. Toronto: University of Toronto Press.

Danziger, D. and Gillingham, J. (2004) *1215: The Year of Magna Carta*. London: Hodder Paperbacks.

Data.worldbank.org (2018). *GDP per capita (current US$)*. Available at: https://data.world bank.org/indicator/NY.GDP.PCAP.CD (accessed 21 December 2018).

Data.worldbank.org (2018). *GDP per capita, PPP (current international $)*. Available at: https://data.worldbank.org/indicator/NY.GDP.PCAP.PP.CD?year_high_desc=true (accessed 5 November 2018).

Data.worldbank.org (2018). *GDP per capita, PPP (current international $)*. Available at: https://data.worldbank.org/indicator/NY.GDP.PCAP.PP.CD?locations=HK-US-GB&year_high_desc=true (accessed 21 December 2018).

Data.worldbank.org (2018). *Military expenditure (% of GDP)*. Available at: https://data.world bank.org/indicator/MS.MIL.XPND.GD.ZS (accessed 10 July 2018).

Davidson, I. (2010). *Voltaire: A Life*. London: Pegasus.

Davies, L. (2011). *UK National Ecosystem Assessment Technical Report* (ebook). Cambridge: UNEP-WCPC, Chapter 10, p. 368, Table 10.3. Available at: http://uknea.unep-wcmc.org/LinkClick.aspx?fileticket=u60Ugtegc28%3d&tabid=82 (accessed 11 September 2018).

Delaney, K. (2017). *The robot that takes your job should pay taxes, says Bill Gates*. Qz.com. Available at: https://qz.com/911968/bill-gates-therobot-that-takes-your-job-should-pay-taxes/ (accessed 7 January 2019).

Dell, S. (2016). *Let there be light! Candles in the time of Jane Austen*. Jane-austens house-museum.

cato-unbound.org/2009/04/13/peter-thiel/educationlibertarian (accessed 11 September 2018).
Cazel, F. A. (1955). 'The Tax of 1185 in Aid of the Holy Land', *Speculum*, Vol. 30, No. 3, pp. 385–92, University of Chicago Press.
Cbsnews.com (2018). *How would you feel about a 94% tax rate?* Available at: https://www.cbsnews.com/news/how-would-you-feel-about-a-94-taxrate/ (accessed 28 June 2018).
Center on Budget and Policy Priorities (2018). *Policy Basics: Where Do Federal Tax Revenues Come From?* Available at: https://www.cbpp.org/research/federal-tax/policy-basics-where-do-federal-tax-revenues-comefrom (accessed 28 March 2018).
Cervantes, M. (2011). *Don Quixote*. London: Vintage, p. 397.
Cesarani, D. (2015). *Nazi Underworld*. National Geographic — Videos, TV Shows & Photos — Asia. Available at: http://natgeotv.com/asia/nazi-underworld/about (accessed 23 September 2018).
Chanel, G. (2016). 'Taxation as a Cause of the French Revolution: Setting the Record Straight'. *Studia Historica Gedanensia*, 6.
Chesky, B., Gebbia, J., Blecharczyk, N., Johnson, B., Axelrod, B. and Chesnut, R. (2018). *Airbnb*. Craft.co. Available at: https://craft.co/airbnb (accessed 27 September 2018).
Ching, F. (1974). *The Population of Hong Kong*. Hong Kong: Department of Statistics, University of Hong Kong.
Chodorov, F. (2017). *Income Tax: Root of All Evil*. Aubum, Ala.: Dead Authors Society.
Chu, B. (2016). *The charts that shows how private school fees have exploded*. Independent.co.uk. Available at: https://www.independent.co.uk/news/uk/home-news/the-charts-that-shows-how-private-school-feeshave-exploded-a7023056.html (accessed 22 October 2018).
Churchill, W. (1909). *Land Monopoly*. Landvaluetax.org. Available at: http://www.landvaluetax.org/current-affairs-comment/winston-churchillsaid-it-all-better-then-we-can.html (accessed 23 December 2018).
Cia.gov (2017). *The World Factbook — Central Intelligence Agency*. Available at: https://www.cia.gov/library/publications/the-world-factbook/rankorder/2186rank.html (accessed 5 September 2017).
Civil War Trust (2018). *Civil War Facts*. Available at: https://www.civilwar.org/learn/articles/civil-war-facts (accessed 7 May 2018).
Civilwarcauses.org (2018). *Robert Toombs's Speech to the Georgia Legislature*. Available at: http://civilwarcauses.org/toombs.htm (accessed 2, 4 May 2018).
Clark, T. and Dilnot, A. (2002). *LongTerm Trends in British Taxation and Spending*. Ifs.org.uk. Available at: https://www.ifs.org.uk/bns/bn25.pdf (accessed 27 June 2018).
Clarke, D. (2017). *Poll shows 85% of MPs don't know where money comes from*. Positivemoney.org. Available at: http://positivemoney.org/2017/10/mp-poll/ (accessed 11 September 2018).
Cobbett, W. (1803). *Cobbett's Parliamentary History of England: From the Norman Conquest, in 1066 to the Year 1803. Comprising the period from the battle of EdgeHill, in October 1642, to the restoration of Charles the second, in April 1660, Volume 3*. London: Bagshaw.
Coffield, J. (1970). *A Popular History of Taxation*. London: Longman.

https://www.bestvalueschools.com/understandingthe-rising-costs-of-higher-education/ (accessed 22 October 2018).

Bevan, E. R. (1927). *The House of Ptolemy*, pp. 263–8, via: http://www.allaboutarchaeology.org/rosetta-stone-english-translation-faq.htm (accessed 15 February 2017).

Bibula.com (2018). *Straty ludzkie poniesione przez Polskę w latach 1939–1945 — Bibula — pismo niezalezne.* Available at: http://www.bibula.com/?p=13530 (accessed 30 June 2018).

Bloom, E. (2017). *Here's how much money the average firsttime homebuyer makes.* CNBC. Available at: https://www.cnbc.com/2017/04/25/hereshow-much-money-the-average-first-time-home-buyer-makes.html (accessed 4 September 2017).

Bloom, J. (2018). *The digital nomads wandering the world.* BBC News. Available at: https://www.bbc.co.uk/news/business-43927098 (accessed 5 October 2018).

Bloomberg.com (2018). *These Are the Economies With the Most (and Least) Efficient Health Care.* Available at: https://www.bloomberg.com/news/articles/2018-09-19/u-s-near-bottom-of-health-index-hong-kong-andsingapore-at-top (accessed 21 December 2018).

Bloy, M. (2019). *The Campaign for the Repeal of the Corn Laws.* Historyhome. co.uk. Available at: http://www.historyhome.co.uk/peel/cornlaws/c-laws2.htm (accessed 11 March 2019).

Bls.gov (2018). *Contingent and Alternative Employment Arrangements Summary.* Available at: https://www.bls.gov/news.release/conemp.nr0.htm (accessed 1 October 2018).

Bluche, F. (1990) *Louis XIV.* Paris: Franklin Watts.

Booth, P. and Bourne, R. (2017). *Taxation, Government Spending & Economic Growth: In Brief.* Iea.org.uk. Available at: https://iea.org.uk/publications/taxation-government-spending-economic-growth-in-brief/ (accessed 3 June 2018).

Boyce, M. (2001). *Zoroastrians: Their Religious Beliefs and Practices.* London: Psychology Press. p. 148.

Bridge, M. (2018). *The scifi future where tech is everywhere ... and inside us.* Thetimes.co.uk. Available at: https://www.thetimes.co.uk/article/the-sci-fi-future-where-tech-is-everywhere-and-inside-us-sps78rm79 (accessed 27 October 2018).

Brown, J. (2018). *Cash Flow.* The Reformed Broker. Available at: https://thereformedbroker.com/2018/04/24/cash-flow/ (accessed 27 Septem ber 2018).

Browne, R. (2018). *70% of people globally work remotely at least once a week, study says.* CNBC. Available at: https://www.cnbc.com/2018/05/30/70-percent-of-people-globally-work-remotely-at-least-once-a-week-iwgstudy.html (accessed 5 October 2018).

Burgan, M. (2003). *The Louisiana Purchase.* Minneapolis, MN: Compass Point Books.

Burlingame, M. (2012). *Abraham Lincoln.* Baltimore: Johns Hopkins University Press.

Burns, D. (1992). *Poll Tax Rebellion.* Stirling: AK Press.

Cahill, K. (2010). *Who Owns the World.* New York: Grand Central Pub.

Capella, R. (2012). *The Political Economy of War Finance.* Publicly accessible Penn. Dissertations. 1175. Available at: http://repository.upenn.edu/edissertations/1175.

Carswell, D. (2012). *The End of Politics.* London: Biteback Publishing.

Cato Unbound (2009). Peter Thiel, *The Education of a Libertarian.* Available at: https://www.

Archives.gov (2018). *The Magna Carta.* Available at: https://www.archives.gov/exhibits/featured-documents/magna-carta (accessed 1 April 2018).

Ash.org.uk (2018). *Large national survey finds 2.9 million people now vape in Britain: For the first time over half don't smoke.* Available at: http://ash.org.uk/media-and-news/press-releases-media-and-news/large-national-survey-finds-2-9-million-people-now-vape-in-britainfor-the-first-time-over-half-no-longer-smoke/ (accessed 25 October 2018).

The Assyrian Dictionary of the Oriental Institute of the University of Chicago (1958). Chicago, Ill.: Oriental Institute.

Austen, J. (1870). *Pride and Prejudice.* Wordsworth Classic Edition.

Avalon.law.yale.edu (2018). *Avalon Project — Constitution of the Confederate States; March 11, 1861.* Available at: http://avalon.law.yale.edu/19th_century/csa_csa.asp (accessed 3 May 2018).

Avalon.law.yale.edu (2018). *The Avalon Project: First Inaugural Address of Abraham Lincoln.* Available at: http://avalon.law.yale.edu/19th_century/lincoln1.asp (accessed 11 April 2018).

Balderston, T. (1989) 'War Finance and Inflation in Britain and Germany, 1914–1918'. *The Economic History Review*, 42(2), pp. 222–44.

Bank, S., Stark, K. and Thorndike, J. (2008). *War and Taxes.* Washington: Urban Institute Press.

Barlow, J. (1996). *A Declaration of the Independence of Cyberspace.* Electronic Frontier Foundation. Available at: https://www.eff.org/cyberspaceindependence (accessed 24 October 2018).

Bartash, J. (2018). *Repatriated profits total $465 billion after Trump tax cuts — leaving $2.5 trillion overseas.* MarketWatch. Available at: https://www.marketwatch.com/story/repatriated-profits-total-nearly-500-billion-aftertrump-tax-cuts-2018-09-19 (accessed 12 October 2018).

Bartlett, J. (2018). *The end of a world of nationstates may be upon us.* Aeon. Available at: https://aeon.co/essays/the-end-of-a-world-of-nation-statesmay-be-upon-us (accessed 31 October 2018).

Bartlett, J. (2018). *The People vs Tech.* 1st edn. London: Ebury.

Basler, R. P. ed. (1955). *Collected Works of Abraham Lincoln*, Vol. IV. New Brunswick: Rutgers University Press.

Bbc.co.uk (2018). *Government to pay off WW1 debt.* Available at: https://www.bbc.co.uk/news/business-30306579 (accessed 19 June 2018).

Bbc.co.uk (2018). *Vaping — the rise in five charts.* Available at: https://www.bbc.co.uk/news/business-44295336 (accessed 25 October 2018).

Belloc, H. (1913). *The Servile State.* Edinburgh: T. N. Foulis.

Benedictow, O. (2005). *The Black Death: The Greatest Catastrophe Ever.* Historytoday.com. Available at: https://www.historytoday.com/ole-j-benedictow/black-death-greatest-catastrophe-ever (accessed 16 September 2018).

Benson, W. (2010). *A Political History of the Tariff 1789–1861.* USA: Xlibris Corporation.

Bestvalueschools.com (2018). *Understanding the Rising Costs of Higher Educa tion.* Available at:

参考文献

Abrahamlincolnsclassroom.org (2018). *Abraham Lincoln and the Tariff.* Available at: http://www.abrahamlincolnsclassroom.org/abrahamlincoln-in-depth/abraham-lincoln-and-the-tariff/ (accessed 16 April 2018).

Abrahamlincolnonline.org (2018). *Abraham Lincoln's 1855 Letter to Joshua Speed.* Available at: http://www.abrahamlincolnonline.org/lincoln/speeches/speed.htm (accessed 3 May 2018).

Abrahamlincolnonline.org (2018). *Lincoln's Eulogy on Henry Clay.* Available at: http://www.abrahamlincolnonline.org/lincoln/speeches/clay.htm (accessed 26 April 2018).

Adams, C. (1993). *For Good and Evil.* Lanham, Md.: Madison Books.

Aeon.co (2018). Sheri Berman, *It wasn't just hate. Fascism offered robust social welfare.* Available at: https://aeon.co/ideas/fascism-was-a-rightwing-anti-capitalist-movement (accessed 30 June 2018).

Ali, I. (n.d.). *Imam Ali's Letter to Malik alAshtar, the Governor of Egypt, Revenue Administration.* Al-Islam.org. Available at: https://www.al-islam.org/richest-treasure-imam-ali/revenue-administration (accessed 8 December 2018).

Allen, G. (2012). *Inflation: the Value of the Pound 1750–2011* (ebook). London: House of Commons Library, pp. 6, 17. Available at: http://researchbriefings.files.parliament.uk/documents/RP12-31/RP12-31.pdf (accessed 24 September 2018).

Allen, J. (2017) *Technology and Inequality: Concentrated wealth in a Digital World.* Cham: Springer.

Allen, M. (2002). *The Business of Genocide.* Chapel Hill: University of North Carolina Press.

Aly, G. (2016). *Hitler's Beneficiaries: Plunder, Racial War, and the Nazi Welfare State.* London: Verso.

Api.parliament.uk (2018). *The Financial Statement — the Budget (Hansard, 6 March 1854).* Available at: https://api.parliament.uk/historic-hansard/commons/1854/mar/06/the-financial-statement-the-budget (accessed 9 June 2018).

Archive.org (1860). *The address of the people of South Carolina assembled in convention, to the people of the slaveholding states of the United States: South Carolina. Convention (1860–1862): Free Download, Borrow, and Streaming: Internet Archive.* Available at: https://archive.org/details/addressofpeopleo00sout (accessed 6 May 2018).

Archive.org (2018). *Full text of 'Interview between President Lincoln and Col. John B. Baldwin, April 4th, 1861: statements & evidence'.* Available at: https://archive.org/stream/interviewbetween00bald/interviewbetween00bald_djvu.txt (accessed 7 May 2018).

Archive.spectator.co.uk (2018). *HouseTax v. IncomeTax.* Available at: http://archive.spectator.co.uk/article/13th-september-1873/8/house-taxv-income-tax (accessed 28 March 2018).

22 同上。

23 Data.worldbank.org, GDP per capita, PPP (current international $)（2018年11月 5 日に閲覧）

24 Nationmaster.com.

第20章

1 ミルトン・フリードマンの発言（ブッシュ政権の減税について）。2003年 9 月16日、ジョン・ホーキンスが行なったインタビューより。

2 だが今日、リース制度はそれほど理想的なものではない。政府は、ある地域を拡張したい場合、リース先を決定するために入札を実施する。しかし、前金として支払う金額があまりにも高いため、金のあるデベロッパーのみが競り落とせる。建設業界はカルテルのようになっている。

3 Churchill.

4 Mill, p. 363.

5 イギリスの不動産の約15%は未登記である。以下を参照。Hookway. この税のもたらす結果として、土地の100%近くが登記済みになると思われる。

6 ペンシルヴェニア州ノリントンを本拠にする『ザ・タイムズ・ヘラルド』紙とのインタビュー（1978年12月 1 日付）。

7 Cahill.

8 Willshire.

第18章

1 Youyou, Kosinski and Stillwell.
2 Bartlett, *The People vs Tech*, p. 75.
3 Houlder.
4 Susskind, p. 139.
5 同上、p. 173.
6 同上。
7 Shaxson, p. 8.
8 Zucman, p. 39.
9 Barlow.

第19章

1 Plato, *Republic*, 1, 343e.
2 Oxfam.org.
3 同上。
4 オックスファムは、最富裕層の富に関するデータをフォーブズ世界長者番付から、下位50％の富に関するデータを、2016年のクレディ・スイス・グローバル・ウェルス・データブックから引いている。以下の資料を参照。Deborah Hardoon, 'An Economy for the 99%', Oxfam, January 2017. また、以下のウェブサイトから。https://www.oxfam.org/en/research/economy-99.
5 *UK Health Gap Between Rich and Poor Widest Ever*, theguardian.com, 2017.
6 Health Gap Between Rich and Poor Has Increased Under Labour, telegraph.co.uk, 2017. この調査が実施されたのは2010年だが、現在もあまり変わらない。
7 Williams, McClellan and Rivlin.
8 Rivlin and McClellan.
9 Sally Weale, *The large majority of top jobs in the UK still go to the 7% of students who are educated privately*, theguardian.com, 2017.
10 Frisby, p. 133.
11 *A New, Simple, Revenue Neutral Tax Code*, cps.org.uk, 2017.
12 Taxfoundation.org, *The Compliance Costs of IRS Regulations.*
13 Quoteinvestigator.com.
14 Taxfoundation.org, *The Compliance Costs of IRS Regulations.*
15 同上。
16 Us1.campaign-archive.com.
17 Keynes, *Essays in Persuasion*, pp. 358–73.
18 Carswell, p. 14.
19 Bartlett, *The end of a world of nationstates may be upon us.*
20 Isaac.
21 Haskel and Westlake, pp. 23–6.

35 Vaclavik.
36 Guta.
37 Levels.
38 Kharas and Hamel.
39 Hardcover business best-sellers, *New York Times*, 1 May 2011.
40 Levels.
41 https://twitter.com/paulypilot/status/869684418562097152.（現在削除）
42 Schwab.
43 Edwards and Edwards.
44 Spence.
45 Edwards and Edwards.
46 Mckinsey.com.
47 Pwc.co.uk.

第16章

1 Web.archive.org, *Exchange Rate — New Liberty Standard.*
2 May.
3 Bartlett, *The People vs Tech*, p. 167.
4 Cato Unbound (2017).
5 Satoshi Nakamoto, Bitcoin 0.3 released!, Sourceforge, 6 July 2010. 以下のウェブサイトを参照。http://bit.ly/1tru7NE（2014年５月22日に閲覧）。
6 Utzke.
7 Dailymail.co.uk.
8 Ericsson.com.
9 同上。
10 Holst.
11 World Bank.

第17章

1 MacKay, p. 140. おそらくケインズの発言であろうといわれている。
2 Allen, *Technology and Inequality*, p. 16; Europa.eu,
3 同上。
4 Brown.
5 Bartash.
6 Taylor, *Ireland named best country for highvalue FDI.*
7 Europa.eu, *State of the Union 2018.*
8 Barlow.
9 Kendall.
10 Ebenstein, p. 251.

28 同上。

第15章

1 Delaney.

2 Bls.gov.

3 Gigeconomydata.org.

4 Recode.net.

5 *How the Freelance Generation is Redefining Professional Norms*, blog. linkedin.com, 2017.

6 Storey, Steadman and Davis.

7 Katz and Krueger.

8 *Tax System Struggles to Cope with Rise of Gig Economy*, ft.com, 2017.

9 Storey, Steadman and Davis.

10 Hilary Osborne, *London's 'Gig Economy' Has Grown By More than 70% Since 2010*, theguardian.com, 2017.

11 *LFS: Self-employed: UK: All: 000S: SA: Annual = 4 Quarter AverageOffice For National Statistics*, ons.gov.uk, 2017.

12 *How the Freelance Generation Is Redefining Professional Norms*, blog. linkedin.com, 2017.

13 Storey, Steadman and Davis.

14 Taxinsights.ey.com.

15 Statista.com, *Facebook: number of employees 2017.*

16 Statista.com, *Number of Google employees 2017.*

17 Statista.com, *Apple: number of employees 2017.*

18 Uber.com.

19 Chesky et al.

20 Kocieniewski.

21 Nase.org.

22 Katie Allen, *Booming Gig Economy Costs £4Bn in Lost Tax and Benefit Payouts, Says TUC*, theguardian.com, 2017.

23 同上。

24 Income-tax.co.uk.

25 Cervantes.

26 Bloom, *The digital nomads wandering the world.*

27 Levels.

28 同上。

29 Elliott.

30 Indexmundi.com.

31 Elliott.

32 Browne.

33 Guta.

34 同上。

第14章

1 1936年1月16日にネブラスカ州リンカーンで開催された共和党全国大会でのハーバート・フーヴァーの演説。

2 Cosgrave.

3 Reid et al., *Long Term Asset Return Study.*

4 Imf.org.

5 Graeber.

6 Reid et al., *Long Term Asset Return Study.*

7 Copernicus.

8 同上。

9 Keynes, *Economic Consequences*, Chapter VI, pp. 235-6.

10 Hazlitt, p. 20.

11 Friedman, *Monetary Correction*, p. 4.

12 Taylor, *The Century of Inflation.*

13 Faber.

14 Friedman, *Monetary Correction*, p. 4.

15 Reinhart and Rogoff.

16 Allen, *Inflation: the Value of the Pound.*

17 同上。

18 Reinhart and Rogoff.

19 Allen, *Inflation: the Value of the Pound.*

20 ここではMZMを使用している。M2、M3、MZMのどれを指標にしても、経済成長はたいへん大きい。Fred stlouisfed.org.

21 Tradingeconomics.com.

22 Reid et al., *The History (and Future) of Inflation*, p. 2.

23 Positivemoney.org, *Infographic.*

24 Economicshelp.org (2018). 以下のウェブサイトを参照。http://www.economicshelp.org/blog/5709/housing/market/(2018年9月2日に閲覧)。このウェブサイトでは以下の資料のデータを使用している。Nationwide.co.uk (2018), House Prices Data Download. 以下のウェブサイトを参照。https://www/nationwide.co/uk/about/house-price-index/download-data#tab:Downloaddata(2018年9月2日に閲覧)。

25 Positivemoney.org, *Infographic.*

26 Davies.

27 有名なこの言葉を初めて紹介した文献はジョン・メイナード・ケインズの『平和の経済的帰結』である。レーニンが「こういったといわれている」とケインズは主張している。のちにこの本を読んだレーニンは、折に触れてそれを引用し(たとえば、1920年7月に開催されたコミンテルン大会での演説でもそうした)、自分の発言だとされていることに関して、いっさい否定しなかった。ケインズは、通貨の減価についての議論の初めにこの言葉を取り上げている。

第13章

1 Shaw.

2 Clark and Dilnot.

3 同上。

4 Oecd.org, *General government spending.*

5 同上。

6 Booth and Bourne. 出典は以下のとおり。Tanzi and Schiknecht; OECD Economic Outlook (June 2016, Annex Table 29); OECD のデータバンク。2018年のデータは以下から。Oecd.org (2019).

7 Ortiz-Ospina and Roser.

8 Clark and Dilnot.

9 同上。

10 Wallis, pp. 61–82.

11 同上。

12 同上。

13 Web.archive.org (2018), *US Treasury — Fact Sheet on the History of the US Tax System.*

14 Ourworldindata.org.

15 Harding, Bradbury and Lahittete.

16 Pope and Waters.

17 Sloan.

18 Oecd.org, *OECD Revenue Statistics 2017 United States.*

19 Ortiz-Ospina and Roser.

20 同上。

21 同上。

22 Laffer, *Cain's Stimulating '9–9–9' Tax Reform.*

23 この数字には、軍事費、退役軍人恩給費、対外援助費が含まれる。以下のウェブサイトを参照。Usgovernmentspending.com.

24 Data.worldbank.org, *Military expenditure* (% of GDP)

25 同上。

26 Clark and Dilnot.

27 同上。

28 Theglobaleconomy.com.

29 同上。

30 Ortiz-Ospina and Roser.

31 Isaac.

32 Clark and Dilnot.

33 Deloitte Czech Republic.

16 Okrent.

17 David Hanson, *Wheeler, Wayne Bidwell*, American National Biography Online, February 2000.

18 Wallis, pp. 61–82.

19 Norporth.

第12章

1 Time.com.

2 Roosevelt.

3 Occhino, Oosterlinck and White.

4 Time.com.

5 Cbsnews.com.

6 Bank, Stark and Thorndike, p. 6. 以下の資料を引用している。American Enterprise Institute, 'Public Opinion on Taxes', AEI Studies in Public Opinion.

7 *United States — World War II*, Encyclopedia Britannica Online, 2018.

8 Occhino, Oosterlinck and White.

9 Phillips.

10 Occhino, Oosterlinck and White.

11 Galofré-Vilà et al.

12 Aeon.co.

13 Noyes.

14 Stolper, Hauser and Borchardt, p. 264.

15 Cesarani.

16 Aly, p. 52.

17 同上。

18 同上、pp. 288–91.

19 Lindholm, p. 128.

20 同上。

21 Stolper, Hauser and Borchardt, p. 264.

22 Lindholm.

23 Reichsfinanzministerium-geschichte.de.

24 同上。

25 同上。

26 Bibula.com.

27 Allen, *The Business of Genocide*, p. 1.

28 Clark and Dilnot.

29 Coffield, p. 178.

30 Officialdata.org.

31 Coffield, p. 187.

32 News.bbc.co.uk, UK settles WWII debt to allies.

34 Mises.org.
35 Archive.org, *Full text of 'Interview between President Lincoln and Col. John B. Baldwin'.*
36 同上。
37 Miketgriffith.com.
38 Infoplease.com.
39 Archive.org, *Full text of 'Interview between President Lincoln and Col. John B. Baldwin'.*
40 Nytimes.com, *Sumter and the Administration.*
41 Klingaman, p. 45.
42 Avalon.law.yale.edu, *The Avalon Project: First Inaugural Address of Abra ham Lincoln.*
43 Nytimes.com, *Sumter and the Administration.*
44 Civil War Trust, *Civil War Facts.*
45 Francis Simkinds. 以下に引用。Miketgriffith.com.
46 *New Orleans Daily Crescent*, 21 January 1861, in Stampp, ed., p. 75.
47 Stampp, ed., p. 91.
48 John Ford Rhodes, Lectures on the American Civil War, New York, 1913, pp. 2-16. 以下に引用。Adams, p. 332.
49 Nytimes.com, *A Letter from President Lincoln.*
50 Nytimes.com, *The Emancipation Proclamation.*
51 William J. Cooper, *Jefferson Davis, American*, pp. 552-3.
52 Klingaman, p. 113.
53 Dickens, 'The Morrill Tariff'. ディケンズがこの記事を発表したが、本人が執筆したものではないと思われる。

第11章

1 R. Ver, My Story of Being Tortured in Prison, 2019. 以下のウェブサイトを参照。https://www.youtube.com/watch?v=hj07sM5w_Dk&t=296s（2019年4月7日に閲覧）.
2 Belloc.
3 T. Pettinger, David Lloyd George biography.
4 Coffield, p. 153.
5 同上、p. 164.
6 Parliament.uk, *The cost of war.*
7 Newint.org.
8 Coffieldによれば25%、Balderstonによれば19%である。
9 Bbc.co.uk, *Government to pay off WW1 debt.*
10 Coffield, p. 165.
11 Balderston; Feldman, pp. 41ff.; Fairchild.
12 Okrent（本章のおもな情報源）.
13 同上。
14 同上。
15 Occhino, Oosterlinck and White.

32 Bloy.
33 *The Lancet.*
34 1847[799] Distress (Ireland). 1847年3月10日付の財政委員会議事録。

第10章

1 Archive.org, *The address of the people of South Carolina.*
2 Burgan, p. 36.
3 Jefferson.
4 Web.archive.org (2019), *US Treasury — Fact Sheet on the History of the US Tax System.*
5 Benson, p. 26.
6 Preyer.
7 Thornton and Ekelund, p. 10, citing Taussig.
8 Adams, p. 327.
9 Freehling, pp. 253–70.
10 Benson, pp. 84–86.
11 同上、pp. 107–12.
12 Vermilya.
13 Scencyclopedia.org.
14 Benson, p. 142.
15 同上。
16 Taussig, p. 159.
17 Lincoln.
18 Basler, ed., p. 49 (Letter from Abraham Lincoln to Edward Wallace, 12 May 1860).
19 同上、p. 211（1861年2月2日のピッツバーグでの演説）.
20 Millercenter.org.
21 Abrahamlincolnonline.org, *Abraham Lincoln's 1855 Letter to Joshua Speed.*
22 Halstead.
23 Archive.org, *The address of the people of South Carolina*. 24 Ibid.
24 同上。
25 ヘンリー・ケアリーのリンカーン宛の書簡、1861年1月2日付。アメリカ議会図書館の Abraham Lincoln Papers に収蔵。翻訳と注釈はイリノイ州ゲイルズバーグのノックス大学のリンカーン研究センターによる。
26 Avalon.law.yale.edu, *The Avalon Project: First Inaugural Address of Abraham Lincoln.*
27 同上。
28 Avalon.law.yale.edu, *Avalon Project: Constitution of the Confederate States; March 11, 1861.*
29 同上。
30 ジェファーソン・デイヴィスのリンカーン宛の書簡、1861年2月27日付。
31 Mises.org.
32 Archive.org, *Full text of 'Interview between President Lincoln and Col. John B. Baldwin'.*
33 同上。

ら。Oecd.org (2019).

第9章

1 Archive.spectator.co.uk.

2 Harding, Bradbury and Lahittete. これらの計算には、所得金額にもとづく所得税と社会保険料——たとえば、アメリカの給与税とイギリスの国民保健料——も含まれる。雇用者も給与税を支払うが、実際の税負担は被雇用者にのしかかる。以下を参照。Taxfoundation.org, What Are Payroll Taxes And Who Pays Them?; Entin.

3 Harding, Bradbury and Lahittete. ドイツの社会保障料はとくに高く、39%である。

4 同上。以下の資料も参照。Roantree and Miller.

5 Fritschy.

6 Sinclair.

7 Walsingham and Riley, pp. 369, 370.

8 *National Geographic*, Vol. 208, Issues 4–6, p. 60.

9 Coffield, pp. 90–94.

10 Hudson.

11 Coffield, pp. 90–94.

12 同上。

13 Hudson.

14 同上。

15 Webarchive.nationalarchives.gov.uk.

16 James Gillray on War and Taxes during the War against Napoleon. 以下から引用（2015年6月5日に閲覧）。http://oll.libertyfund.org/pages/james-gillray-on-war-and-tazes-during-the-war-against-napoleon.

17 Taxation.co.uk.

18 A・土地と建物による所得。B・農業所得。C・公的年金。D・個人事業所得およびA、B、C、Eに入らない所得。E・給与およびその他の年金。

19 Webarchive.nationalarchives.gov.uk.

20 Parliament.uk, *The 1816 repeal of the income tax.*

21 Webarchive.nationalarchives.gov.uk.

22 Parliament.uk, *The 1816 repeal of the income tax.*

23 1804年の書簡より。以下を参照。Melville, p. 203.

24 Coffield, pp. 90–94.

25 同上、p. 101.

26 同上、p. 121.

27 Coffield, p. 120.

28 Api.parliament.uk.

29 同上。

30 Hammond and Hammond.

31 同上、p. 125.

4 同上、p. 285.

5 Spartacus-educational.com, *John Ball.*

6 John Ball, Sermon at Blackheath, 12 June 1381. 以下の文献に引用。Jean Froissart, Chronicles, c. 1395.

7 Walsingham and Riley.

8 Henry Knighton. 以下に引用。Spartacus-educationa.com, *John Ball.*

9 Thomas Walsingham. 上の資料に引用。

10 John Ball, Sermon at Blackheath, 12 June 1381. 以下に引用。Froissart, op.cit.

11 同上。

12 Anonimalle Chronicle. 以下の文献に引用。Dobson, p. 160. また、以下の文献に引用。Ormrod, p. 3.

13 Dunn, pp. 85–7.

14 Sourcebooks.fordham.edu.

15 同上。

16 同上。

17 同上。

18 同上。

19 Anonimalle Chronicle. 以下の文献に引用。Spartacus-educationa.com, The Peasants' Revolt of 1381.

20 Burns, p. 10.

第8章

1 Cobbett, p. 519.

2 Kesselring, p. 32.

3 Little, p. 198.

4 Adams, p. 297.

5 Taxhistory.org.

6 Adams, p. 297.

7 Founders.archives.gov.

8 *The Parliamentary Debates*, p. 523.

9 同上。

10 Bluche, p. 50.

11 Chanel, p. 76.

12 Davidson, pp. 427–31.

13 Hunt.

14 Chanel, p. 76.

15 Adams, p. 354.

16 同上、p. 355.

17 Booth and Bourne. 出典は以下のとおり。Tanzi and Schiknecht; OECD Economic Outlook (June 2016, Annex Table 29); OECD のデータバンク。2018年のデータは以下か

10 Matthew 22: 21, New International Version (NIV).
11 Luke 20: 20, NIV.
12 Matthew 18: 18–21, KJV.
13 Luke 23: 2, KJV.
14 Ali.
15 Dennett.
16 Boyce.
17 Adams, p. 131.
18 Dennett, pp. 189–90, 231–2.
19 Adams, p. 128.
20 同上。
21 Ali.
22 同上。
23 *Islam: From the Prophet Muhammad*, Vol. 1, p. 230.
24 At-Turtushi, 'On Taxation and its Effects, 9th to 12th Centries'. 以下の文献に収録。Islam, op.cit., Vol. 1, pp. 134–5. 以下の文献に引用。Adams, p. 133.
25 Adams, p. 135.
26 同上、p. 134.
27 At-Turtushi, op.cit. 以下の文献に引用。Adams, p. 133.
28 as-Sallaabee.
29 Mellon, p. 16.
30 Laffer, *The Laffer Curve*.
31 Presidency.ucsb.edu.

第6章

1 *Robin Hood* (1973), directed by W. Reitherman.
2 Cazel.
3 この税はカルケートに基づいていた。カルケートというのは土地の単位で、8頭1組の牛に引かせた鋤で1年間に耕せる面積を1カルケートとした。
4 Painter, p. 289.
5 Denning, p. 922.
6 Danziger and Gillingham, p. 268.
7 A. E. Dick Howard, 'Magna Carta Comes to America', Fourscore, 2008, p. 28.
8 'The Magna Carta', National Archives, 2018. Web, 1 April 2018. 9 Ibid.
9 同上。

第7章

1 Benedictow.
2 Knighton and Lumby.
3 Dyer, p. 279.

第4章

1 Cottrell and Davidson, p. 2.

2 *The Assyrian Dictionary of the Oriental Institute of the University Of Chicago*, Volume 4, pp. 369-70.

3 ペンシルヴェニア大学の名誉教授で、アッシリア学を専門にするサミュエル・ノア・クレイマーの「Gov. Urukagina's Message for Mr. Reagan」と題する公開書簡。1981年1月30日付の『ニューヨーク・タイムズ』紙に掲載された。以下のアドレスを参照。http://www.nytimes.com/1981/01/30/opinion/l-gov-urukagina-s-message-for-mr-reagan-245065.html（2017年2月12日に閲覧）

4 Cooper, J. S., 'Clay Cones La 9.1 Presargonic Inscriptions'.

5 同上。

6 Genesis 14: 20, English Standard Version (ESV).

7 Genesis 28: 22, King James Version (KJV).

8 Numbers 18: 21-23, KJV.

9 1836年の十分の一税金納法。

10 Toynbee.

11 Lawson, p. 613.

12 Bevan.

13 The Rosetta Stone: Translation of the Greek Section. 以下のアドレスを参照。https://sourcebooks.fordham/edu/ancient/rosetta-stone-translation.asp（2017年2月15日に閲覧）

14 同上。

15 同上。

16 Aristotle, *Magna Moralia*, 1194a.

17 Aristotle, *Art of Rhetoric*, 1361a 28-43.

18 Hippocrates, *Precepts*, Part VI.

19 Joint Association of Classical Teachers, p. 228.

20 歴史学者のなかには、アンティドシスの制度は存在しなかったと主張する人びともいるが、デモステネスもクセノフォンもこれに言及している。

第5章

1 Adams, p. 25.

2 Titus Flavius Josephus, 2.201.

3 Exodus 1: 9-10, KJV.

4 Graetz.

5 Exodus 1: 11-14, KJV.

6 同上。

7 Luke 2: 1-5, KJV.

8 Matthew 17: 27, KJV.

9 Luke 19: 45, KJV.

37 Official Report of Proceedings of the Hong Kong Legislative Council, 26 February 1969, p. 104.

38 同上。

39 同上。

40 同上、28 February 1962, p. 51.

41 Monnery, p. 90.

42 Gibson.

43 同上。

44 Xiaoping.

45 Smith, *Who Has the World's No. 1 Economy?*

46 Telegraph.co.uk.

第3章

1 しばしば、最初にこの警句を思いついたのはベンジャミン・フランクリンだといわれる。彼は科学者のジャン＝バティスト・ルロイ宛ての手紙にフランス語でこのフレーズを書いた。1789年、83歳のときのことだ。だが、その約73年前に出版された、世間にはあまり知られていない1716年の笑劇「プレストンの靴職人〔The Cobler of Preston〕」に、すでに同じ言葉が記されている。

2 シュメール国王アルリムは聖書のアダムとイブと同時代の人物とされる。大洪水以前に生きた王であり、その治世はなんと２万8800年におよんだという。

3 Danesi, p. 48.

4 Booth and Bourne, p. 9.

5 正確な数値を算出するのはほぼ不可能である。ブースとボーンによれば44％。元議員のダグラス・カーズウェルによれば、イギリスでは46％（Carswell. p. 13)。「Simple Financial Solutions」というウェブサイトの主張では、65％近いという（How Much Tax Will I Play On 100 Pound Earned? 3 June 2018. 以下のアドレスを参照。http://www.simplefs.co.uk/press-release/how-much-tax-on-100-pounds.asp)。

6 Booth and Bourne, p. 9.

7 同上。

8 Smith, *Living with Leviathan*, p. 27.

9 尿は、皮なめしや、洗濯や、歯みがきにまで使われた。尿を集めて売ればいい商売になったので、ネロ帝はこれに課税した。

10 James Connington, 'Middle-Class Professional? Your Lifetime Tax Bill Could Be 3.6M', http://www.telegraph.co.uk/tax/income-tax/middle-class-professional-your-lifetime-tax-bill-could-be-36m/（2017年２月に閲覧）

11 アダム・スミス協会によれば、イギリスにおける政府費用の日は６月24日――ほぼ１年の中間点――で、税の自由の日はその３週間前である。就労期間が45年であるとすれば、そのうちの20年以上が徴税人への奉仕に費やされる。数値は概数である。

12 この有名な言葉は、一般に、連邦最高裁判事のオリヴァー・ウェンデル・ホームズ・ジュニアのものとされる。

第2章

1 Monnery, p. 18.
2 Roberts.
3 同上。
4 Official Report of Proceedings of the Hong Kong Legislative Council, 27 March 1968, p. 212.
5 同上、27 February 1963, p. 47.
6 同上、30 March 1962, p. 133.
7 同上。
8 同上。
9 同上、24 March 1971, p. 531.
10 同上、29 March 1967, p. 248.
11 同上、27 February 1963, p. 50.
12 同上、24–25 March 1966, p. 213.
13 同上、29 March 1963, p. 134.
14 同上、9 October 1970, p. 116.
15 同上、27 March 1968, p. 212.
16 Telegraph.co.uk.
17 Official Report of Proceedings of the Hong Kong Legislative Council, 29 March 1967, p. 253.
18 同上、27 March 1968. P. 215.
19 Singleton.
20 Friedman, *The Hong Kong Experiment*.
21 Official Report of Proceedings of the Hong Kong Legislative Council, 25 March 1970, p. 495.
22 Singleton.
23 Roberts.
24 Ching.
25 Friedman, *The Hong Kong Experiment*.
26 Data.worldbank.org (2018), GDP per capita, PPP (current international $)（2018年11月5日に閲覧）
27 Data.worldbank.org (2018), GDP per capita, PPP (current international $)（2018年12月21日に閲覧）
28 Monnery, p. 4.
29 Official Report of Proceedings of the Hong Kong Legislative Council, 29 March 1967, p. 248.
30 Scmp.com.
31 Heritage.org.
32 Info.gov.hk.
33 Master-and-more.eu.
34 Bloomberg.com.
35 同上。
36 Knupfer, Pokatilo and Woetzel.

注と出典

第1章

1　よく知られている言葉で、1665年ごろのものとされているが（Jamesを参照）、文献には見あたらないため、名前のみを記す。

2　「Measuring Worth」というウェブサイトのデータに基づく。このサイトでは時代ごとの相対価値を算出できる。Measuringworth.com.
当時の生活費20シリングは120.51ポンドに相当。

勤労所得は2010.00ポンド。

経済状況は3431.00ポンド。

経済力は24040.00ポンド。

英ポンド／米ドルの為替レートは1.4ポンド／ドルとし、しかるべきときには概数を用いた。

概して、相対数が比較的高い場合にそうしている。

3　Dowell, pp. 167–8.

4　1 Will. & Mar. s. 1, c. 10.

5　*The Lancet.*

6　Mill, Ch. 3, Section 27.

7　Oates and Schwab.

8　Visionofbritain.org.uk.

9　Demographia.com.

10　'QI: Quite Interesting'. Qi.com (2017). Available at: http://qi.com/infocloud/taxes（2017年2月10日に閲覧）

11　Austen, p. 150.

12　Smith, *Wealth of Nations.*

13　*The Lancet.*

14　*First [and second] Report[s] of the Commissioners.*

15　Dickens, *Household Words*, Vol. 1, p. 461.

16　「daylight robbery」という表現が用いられているもっとも古い出版物は、ハロルド・ブリッグハウスの1916年の戯曲『ホブスンの婿選び』である。登場人物のエイダ・フィギンズが「真っ昼間の強盗」と叫ぶのだが、これは請求された金額が法外だったので、厚かましい強盗と同じだという意味である。また一説によれば、この言い回しは、真っ昼間に盗みを働く図太い追いはぎから来ているともいう。

17　Novak.

中島由華（なかじま・ゆか）
翻訳者。訳書にA・キーン『ネット階級社会――GAFAが牛耳る新世界のルール』、J・ヒッグス『The KLF――ハウス・ミュージック伝説のユニットはなぜ100万ポンドを燃やすにいたったのか』、J・ボイコフ『オリンピック秘史――120年の覇権と利権』、M・ウルド他『グアンタナモ収容所――地獄からの手記』など多数。

税金の世界史

2021年9月20日　初版印刷
2021年9月30日　初版発行

著　者　ドミニク・フリスビー
訳　者　中島由華
装　幀　岩瀬聡
発行者　小野寺優
発行所　株式会社河出書房新社
〒151-0051　東京都渋谷区千駄ヶ谷2-32-2
電話（03）3404-1201［営業］　（03）3404-8611［編集］
https://www.kawade.co.jp/
組　版　株式会社創都
印　刷　株式会社暁印刷
製　本　大口製本印刷株式会社
Printed in Japan
ISBN978-4-309-22830-3

漫画　サピエンス全史
人類の誕生編

Y・N・ハラリ原案・脚本
D・ヴァンデルムーレン脚本
D・カザナヴ漫画
安原和見訳

かつて地上には何種ものヒトがいた。なぜ私たちホモ・サピエンスだけが生き延び、繁栄することができたのか？　世界的ベストセラーの公式漫画化、ついに始動！　全頁フルカラー。

文明が不幸をもたらす
病んだ社会の起源

C・ライアン著
鍛原多惠子訳

文明化による「進歩」は人類を幸福にするどころか、先史時代にはない不平等・暴力・病をもたらした。健康、家族、性、労働などをめぐり、最新研究と鋭い思考で人間本来の生き方を問う！

存在しない女たち
男性優位の世界にひそむ見せかけのファクトを暴く

C・クリアド＝ペレス著
神崎朗子訳

衝撃のデータが、世界の見方を変える！　公衆トイレから最新家電、オフィス、医療、税金、災害現場まで……「公平」に見える場所に隠された、思いもよらない男女格差のファクトに迫る。

とてつもない失敗の世界史

T・フィリップス著
禰宜田亜希訳

あなたは失敗でくよくよ悩んでいないか？　本書は人類の草創期に木から落ちた猿人から始まり、国ごと滅ぼし、環境を壊滅、生物を弄んだ、数々のメガトン級の失敗を紹介する歴史本。